本书受到国家自然科学基金面上项目"生产分割环境下城市网络空间[]化模式研究"（编号：41771173）的资助

生产分割环境下的城市网络：
结构、机理与效应

盛科荣◎著

Urban Network under Production Fragmentation:
Structure, Mechanisms and Effects

经济管理出版社
ECONOMY & MANAGEMENT PUBLISHING HOUSE

图书在版编目（CIP）数据

生产分割环境下的城市网络：结构、机理与效应/盛科荣著.—北京：经济管理出版社，2021.10
ISBN 978-7-5096-8251-7

Ⅰ.①生…　Ⅱ.①盛…　Ⅲ.①城市网络—研究—中国　Ⅳ.①F299.21

中国版本图书馆 CIP 数据核字（2021）第 209621 号

组稿编辑：张广花
责任编辑：张广花
责任印制：黄章平
责任校对：王淑卿

出版发行：经济管理出版社
　　　　　（北京市海淀区北蜂窝 8 号中雅大厦 A 座 11 层　100038）
网　　址：www.E-mp.com.cn
电　　话：(010) 51915602
印　　刷：唐山玺诚印务有限公司
经　　销：新华书店
开　　本：720mm×1000mm/16
印　　张：18.5
字　　数：322 千字
版　　次：2021 年 11 月第 1 版　　2021 年 11 月第 1 次印刷
书　　号：ISBN 978-7-5096-8251-7
定　　价：88.00 元

前　言

在过去几十年里，生产分割成为越来越普遍的现象。生产分割是指企业将垂直一体化和单一地点的生产过程分解为若干个可以相对独立进行的工序、区块、环节，并将这些生产阶段分散布局在多个地点的现象。在生产分割环境下，城市日益作为产品价值链分工网络的节点而存在，城市体系逐渐向多中心、扁平化、动态化的网络模式转变。中心地理论已经不能完全解释城市体系组织的内在逻辑，城市网络结构、机理与效应的研究成为完善城市体系基础理论和推进城市治理能力现代化的关键命题。

本书基于2019年中国上市公司500强企业网络数据界定城市网络，从链接关系格局和经济功能分工的多维视角解析了城市网络空间结构的演化过程，在定量识别影响因素的基础上解析了城市网络的发育机理，揭示了生产分割环境下城市网络"核心—外围"的演化规律，并研究了城市网络化发展对城市创新发展和内生经济增长的影响，提出了城市网络的国家治理体系建设路径。本书期待加深读者对城市网络空间结构演化规律的理解，推动城市网络研究方法体系建设，并为完善我国现代城市治理体系提供科学参考。

第一篇是研究背景与理论基础。生产分割已经成为中国大型本土企业空间组织的显著事实，企业跨城市投资驱动机制日益多样化，地理距离的边界效应趋于弱化，投资的互惠性以及复杂的多向投资关系日益显现，这种企业网络的发育构成了中国国家尺度上城市网络生长的微观基础。本书的主要理论基础是国际直接投资理论、世界城市网络模型、流动空间理论和网络资本理论，这四个关键性贡献是基于企业网络视角的城市网络研究发展的重要"路标"。

第二篇是日益浮现的国家城市网络。在地理学空间分析技术的基础上，结合复杂网络和产业组织分析方法，揭示了一个日益浮现的国家城市网络。无论是从度数还是从中介度、特征根的角度来看，中国城市网络权力结构都呈现出持续的层级分化、区域差异和路径依赖的发育特征。城市间链接关系远远超越了城市群的地理范围，京津冀、长三角、粤港澳大湾区和成渝城市群组成的菱形区域是中国城市网络关系发育最为密集的地区。沿着价值链的功能分工已经成为中国城市体系经济景观的显著特征，大城市在公司管理、商务服务、研究开发等方面的多样化功能突出，而小城市更多地专注于资本密集或劳动密集型产品的生产。

第三篇是城市网络的影响因素与发育机理。主要运用面板模型、QAP 回归、随机行动者模型等相邻学科研究方法，定量解析微观结构过程、行动者属性特征和外生情境因素对城市网络时空过程的影响机理，探究生产分割环境下城市网络空间结构的演化机制。分析结果表明，"场所空间"中的城市属性是塑造"流动空间"中城市网络地位和城市间网络关系的重要因素，城市在网络中的地位从根本上来说是城市关键资源在城市体系分布格局中的反映。内生结构效应，包括偏好依附（扩张性和聚敛性）、互惠链接、闭合机制等，也在中国城市网络生长发育过程中发挥着积极作用。

第四篇是城市网络的核心—外围结构演化模式。根据城市网络生长发育地理过程的分析，按照"假设—演绎"的研究思路，提炼出中国城市网络核心—外围的结构演化模式。城市网络的核心—外围的结构演化可以划分为空网络阶段、二元结构阶段、三元结构阶段和均衡发展阶段，它通过四个转变（从块状经济到凝聚子群、从城市群到国家城市体系、从中心地到高等级中心城市、从本地竞争到广泛的合作）重构了城市体系发展格局。城市网络核心—外围结构演化模式与 Christaller 的中心地理论（Central Place Theory）、Friedmann 的核心—外围结构以及陆大道先生的"点—轴"系统理论具有明显的差异，进一步丰富和完善了区域发展空间结构的理论体系。

第五篇是城市网络的经济绩效与治理。在网络发展环境下，城市经济不再仅取决于城市本身的属性特征，城市在网络中的嵌入特征，特别是城市的网络权力和合作伙伴的经济绩效，对城市经济绩效本身正在产生越来越大的影响。本书系统地分析了城市在网络中的嵌入特征对城市经济增长、知识生产、初创企业和可持续发展的影响，揭示了城市网络的知识流动管道功能、生产率溢出管道功能和经济增长的平台效应。在此基础上，从实现企业和城市的合作共赢、充分释放城市网络效应、重构国家城市体系功能格局、重视发展差距与社会公平四个方面，提出了网络发展环境下城市体系的治理模式。

本书立足于城市经济网络问题，借鉴了社会网络、经济地理学、区域科学、国际投资等领域的概念和理论，本书读者对象为经济地理、城市地理、区域经济、产业经济等专业的学生，以及城市规划、区域规划等领域的工作者。

本书的研究工作得到了国家自然科学基金面上项目"生产分割环境下城市网络空间结构的演化模式研究"（项目编号：41771173）的资助。本书在写作过程中，硕士研究生张杰、陈欢欢、王丽萍帮助处理了大量数据，经济管理出版社的张广花女士也付出了大量的心血，在此一并表示感谢。特别感谢我的家人，他们对我生活上的关照使我有精力完成本书。

盛科荣

2021 年 9 月 27 日

目　　录

第三篇　城市网络的影响因素与发育机理

第四篇　城市网络的核心—外围结构演化模式

第五篇　城市网络的经济绩效与治理

第一篇

研究背景与理论基础

第一章 选题背景与特征事实

第一节 选题背景与研究定位

生产分割（Fragmentation of Production）的不断发展，加深了城市间建立在产品价值链分工基础上的经济联系，加快了城市网络的演化进程。城市网络演化规律的研究目前已经成为城市科学基础理论建设的重要组成部分。与此同时，作为复杂巨系统的城市网络，空间结构演化规律的探究需要加强与其他相邻学科的交叉融合。本书围绕生产分割环境下城市网络这一核心命题，基于中国 500 强企业 2000~2019 年空间组织成长的分析，探究城市网络空间结构的演化特征和机理，建立城市网络空间结构理论模型，以期推动城市科学基础理论建设，并为新时期城市政策设计提供科学借鉴。

一、选题背景

在过去几十年，世界经济最为显著的现象之一是跨国公司迅猛发展。在跨国公司带动下，生产分割成为越来越普遍的现象。在生产分割环境下，企业将垂直一体化和单一地点的生产过程分解为若干个可以相对独立进行的工序、区块、环节，并将这些生产阶段分散布局在多个地点（Helpman，1984；Markusen，1984）。随着这种产品内分工程度的日益加深，城市之间的相互联系更加紧密，全球性的城市网络日益浮现。在 Freidmann（1986）、Sassen（1991）、Castells（1996）和 Taylor（2004）等的推动下，世界城市网络理论应运而生，有力地促进了基于企业网络的城市网络研究的发展。但是世界城市网络理论主要采用高级生产性服务业企业网络来界定世界城市之间的网络关联，只能探索价值链高端价值环节对于城市网络的构建作用，必然导致那些发展中国家和地区以及那些以制造功能为主的专业化城市被排除在世界城市网络研究范围之外，这也成为世界城市网络的主要缺陷。

伴随着改革开放的深入发展，我国在 30 年内成长出一批本土大型企业集团。2019 年这 500 家上市公司总营业收入达到 45.5 万亿元人民币，超过了中国当年 GDP 的一半。[①] 在这些大型企业集团空间组织生长发育带动下，我国产品价值链生产分割的程度迅速增加，导致城市体系的发展基础正在发生深刻的变化（姚士谋等，2006；贺灿飞等，2012）。一方面，价值链功能分工和联系日益成为城市间经济联系的主要形式，城市日益作为产品价值链网络的节点而存在。另一方面，城市经济的垂直专业化程度在大幅度地增加，通过承接不同价值环节形成了一批具有功能专业化的城市。由此，形成了以产品价值链功能分工为依据的城市网络体系（赵渺希等，2010；李仙德，2014）。

在这种背景下，基于中国企业网络的城市网络空间结构演化模式研究已经成为完善城市体系基础理论建设、推动城市治理能力现代化的重要课题。如果说存在一条主线，能够将区域经济与城市地理以及其他相关学科贯穿起来，那么这条主线就是劳动空间分工理论（宁越敏等，2011）。本书沿着劳动空间分工这一主线，基于 2019 年中国上市公司 500 强企业空间网络视角，在解析 2000~2019 年中国城市网络时空过程及其发育机理的基础上，研究生产分割环境下城市网络空间结构的演化模式，揭示城市网络生长发育地理过程的一般规律，并初步探讨中国城市网络发展环境下的治理模式和政策框架。本书期待为城市学科基础理论建设、服务国家决策需求、同高水平的国际研究接轨创造条件。

二、研究定位

本书的研究定位主要有以下四个方面：一是关注中国城市体系研究的核心内容：城市网络。中国城市体系的发展正由传统静止、封闭、等级性的中心地模式逐渐向多中心、扁平化、流动性的网络模式转变（吴康，2013）。在这样

---

① 根据 2020 年财富中文网（https：//www.fortunechina.com/）提供的数据计算。

的新背景下，基于传统城市等级体系和规模属性研究的解释力不足，城市的节点性和外向性需要从城市网络这个全新的角度去探讨，城市研究需要从属性走向关系，实现层级到网络的转型。本书的核心是基于中国城市体系转型案例研究，从实证和理论角度探索生产分割环境下城市网络的演化规律。

二是揭示城市网络生长发育的动力机制：发育机理。城市网络发育机理的分析是建立城市网络演化模式理论模型的关键步骤。近年来，地理学的计量手段以及社会学、经济学相关学科的数量分析方法得到了快速的发展，为本书定量研究提供了技术支撑。本书将学习和借鉴国际上前沿的企业网络、城市网络和社会网络分析方法，对企业网络和城市网络的内在逻辑开展深入探索，实现对城市网络生长发育影响因素及其作用机理的定量研究。

三是聚焦城市网络理论建设的关键命题：演化规律。城市网络理论模型主要用来研究城市网络各种变量互相依存的数量关系，其目的是反映城市网络的内部联系及其运动过程，帮助人们进行经济分析和经济预测，更好地解决城市发展的现实问题。演化规律的概念化和模型化是城市网络从实证研究到理论研究过渡的关键环节。本书聚焦城市网络空间结构演化模式这一关键命题，对作为复杂巨系统的城市网络演化过程开展分析和模拟，以揭示城市网络生长发育地理过程的一般规律。

四是立足生产网络功能分割的空间载体：企业网络。沿袭着劳动空间分工的这一研究脉络，城市网络空间结构不过是微观企业网络的宏观表现形式，即产品价值链生产分割将形成企业网络，各种企业网络相互交织、汇总形成城市网络。本书将基于中国 500 强制造业企业空间组织的解析，探究城市网络链接关系和职能分工的空间格局。把企业空间组织与城市网络研究相结合，打破了不同学科的研究界限，从而进行了一次较为新鲜而有意义的探索之旅，为区域经济和城市地理的学科融合或理论借鉴提供了一个新颖的分析视角。

三、研究意义

生产分割环境下城市网络的独特性，要求必须立足新的视角、理论和方法研究其发育机理和一般规律。城市链接关系的行为主体和识别方法存在多种类型，相对于"交通流""信息流"视角的城市网络研究，基于企业组织视角的城市网络空间结构和发育过程往往呈现不同的特征。与此同时，生产分割视角下城市网络空间结构呈现多维度特征，演化模式的研究不仅需要探究城市间链接关系的时空过程，还需要在分析产品价值链功能区块空间格局的基础上，研究城市经济功能专业化（Functional Specialization）的演化特征。另外需要指出的是，中国正处于大规模的工业化发展阶段，制造业生产分割形成的企业间联系构成了城市网络联系的重要内容，建立在发达国家高级生产性服务业企业联系基础上的城市网络发展模式在中国并不具有完全适用性。因此，本书基于中国 500 强企业空间组织的视角研究城市网络的结构、机理与绩效，能够丰富对城市网络关联结构、经济联系、发展差距、竞争合作等内容的理解，可以为完善城市网络研究体系建设探索新的研究理论和方法。

城市网络的研究也是新时期中国推进城市治理能力现代化、完善城市政策框架的必然要求。近年来，中国的城市化政策在推动城市化可持续发展过程中取得了积极成效。但是在城市间经济联系日益密切的发展环境下，城市日益作为一个关系体系而存在，城市嵌入网络的深度以及与其他城市的链接结构特征赋予了城市功能和地位，甚至决定了城市发展前景的差异。那么城市在发展过程中应该如何处理与网络中其他城市的关系？城市如何进行产业对接和组织分工以充分发挥网络绩效？这些重大的研究课题已经摆在了学术界和政策制定者的面前。因此，通过探讨城市网络地理过程及其对城市经济绩效和城市间发展差距的影响机理，研究城市网络化发展环境下的治理模式和政策设计，可以为新时期研制城市竞争力提升、城市间合作的实现路径提供科学依据，为推动城市间协调发展的政策制定提供决策参考。

第二节　中国企业生产分割的特征事实

本书的企业样本为 2019 年中国上市公司 500 强企业，企业名单来自"财富中文网"（http：//www. fortunechina. com/）。这 500 家上市公司的主营业务涵盖了金融、石油、房地产、汽车、计算机、零售、家电、化学等中国经济的主要行业（见表 1-1）。因此，基于上市公司 500 强的企业总部—分支机构视角开展城市网络的研究，能够充分地表示中国城市间的主要经济联系。上市公司 500 强企业总部—分支机构关系的数据主要有两个来源：398 家在上海和深圳

证券交易所上市的企业数据根据启信宝网站提供的关系族谱数据整理；102 家
在中国的香港交易及结算所有限公司（以下简称"香港交易所"）和境外证
券交易所上市的企业数据根据公司年报提供的子公司数据整理。需要指出的
是：①本书中公司总部所在城市指的是办公地址而不是注册地址，比如很
多企业的注册地址是开曼群岛，但是公司办公地址在中国香港；②本书中
的分支机构既包括独资公司（投资比例在 100% 的公司），又包括存在投
资关系的公司（投资比例小于 100% 的公司），同时本书剔除了那些"遍
在性"的分支机构，如中国石油化工股份有限公司在全国各地都有加油站、
中国工商银行在全国都有营业所，这些"遍在性"的分支机构并不具有研究
意义；③本书中的分支机构指存在投资关系的公司，包括独资公司、控股公司
以及普通法人持股公司；④启信宝网站的数据根据大数据挖掘而形成，部分数
据存在失真的问题，本书根据公司年报对启信宝的数据进行了校准，确保了样
本数据的可靠性。总体来看，越来越多的企业开始寻求跨越城市的投资，开始
把产品价值链的不同区块和环节拆分开来，并布局在具有不同优势的城市。

表 1-1　2019 年中国上市公司 500 强的主要行业分布

行业	数量（个）	营收占比（%）	行业	数量（个）	营收占比（%）
金属	53	6.25	电力	21	2.15
房地产	52	8.13	连锁零售	16	2.54
机械及设备制造业	28	2.35	食品和饮料	15	1.55
批发及零售	26	4.83	医药、医疗保健	14	1.36
基建、建筑	24	10.42	煤炭	14	1.96
化学制品	23	1.56	贸易	13	2.35
商业银行	23	9.37	电信和设备	11	3.96
电子及元件	23	1.63	多元化投资、金融	10	2.12
运输、物流和仓储	22	3.23	家用电器	9	2.17
汽车及零部件	22	4.88	建筑材料与玻璃	9	1.28

资料来源：根据城市网络 2020 年财富中文网（https://www.fortunechina.com/）、启信宝网站（https://www.qixin.com/）和上市公司年度报告中采集的企业网络数据整理。

一、大型企业的生产分割越来越普遍

过去 30 年来，中国上市公司 500 强企业的对外投资大幅度增长。在 2000 年，中国上市公司 500 强企业对外投资企业为 3482 家，到 2019 年，对外投资企业数量快速增长到 21984 家。[①]

一方面，产品价值链的不同环节按照生产要素密集程度的差异布局在不同的城市。在大企业主导的产业网络中，资本运营、技术研究、国际贸易、文化创意等环节高度集中在北京、上海等大城市，例如，郑州宇通客车股份有限公司就在北京设立国联汽车动力电池研究院有限责任公司；云南锡业股份有限公司在上海设立云锡（上海）投资发展有限公司、云锡贸易（上海）有限公司。而中西部地区的城市承担了大量的生产制造环节，特别是资源加工企业、电力生产等，例如中国信达资产管理股份有限公司分别在赤峰、鹰潭投资内蒙古平庄煤业（集团）有限责任公司、江西六国化工有限责任公司，华能国际电力股份有限公司在亳州、贵阳、濮阳、贵港、湖州、长沙、重庆、锡林郭勒、南宁、郑州、太原等城市设立分支公司。许多企业也开始全国层面的扩张，不同的价值创造环节在空间上分散布局。浙江吉利汽车控股有限公司提供了一个生动的案例。它在宁波设立研究中心，即吉利汽车研究院（宁波）有限公司，在上海建立科技推广中心，即上海吉聪动力技术有限公司，在宝鸡和晋中设立零部件制造企业，即宝鸡吉利汽车部件有限公司和山西吉利汽车部件有限公司。其他企业如歌尔声学股份有限公司、广西玉柴机器集团有限公司、江苏亨通光电股份有限公司、河南豫光金铅股份有限公司也提供了翔实的案例。

另一方面，多元化的行业投资也是一个显著特征。大量的企业不仅投资于和自身主营业务相关的行业，而且还进入了其他行业，企业多元化经营的程度不断提升。以联想控股有限公司跨城市对外投资的行业分布情况为例，联想控股已涉足 IT、金融、农业与食品、先进制造与产业服务等领域。其中的金融服务包括联想投资有限公司、苏州信托有限公司、西藏考拉科技发展有限公司、正奇金融控股股份有限公司等，先进制造和产业服务包括星恒电源股份有限公司、东方航空物流股份有限公司、增益供应链（吉林）有限公司等，创新消费与服务包括拜博医疗集团有限公司、融科智地控股有限公司等。还有很多其他企业，

[①] 根据城市网络 2020 年财富中文网（https：//www.fortunechina.com/）、启信宝网站（https：//www.qixin.com/）和上市公司年度报告中采集的企业网络数据整理。

比如中国太平保险控股有限公司、青岛海尔股份有限公司、潍柴动力股份有限公司、兖州煤业股份有限公司等，也发展成了多元化经营的企业。

二、多样化的跨城市投资动机

借鉴 Dunning（2008）的分类方法，中国跨城市投资的动机可分为市场依赖型、资源依赖型以及战略资产获取型。

一是市场依赖型投资。市场依赖型投资主要为获取其他地区因人口较多而形成的较大市场，将生产设置在拥有较大市场的地区，在减少产品长途运输成本的同时可获得规模经济效应。总部位于广东省云浮市的温氏食品集团股份有限公司在全国范围内的扩张是一个典型的案例。温氏食品集团股份有限公司自1983 年创立以来，一直以养鸡、养猪等畜禽养殖产业为主；由于肉禽类产品销售规模受到运输半径的制约，同时全国各地都对肉禽类产品有着巨大的市场需求，温氏食品集团股份有限公司进行了跨地区扩张，截至 2020 年底，温氏食品集团股份有限公司在全国 20 多个省（直辖市、自治区）拥有 300 多家控股公司。金正大生态工程集团股份有限公司（临沂）通过新设、收购或合作租赁等方式，在山东临沭、山东菏泽、安徽长丰、河南郸城、河南驻马店、辽宁铁岭、贵州瓮安、云南晋宁、山东德州、广东英德、新疆阿克苏、湖北潜江等地进行基地建设，形成了覆盖全国主要产粮区的产业布局。北京迪信通商贸股份有限公司（北京）也为了更加贴近原料产地和销售场，在全国各地布局商店。由于大城市自身经济发展水平高、技术水平以及研发能力强，并且拥有广阔的市场，越是在大城市建立的公司总部，在外地的分支机构比重越小，比如上海汽车集团股份有限公司（上海）、北京汽车股份有限公司（北京），其分支机构的设立主要集中在本地区内。相反，越是在小城市、偏远城市设立总部的企业，跨城市投资设立分支机构的比重就越大，例如安徽水利开发股份有限公司（蚌埠）、本钢板材股份有限公司（本溪）跨城市设立分支机构的比重非常大，分支机构主要集中在本地区以外的区域。

二是资源依赖型投资。资源依赖型的投资动机是指企业为了获取在本区域内无法获取的或者获取成本较高的能源、资源而进行的跨地区投资，主要目的是降低生产成本，获得竞争优势。资源依赖型投资也有大量的案例，例如，中国国际海运集装箱（集团）股份有限公司（深圳），主要投资于大连、上海和青岛等有港口的地方；中国神华能源股份有限公司（北京）主要集中在银川、鄂尔多斯、榆林、呼和浩特等煤炭资源丰富的城市建立分支机构；中国石油化工股份有限公司（北京）在东营、荆州、铜川等石油资源丰富的城市建立分支机构；东风汽车集团股份有限公司（武汉）在汽车制造业发达的北京、柳州、广州等地设立分支机构；中国中信股份有限公司（北京）的分支机构大部分都设立在具有重工业基础的洛阳；北京燕京啤酒股份有限公司在具有特定资源的城市开设啤酒厂，北京京能电力股份有限公司（北京）在电力资源富集的内蒙古地区建立分公司；中青旅控股股份有限公司（北京）在旅游业发达的桂林、乌镇设立分公司。很多中西部地区的城市是以特定资源为切入点融入城市网络中的，例如，北京大北农科技集团股份有限公司在清远、蚌埠、娄底、衢州和渭南等城市建立了大量分支机构；云南铝业股份有限公司主要在水电资源和铝土资源较多的红河州、德宏州等建立分支机构；江苏洋河酒厂股份有限公司（宿迁）、龙元建设集团股份有限公司（宁波）也提供了生动的案例。但是这些城市在网络中的嵌入程度比较低，主要是以入度为主，缺乏公司总部，属于城市网络中的边缘城市。

三是战略资产获取型投资。为了获得本身缺乏且难以通过市场交易而取得的战略性资产，企业也会进行跨地区投资，这种战略性资产包括可被接收的高新技术、管理能力、市场经验以及投资目的地拥有的其他稀缺资源。大城市拥有较高的研发能力以及技术水平，所以许多总部在小城市的企业都希望在大城市设立分支机构，去寻求当地拥有而本身缺乏的战略性资源。在中国上市公司500强中，很多企业都在北京设立了研究院，进行技术的研究与试验发展，例如，隶属有色金属业的山东南山铝业股份有限公司（烟台）建立北京南山航空材料研究院有限责任公司；化肥行业的金正大生态工程集团股份有限公司（临沂）建立北京金正大控释肥研究院有限公司；医药制造业的康美药业股份有限公司（揭阳）建立康美（北京）药物研究院有限公司；汽车制造业的长城汽车股份有限公司（保定）成立了国汽（北京）汽车轻量化技术研究院有限公司。青岛海信电器股份有限公司（青岛）主要在上海、深圳、佛山等电子信息比较发达的地区建立科技公司，支持本身企业的技术创新；新疆金风科技股份有限公司（乌鲁木齐）在北京、南京、江苏等地建立了大量的分支机构，以获取风电设备研发所需要的技术资源。大城市资金雄厚、金融业发达，所以在许多中小城市的企业也都倾向于在大城市设立资产管理公司。平顶山天安煤业股份有限公司（平顶山）收购上海星斗资产管理公司提供了一个很好的案例。平煤股份于2017年3月20日发布的公告称，公司以资产评估报告确认的评估值为基准收购上海石锋资产管理有限公司持有的上海星斗资产管理公司51%的股权。这次股权转让完成后，平煤股份持有上海星斗资产管理公司51%股权，上海星斗资产管理公司成为公司控股子公司。平煤股份称，本次股权收购的主要目的是为公司搭建一个平台，利用该平台与相关金融机构合作，通过发起设立产业投资基金、债转股基金等方式，为公司拓宽融资渠道，降低融资成本。

三、地理距离的约束效应趋于弱化

地理邻近性仍然是影响企业投资的重要因素。例如，广州白云山医药集团股份有限公司主要在本地以及南方城市设立分支机构；山东钢铁股份有限公司主要的经营范围在山东；广发证券股份有限公司主要在南方的城市投资；大商股份有限公司（大连）也主要在北方地区开展业务；北京金隅股份有限公司主要围绕北京及周边地区布局；广州富力地产股份有限公司主要围绕南方的城市深耕。海通证券股份有限公司的经营范围主要是南方的城市，北方只有省会城市沈阳、长春等，地理邻近性和大城市选择性也是其设立分支机构时所考虑的因素。

但是随着交通、通信成本的大幅度下降，大量的企业开始了远距离的跨城市投资，以充分发挥它们的所有权优势，在更广阔的地理范围内获取资源、开拓市场，并实现规模和范围经济。

市场依赖型投资提供了地理距离约束效应下降的典型案例，如金地（集团）股份有限公司、中国正通汽车服务控股有限公司、金科地产集团股份有限公司、广东温氏食品集团股份有限公司（广东）、金正大生态工程集团股份有限公司（临沂）、安徽海螺水泥股份有限公司（芜湖）在全国范围内建立分支机构。市场依赖型是由于总部与目标市场的地理距离会影响运输和沟通成本，而本地区外又有着广阔的市场，跨地区设立分支机构进行生产、销售可以扩大市场范围以及缩短运输距离，提高企业的竞争力。

其他类型的企业也大量在远距离的城市设立分支机构。例如，三一重工股份有限公司是以工程机械为主的装备制造企业，已经在滨州、常德、常熟、郴州、成都、大庆、阜阳、广州、贵阳、哈尔滨、杭州、合肥等城市设立了分支机构，实现了全国层面的空间布局；哈尔滨电气股份有限公司在成都、上海、秦皇岛建立分支机构；山东晨鸣纸业集团股份有限公司在上海、齐齐哈尔、武汉、合肥成立分支机构，以便充分利用当地的技术知识和特殊资源。

四、投资的互惠性以及复杂的多向投资关系

在中国上市公司 500 强的企业投资网络中，资本并不是单向地从大城市流向中小城市，而是大城市之间、大城市和中小城市之间都存在双向的投资关系。也就是说，在企业网络中，城市之间是相互合作和相互补充的。这些双向的投资关系汇集在一起，组成了结构复杂的多向投资关系。

投资这种互惠性体现在大城市之间。北京和上海的互惠投资提供了生动的案例。公司总部在北京的 73 家企业，包括中国石油化工股份有限公司、中国石油天然气股份有限公司、中国人寿保险股份有限公司、中国建设银行股份有限公司、中信建投证券股份有限公司、北京迪信通商贸股份有限公司等，在上海投资了 306 家企业，被投资企业主营业务包括软件和信息技术服务、商务服务、资本市场服务、装卸搬运和运输代理等生产性服务业，批发、零售等生活性服务业，以及汽车制造等附加价值较高的制造业。与此同时，公司总部在上海的 24 家企业，包括上海汽车集团股份有限公司、中国交通建设股份有限公司、宝山钢铁股份有限公司、国药控股股份有限公司等，在上海投资了 97 家企业，被投资企业主营业务包括商务服务、货币服务、软件和信息技术服务，也包括医药制造以及计算机、通信和其他电子设备制造业。总体来看，大城市之间的这种互惠性投资反映了市场的相互依赖，这些城市是中国主要的消费市场，这也反映了差异化生产方式下对战略性资产的寻求，这些城市丰富的科技、研发资源对于现代企业的发展日益重要。

许多大城市和中小城市之间也存在着互惠性的投资关系。以北京和甘肃白银之间的双向投资关系为例。总部位于北京的中国建筑股份有限公司、中国银行股份有限公司、中国华融资产管理股份有限公司、北京京能清洁能源电力股份有限公司在甘肃白银投资了 9 家企业，其中 3 家为商务服务企业，3 家为有色金属冶炼和压延加工企业，1 家为化学原料和化学制品制造企业，1 家为电力、热力生产和供应企业，1 家为货币金融服务企业。总部位于甘肃白银的白银有色集团股份有限公司在北京投资 3 家企业，其中 1 家为商务服务业企业，另外 2 家为专业技术服务业企业。总体来看，大城市向中小城市的投资主要为了获取自然资源和利用制造业发展基础，而中小城市向大城市的投资主要是为了利用大城市的科技、研发、人才优势，进一步提升自身的竞争力。

第二章 研究进展、理论基础与边际贡献

第一节 研究进展

随着全球化的快速发展和信息技术的逐步普及，生产分割成为越来越普遍的现象（高越，2019）。尽管城市网络作为一种地理现象的出现具有悠久的历史，但是基于企业网络视角的理论和实证研究却是近30年的事情。20世纪80年代之后，基于企业网络视角的城市网络识别界定方法、格局机理分析方法不断完善，有力地推动了城市网络研究的发展（见图2-1）。基于企业网络视角的城市网络具有多维度的结构特征，相关研究也呈现出多学科的背景特征。30年来，基于企业网络视角的城市网络研究日益增多，在链接关系及时空过程、价值生产空间格局、外部经济及其空间差异、规划实践及治理模式四个方面取得了重要进展（盛科荣等，2018）。

一是城市网络关系模式及其时空过程的研究。城市节点中心性和网络权力存在明显的层级特征。例如，Wall等（2011）发现在世界城市网络中纽约、巴黎和伦敦位于核心位置，苏黎世、法兰克福、海牙、阿姆斯特丹则处于第二层级。但是城市在网络中的位置不完全取决于城市的规模，一些小的城市可能具有较高的链接度，而规模较大的城市也可能只有稀疏的链接关系，从而成为网络的"黑洞"（Short等，2004）。此外，城市网络往往呈现出小世界特征。一方面，企业仍然倾向于在地理、地缘相近的城市建立分支机构，导致城市链接关系仍然呈现区域性特征（Derudder等，2005）。另一方面，世界主要城市之间的链接强度大幅度提升，城市的影响力已经超越行政边界，开始把远距离的其他城市纳入自己的腹地范围（Taylor，2001）。

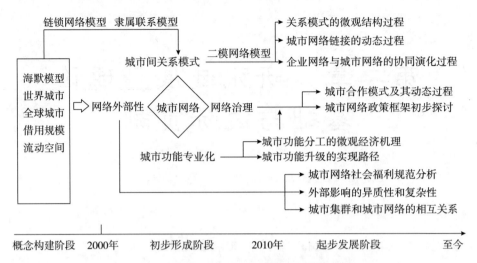

图 2-1　企业网络视角的城市网络研究发展脉络

资料来源：盛科荣，张红霞，侣丹丹. 基于企业网络视角的城市网络研究进展与展望［J］. 人文地理，2018，33（2）：11-17.

　　二是城市经济功能专业化及驱动机制的研究。城市功能专业化最显著的特征是，城市体系中大城市成为公司总部、研究机构的集聚区，中小城市则承载了大量的加工组装企业，城市之间基于产品内分工建立起新的经济联系（Brunelle，2013）。Duranton 等（2005）构建理论模型研究了企业生产分割与城市功能专业化的一般过程，指出交通和通信成本的降低是这个过程的关键因素。与此同时，学术界围绕产品价值链空间组织的影响因素开展了大量研究，这些研究包括：公司总部区位选择影响因素的解析（Davis 等，2004；武前波等，2010），企业组织中不同环节区位指向空间关系的探究（Defever，2006），以及城市间经济联系微观机制的实证分析（Liu 等，2015）。

　　三是城市网络经济外部性及其空间差异的研究。尽管 Alonso（1973）提出的"借用规模"概念建立在地理邻近性的基础上，但是在"流动空间"当中这种现象很容易被推广到网络链接性（Meijers 等，2016）。在这种背景下，城市网络外部性的概念被正式提出，强调城市之间的功能性联系产生的经济收益（Capello，2000）。城市网络外部性理论的基本逻辑是，城市运行的网络空间是理解城市经济效率、经济增长和功能专业化的基础。从这个意义上说，在促进经验分享、要素匹配、知识学习等方面，城市网络将补充（在某些环境下替代）传统意义上集聚经济的作用（Meeteren 等，2016；Camagni 等，2016）。

　　四是城市网络的应用实践和治理模式研究。多中心的城市网络理念已经开始在欧洲以及我国长三角、粤港澳大湾区等地区的城市规划中获得广泛应用（Wu 等，2007）。与此同时，城市网络治理特别是推动城市间合作和提升城市竞争力的问题也成为社会各界关注的热点。例如，Luo 等（2009）在长三角地区实证研究基础上，将市间合作的模式分为垂直伙伴关系、自发性合作伙伴关系、混合型合作伙伴关系三种类型；程玉鸿等（2012）初步探讨了维系城市外部关系对于提升城市竞争力的重要性，认为节点之间资本、信息、技术流动的密集程度就决定了城市在区域甚至全球经济中的地位。

通过以上文献可以看出，30 年以来城市网络研究内容不断深入和拓展，加深了对城市网络发展规律的认识。但是总体来看，城市网络的研究正处于多元化深入发展阶段，距离构建完整的城市网络理论体系还有很长的一段路要走。城市网络的研究仍然存在以下三个方面的问题（见图 2-2）：

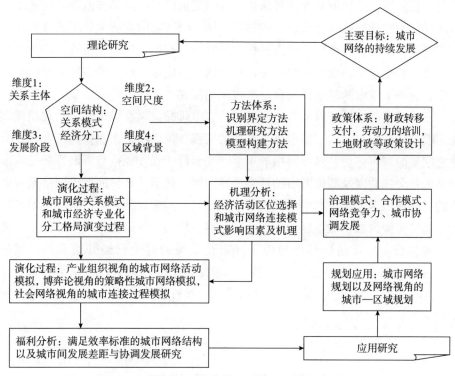

图 2-2　基于企业网络的城市网络理论体系研究框架

资料来源：笔者绘制。

一是城市网络多维度的集成研究仍然较为薄弱，还不能有力支撑城市网络演化特征的深刻理解。这些问题主要表现在：城市网络空间结构不仅包括基于不同行为主体、不同界定方法的城市关系模式，还包括城市网络中价值创造活动的空间格局以及城市功能专业化分工格局，仅关注单一维度的实证研究并不能全面地揭示城市网络的组织模式；城市网络空间结构在不同发育阶段和不同区域环境下往往呈现不同的组织形式，城市网络时空特征研究的滞后制约了城市网络生长发育地理过程一般模式的提炼；不同空间尺度的城市网络是相互依存的，区域城市网络化过程已经被纳入国际城市网络化过程之中，仅基于区域视角的研究不能完整地揭示城市网络的发展规律。

二是城市网络发育机理的定量分析亟待加强，理论模型研制和发育过程模拟尚处于空白阶段。这些问题主要表现在：城市网络关系模式的研究还主要集中在节点权力、链接结构等宏观特征的解析以及影响因素的定性描述，仍然缺乏对择优链接、路径依赖等微观结构过程的定量检验；产品价值链功能区块区位选择影响机理的研究有待进一步加强，城市经济功能专业化分工及其机理的研究仍然较薄弱；城市网络时空过程的研究还没有得到足够的重视，制约了城市网络的演化过程一般模式的提炼；城市网络演化过程理论模型的构建还处于空白，制约了城市网络生长发育一般规律的探究。

三是城市网络经济效率与协调发展的规范研究，以及城市网络治理模式和政策设计的探索，滞后于城市体系发展的实践。城市网络正在重构工业化社会建立起来的城市体系，城市网络的规范研究亟待加强。规范分析回答的是城市网络的社会福利以及城市网络的社会选择问题，包括什么样的城市网络是有效率的、如何协调大城市与中小城市发展、如何在实现效率的同时防止小城市被边缘化等关键问题。城市网络规范分析的滞后影响了网络化时代城市体系治理的发展实践。尽管网络发展环境下城市化政策的讨论已经开始起步，例如Glaeser 等（2016）在理论模型框架下初步探讨了应当培育城市网络还是支持发展大城市的权衡问题，但是基于网络视角的城市化治理体系和政策体系仍然是缺失的。

第二节　理论基础

下面聚焦于四个关键的贡献——国际直接投资理论、世界城市网络理论、流动空间理论和网络资本理论，采用淘金式的方法来阐述本书的理论基础。这四个关键性贡献是基于企业网络视角的城市网络研究发展的重要路标。

一、国际直接投资理论

国际直接投资理论于 20 世纪 60 年代由 Hymer（1979）提出，其后经过 Dunning、Markusen 等的发展逐步完善。国际直接投资理论着眼于跨国公司，研究全球尺度的直接投资的影响因素、区位模式、经济绩效和治理路径。本书中企业网络的本质是企业在不同城市间的投资。尽管外商直接投资（Foreign Direct Investment，FDI）的着眼点是跨国直接投资，但是它的原理同样可以用来解释本书中的企业在不同城市间的投资。而且相对于 FDI 的影响因素，企业在城市间投资的影响因素更加简单，因为后者不需要考虑国际贸易政策、汇率变动以及社会规范等的影响。本书对企业投资的研究主要基于 Dunning 的 OLI 模型和 Markusen 的知识资本模型。

（一）Dunning 的国际生产折中理论

Dunning（2008）系统地阐述了国际生产折中理论，他认为在研究跨国公司国际生产活动中，应当吸收区位优势理论，并融入要素禀赋理论和内部化理论，采用综合的视角来解释境外直接投资活动。Dunning 认为一个企业必须同时具备所有权优势（Ownership Advantages）、内部化优势（Internalization Advantages）和区位优势（Location Advantages）才能从事境外直接投资。所以 Dunning 的国际直接投资理论又被称为 OLI 模型。在 OLI 模型中，所有权优势指的是一个国家的一家企业相对于另一个国家的企业所具有的或者能够获得的特定优势，主要包括财产权或者无形资产优势、组织优势与互补性资产的优势、技术优势、金融和货币优势、制度优势等。内部化优势指的是企业将所拥有的所有权优势在内部使用所带来的优势，主要包括规避搜寻和谈判成本、规避违约以及随后的诉讼带来的成本、控制市场渠道等。区位优势指的是一个国家在投资区位上所具有的选择优势。影响区位优势的因素有自然和人造资源禀赋的空间分布以及市场的空间分布、国际运输和通信成本、基础设施条件、经济的集聚和溢出效应、政府的经济制度和战略。

Dunning（2008）将开展国际生产的跨国公司划分为四种类型，即自然资源寻求型投资、市场寻求型投资、效率寻求型投资、战略资产或能力寻求型投资。自然资源寻求型投资是资源贫乏国家的跨国公司对外直接投资的主要动因，旨在寻求本国不具备或者失去比较优势的自然资源，包括矿物燃料、金属、农产品以及非熟练或半熟练劳动力。市场寻求型投资指的是跨国公司为抢占更广阔的市场空间、努力开拓新的国际市场而进行的投资，或者服务于已经在国外建立了生产设施的主要客户而开展的投资。效率寻求型投资的目的是使既有的资源型或市场型投资结构合理化，实现规模经济、范围经济或者风险分散而开展的投资。战略资产寻求型投资的目的是通过收购外国公司的资产来促进其长期战略目标，特别是维持或加强其所有权特有的优势，或削弱其竞争对手的优势。

（二）Markusen 的知识资本模型

Markusen（2002）把垂直型跨国公司模型和水平型跨国公司模型统一起来，建立了知识资本模型（Knowledge Capital Model）。Markusen 认为跨国公司的所有权优势和内部化优势均来自于企业的知识性资产（Knowledge Based Assets）。企业的知识性资产包括员工素质、专利、企业发展战略、生产工艺和其他专利知识，当然还有商标、声誉和品名等市场无形资产。知识资本的 3 个特性决定了它与跨国公司密切相关。一是知识资本提供的服务可以很容易地被传送到国外的生产企业中去，至少比实物资本提供的服务更容易传递。工程师和管理者可以轻松地走访各个地方的工厂，并与他们以低成本的方式，如电话、传真和电子邮件等进行交流，知识资本的这一性质对于公司进行水平型和垂直型投资都很有益。二是与生产相比，知识性资产需要更多的熟练劳动，这为生产的地理分割和垂直投资提供了动力。总部需要较多的熟练劳动进行研发和管理等活动，因此它要设在熟练劳动力充裕和相对便宜的地方，而生产型企业则应设在熟练劳动较为缺乏或有较大市场规模的国家。三是将跨国公司和知识资本联系起来的特性是，知识资本在公司内部具有联合投入或"公共产品"的特征。公司战略、化学反应式乃至声誉资本，它们形成的初期所耗费的成本都很高。但一旦形成，就能以很低的成本提供给国外生产单位，而不会降低这些资产的价值和生产效率。在知识资本的框架下，跨国公司经常表现为知识性服务的输出者。这些服务包括管理和工程职务、财务服务、咨询和商标。

Markusen 认为区位优势的来源变化不定，主要是因为垂直型和水平型跨国公司的区位优势类型有所不同。在垂直投资模式中，企业会将它们的生产过程分成两部分，即总部服务（如研发和广告）和生产制造，总部服务需要技能型劳动力，而生产制造需要一般劳动力。根据垂直投资模型，企业将把总部设在相对拥有技能型劳动力的国家，而将生产环节安置在一般劳动力相对丰富的国家。垂直型外国直接投资主要发生在要素禀赋不同、经济发展阶段不同的国家之间。对于垂直型公司而言，当贸易成本较低，生产的不同阶段要素密集度不同，而且不同国家拥有不同要素禀赋时，区位优势较显著。水平投资模式考虑多个工厂在不同国家生产同样的产品，并将商品在当地销售。在给定工厂规模经济条件下，在一个特定的市场中，有两个主要的区位优势来源。一是跨国公司母国市场和该市场之间存在贸易成本，如运输成本、关税、配额等。事实上，如果贸易成本为零，生产会集中在一个地方，并将产品出口到其他地方。从这一点来看，贸易成本是水平型跨国公司存在的必要条件。二是东道国的巨大市场。如果当地市场很小，到那里设厂就会得不偿失，公司就会决定只向那里出口产品。

二、世界城市网络理论

Sassen（1991）提出的全球城市理论（Global City Theory）是世界城市网络研究的理论基础。信息通信技术的发展创造了两种不同但又互补的空间趋势，即经济活动在空间的分散化和集聚化同时发生。空间分散和全球一体化的趋势是全球城市研究体系的出发点，因为它为主要的城市创造了一种新的战略角色。也就是说，分散创造了一种城市中新的控制和组织功能的需求。Sassen（1991）指出，这些专业化的服务企业需要提供全球服务，这意味着需要形成一个由分支机构组成的全球网络或其他形式的伙伴关系，由此看到了跨边界的城市间交易和网络的强化，这也许可以被视作是跨国城市体系形成的开始。

在此基础上，Taylor（2004）发展了世界城市网络理论。Taylor（2004）认为世界城市网络形成的主体是高级生产性服务业企业，因此采用连锁网络模型（Interlocking Network Model）构建网络联系。连锁网络模型的基本思路是如果一个生产性服务业企业同时在两个城市具有分支机构，则认为这两个城市存在链接关系。世界城市网络的研究取得了积极的进展，揭示了当前全球化进程中的一些重要特征。

第一，全球城市建立起密切的链接关系并位于网络的核心。总体来看，欧洲和北美城市之间的联系最为密切。从接收和发出的连接强度来说，北美东海岸在与区域内和区域外的联系方面都是热点区域。北美洲和拉丁美洲之间交互强烈，而拉丁美洲与欧洲和东亚之间交互水平较弱。欧洲有着类似于与东亚和拉丁美洲之间的强连接。撒哈拉以南非洲地区除了和欧洲（特别是伦敦和巴黎）以及北美洲有一些连接外，基本没有其他连接。欧亚大陆和北美洲之间的连接略多于欧洲，而其他世界地区和欧亚大陆几乎无连接。南亚的区域外连接主要集中在北美洲，而这一区域的连接基本都在区域内部。亚太地区的连接比较多样化，但仍主要限于澳大利亚、北美洲和欧洲。亚太地区连接的热点城市主要位于中国东部和日本。

第二，城市网络连通度的地理格局呈现明显的区域性特征。西欧、亚太地区和北美洲是世界城市体系中高连通度城市的核心区。西欧拥有比其他区域更多的世界城市，该区域城市的连通性也存在多种层级，比如有伦敦、巴黎这样连通性较强的城市，也有利兹和鹿特丹这种连通性较弱的城市。换句话说，世界城市网络中有着不同连通强度的城市混合分布在这个区域。与西欧不同，亚太地区的城市连通性等级多为"上重下轻"。据联合国估计，亚洲地区将近200个城市拥有超过100万人口的居民，其中近100个城市分布在中国。虽然城市化进程不断加快，但是在这些城市中，仅有距离核心区域最近的几个城市与世界城市网络相连通。北美地区（如美国和加拿大）世界城市的数量介于西欧和亚太地区之间，该区域城市连通性的等级范围与西欧非常相似，有众多连通性不高的城市，如坦帕和夏洛特。在经济核心区域之外，没有集中分布连通性较强城市的地区。在东欧（前社会主义国家），最普遍的情况就是首都担任世界城市的角色。北美和拉丁美洲之间的关系与之类似，拉丁美洲的世界城市也绝大多数是各国的首都。这表明，全球化的不均衡发展导致了世界城市的不均匀分布。

第三，城市网络是一个动态的发展过程。第一个特征是2000~2012年世界城市网络中高连通度节点发生了明显变化，迪拜、上海、北京和莫斯科4个城市进入了全球连通度前10名，而中国台北和东京的连通度出现了或多或少的下降。第二个特征是在控制了可能存在的市场饱和度以后，"纽约—伦敦"的连通性有所扩大。这表明，在服务和组织全球资本方面，伦敦和纽约已经发展成为"强制通行点"。第三个特征是"中国效应"，上海和北京连通度的增长速度超过中国其他城市，广州和深圳的连通度也有所增长，但是少于其他城市。

需要指出的是，世界城市网络强调城市之间的关系并不是简单的零和博弈关系。在世界城市网络的研究方法中，企业才是变化的推动者。这意味着城市间关系的"本质"是城市之间全球服务企业办公网络之间的合作，而不是城市之间为了资本、资源、知识等进行的相互竞争。世界城市网络强调合作过程，因为它保证了城市之间关系的再生机制：城市存在于城市网络之中，也只有通过互补的城市，城市网络才能存在。这种观点与产业组织理论是一致的，即认为竞争和等级不同于网络和合作。

三、流动空间理论

流动空间（Space of Flows）是美国社会学者 Castells 在分析网络社会时提出的一个概念，用以重新理解在物理空间上相互分离的社会个体有目的的、重复的、程序化的交流和相互作用。传统意义上的空间是由地理邻接性定义的，地理把相互作用的个体聚集到一起。但在信息化时代，时间同时性可以与空间的邻接性相分离。Castells（1996）指出，我们的社会是围绕着"流动"而构建的资本流动、信息流动、技术流动、组织互动以及图像、声音和符号流动。"流动"不仅是社会组织的一个要素，更是支配经济、政治和象征性生活的过程的表达。如果是这样的话，我们社会中主导过程的物质支持将是支持这种流动的元素的集合，并使它们在相同的时空里成为可能。因此，Castells（1996）提出这样一个观点，认为在网络社会空间的主导形式不再是场所空间（Space of Places），而是流动空间。在这种形式的空间中，地方并未消失，只不过通过它们在各种"流动"中的位置而定义。

Castells（1996）认为流动空间作为信息社会中主导过程和功能的物质支持形式，可以通过至少三层物质支持的组合来描述：

第一层物质支持是由电子交换电路（基于微电子的设备、电信、计算机处理、广播系统和高速传输）构成的，这些电路共同构成了各种流动的物质基础。电子交换电路是同时实践的物质支持，使非连续同时性的流动成为可能。在信息社会中，主导功能的空间表达确实发生在信息技术设备所形成的互动网络中。在这个网络中，没有独立的位置，因为位置是由网络中的流量交换而决定的。建立网络的技术基础设施定义了新的空间，就像工业经济中铁路定义的"经济区域"和"国家市场"一样。

第二层物质支持是由节点和枢纽构成的。流动空间不是无位置的，尽管它的结构逻辑是无位置的。这种网络连接着特定的地方，具有明确的社会、文化、物理和功能特征。有些地方是枢纽，主要功能是协调网络中要素的相互作用。其他地方是节点，也就是具有重要功能的位置。对于 Castells 来说，全球城市的分析对流动空间的节点和枢纽提供了最为直接的阐述。对全球城市作为全球经济信息化生产基地的分析表明，这些全球城市在我们的社会中起着至关重要的作用，当地社会和经济依赖于这些城市的主导和组织功能。但除了主要的全球城市之外，其他大陆、国家和区域经济体也有自己的节点连接到全球网络。每一个节点都需要足够的技术基础设施、提供支持服务的辅助公司系统和专业劳动力市场，以及专业劳动力所需的服务体系。这种层次结构可能会随着网络中活动的演变而变化。事实上，在某些情况下，一些地方可能会被切断网络，它们的断开导致持续的衰退，从而导致经济、社会的恶化。

第三层物质支持是由经济精英的空间组织构成的。流动空间理论隐含的假设是，每个社会都围绕着特有的主导利益不对称地组织起来。在流动空间中占据主导地位的"技术—金融—管理"精英，也将对其利益和实践的空间支持提出具体的空间要求。这种支配逻辑的空间表现形式在流动空间中有两种主要形式。一方面，精英们形成了自己的社会，并象征性地组成了与世隔绝的社区。另一方面，信息社会中的精英创造了自己的生活方式和设计空间形式，旨在统一世界各地精英的象征性环境，从而取代每个地区的历史特性。这包括国际酒店的装饰，从房间的设计到毛巾的颜色，在世界各地都是相似的，以创造一种熟悉内心世界的感觉；移动的、个人的、在线的电信网络接入，使旅行者永远不会迷失；一项旅行安排、秘书服务和相互接待的系统，通过类似的安排来维持一个在所有国家紧密的企业精英圈子。

四、网络资本理论

随着社会网络的快速发展，经济组织的发展前景越来越多地取决于它们在网络中的位置。在经济增长领域，学术界逐渐认识到，除了实物资本、人力资本、技术资本等生产要素之外，促进知识流动的组织间网络也应被视为支撑经济增长进程的关键资本投入或资源。在这种背景下，Huggins（2014）提出了网络资本（Network Capital）的概念，用以概括经济组织有意识的投资形成的网络关系。网络资本是指组织从其他组织获取知识以提高预期经济收益的资产和能力。经济组织通过这种关系获得知识以提高预期经济回报，这本身就是一种资本形式。网络资本作为一种关系资产，来源于组织间的战略性网络，旨在促进知识流动、创新以及为组织创造经济优势。

网络资本与特定地区的社会规范和习俗所产生的社会资本或关系资本类型有很大不同:

第一,网络资本的概念根植于这样一种认识,即组织间网络的知识管道作用是一种资产,组织可以通过对有意识的关系投资来塑造这种资产。根据 Oliver(1997)的分类,组织资源选择过程中有两种合理性,即基于面向经济目标的系统和深思熟虑的决策过程的经济合理性,以及基于规范和传统中的习惯性和非具体决策过程的社会合理性。网络资本来源于经济合理性,组织通过有意识的投资建立网络,以获取所需的知识。建立网络资本的机制是基于商业和经济逻辑的,通过这种逻辑寻求获得知识作为增加经济回报的手段。社会资本通常不以获得某些知识为目标而有意识地建立,尽管这可能作为副产品出现。参与这种地方性的交流通常不需要特别的投资,因为其或多或少是由位于一个区域内的人无意识的、自动接受的知识交流。

第二,通过网络投资能够获得更多高价值、互补性的知识。当代技术机会的来源在本质上发生了重大变化,企业需要更加频繁地和地理位置较远的伙伴合作,共同参与集体发明从而获取互补性知识。经济组织的知识生产和扩散,不再仅依赖于本地化创新主体的互动,而是越来越多地受到组织间联系的影响。Bathelt 等(2004)提出的"本地蜂鸣—全球管道"(Local Buzz and Global Pipelines)分析框架进一步强调了本地产业集群和网络知识资源之间互动的重要性,认为知识主体可以通过"全球管道"从城市外部获得高质量的知识,进而通过本地互动的网络将其转变为知识主体共享的知识和信息,从而提高城市本身的创新能力。在很多情况下,从"全球管道"中获得的知识要比"本地蜂鸣"中溢出的知识具有更大的经济价值。因此,为了获得最有价值的知识,必须要提高在更大的地理范围内利用网络资源的能力。正如 Boschma 等(2017)所断言的那样,知识生产不再取决于地理区位,而更多地取决于创新主体在网络联系中的权力和地位。

第三,网络资本在其维度上的空间限制较少,在更大程度上包含在全球环境中形成的网络的价值。社会资本本质上是一种基于场所的社会网络现象,其根源在于物理邻近理论和密集的社会关系矩阵。但在网络关系中,互动越来越灵活、动态和短暂。例如,"临时集群"的概念,即通过会议、交易会、展览等进行战略网络建设,强调了网络资本和通过全球管道获取知识的重要性(Huggins,2017)。

网络资本与网络外部性概念也存在明显区别。网络外部性是指城市通过嵌入网络而获得的经济效益，主要来源有：城市能够充分利用网络中的互补资源实现专业化分工，有利于充分发挥比较优势并提高劳动生产率；职能相似城市之间的合作能够产生协同效应，有利于建立一体化市场并实现经济活动的有效规模；企业能够推动不同生产环节在网络中重新配置，实现经济活动和资源要素更好的匹配；合作伙伴之间相互学习成功的经验，能够提高城市政策的有效性；技术合作有利于实现技术的外溢和研发资源的共享，扩大了城市可以利用的知识存量（Camagni，1993；Cappello，2000）。网络资本更多是由经济主体有意识的投资所形成的，而网络外部性表明城市在网络中的收益更多是无意识的行动的结果。但是在某种程度上，网络资本与网络外部性的概念有一些共鸣。这两个概念都强调：通过网络获得更多的知识流可以增加这些网络的经济价值，同时也认识到累积的价值将与获得的知识的性质有关；内生发展过程实际上在区域边界上更具渗透性，这类似于承认"集聚力"永远不会完全局限于局部。

第三节　边际贡献

　　城市网络发展规律的研究已经成为城市科学基础理论建设的重要组成部分，也成为推进城市治理能力现代化、完善城市体系政策框架的必然要求。基于企业网络视角的城市网络理论体系的完善需要在以下四个方面取得突破性进展。一是城市网络多维度时空过程的综合比较研究。未来需要综合利用链锁网络模型、隶属关系模型和二模数据模型，加强对不同功能联系、不同发展环境、不同空间尺度城市网络的综合比较研究。二是城市网络发展过程微观机理的研究。未来需要在地理学空间分析方法的基础上，充分利用社会网络、城市经济学、计量经济学等相邻学科的最新研究成果，定量解析各种结构过程、行动者属性特征和外生情景因素对城市网络发育过程的影响机理。三是城市网络空间结构演化模式分析与模拟。未来应该根据实证分析归纳总结城市网络生长发育地理过程的一般模式，在此基础上按照"假设—演绎"的研究思路，建立城市网络空间结构演化模式理论模型。四是城市网络的治理模式和政策框架研制。主要在解析城市网络空间结构的发育机理和演化模式的基础上，开展城市网络福利问题的规范分析，研究城市网络治理的有效途径，并探讨网络发展环境下的城市化政策。

围绕着基于企业网络视角的城市网络研究展望，本书尝试着在以下四个方面做出创新性努力：

第一，城市网络空间结构演化过程的多维度特征解析。生产分割环境下城市网络空间结构呈现多维度特征，不仅包括节点中心性、链接集群性和区域性特征，还包括城市经济功能专业化分工特征。但是已有研究大多数仅关注其中的某一个问题，真正将城市网络作为一个系统进行研究的成果鲜有出现。本书将在"行为—结构—绩效"的城市网络研究框架内，从链接关系格局和经济功能分工的多维视角解析城市网络的发育过程，这种多维度变化特征的解析构成了城市网络地理过程一般模式提炼和理论模型研制的基础，对于完整揭示城市网络生长发育一般规律有着重要作用。

第二，城市网络地理过程影响因素及机理的定量研究。演化机制的定量解析是建立城市网络空间结构演化模式理论模型的重要前提，这个领域存在很多技术问题有待解决，包括城市网络关联格局的结构过程解析、城市网络中心性演化的动力机制研究、产品价值链功能区块的区位选择行为分析等，这些问题需要采取多学科视角、充分借鉴相关学科的研究成果才能够解决。本书在地理学空间分析方法的基础上，充分吸收社会网络、计量经济学等相邻学科的研究成果，实现城市网络发育过程影响因素及机理的定量研究。

第三，城市网络空间结构演化模式的提炼。在城市网络时空过程及发育机理集成分析的基础上，从链接关系和功能分工多维视角归纳城市网络地理过程的主要特征，提炼城市网络空间结构演化过程的一般模式，揭示城市网络空间结构生长发育的一般规律以及城市网络对城市体系格局重构的理论思考。从城市网络中心性、关联性和功能专业化演化的视角，研究城市网络化对于传统城市体系发展格局的重构过程。这种从具体到抽象的研究方法在以往城市网络研究中是不多见的，本书将在一定程度上弥补城市网络基础理论研究滞后于发展实践的现实。

第四，解析城市网络的经济绩效。在网络发展环境下，城市经济增长、知识生产和可持续发展不再仅取决于城市本身的属性特征，城市在网络中的嵌入特征，特别是城市的网络权力和合作伙伴的经济绩效，对城市经济绩效本身正产生越来越大的影响。本书系统地分析了城市网络嵌入特征对经济绩效的影响。主要包括：基于人均实际地区生产总值数据，研究了城市网络的经济增长效应；以专利规模测度知识产出，研究了网络嵌入对城市知识生产的影响；基于全国中小企业股份转让系统的挂牌公司数据，研究了网络联系对初创企业成长的影响；基于包络分析窗口模型测度了城市的绿色全要素生产率，研究了城市网络权力和知识溢出对绿色全要素生产率的影响。本书不仅拓展了城市内生经济增长来源的研究，还为城市网络的国家治理提供了科学参考。

第二篇

日益浮现的国家城市网络

第三章 城市网络和测度指标的构建

第一节 城市网络的构建方法

经济联系是城市网络的物质基础。Pred（1977）在 20 世纪 70 年代反思中心地理论时就提出，在经济高度发达的城市体系中，大型多区位组织是城市间相互依赖关系的主要来源，因此要理解城市间的相互作用关系，并理解城市体系中城市发展的机制，多区位组织是最合适的考察对象。基于企业网络的城市网络研究，相对于交通流、信息流视角的城市网络研究，不仅可以揭示城市间链接关系的时空过程，还可以在分析产品价值链功能区块的基础上，研究城市经济功能专业化的空间格局，并为城市网络治理的研究提供新的视角。在这种背景下，基于企业网络的城市网络研究日益增多，逐渐成为城市网络研究的主流路径。因此，作为沟通区域经济学和城市地理学的重要基础，基于企业网络视角的城市网络研究已经成为区域科学重要发展方向和新的学科生长点。

基于企业网络视角的城市网络构建主要有两种方法（吴康，2013）：一类是以 Taylor 为代表的链锁网络模型，其思想渊源为 Sassen（1991）和 Castells（1996），构成了城市网络研究的 Sassen-Castells-Taylor 传统。链锁网络模型更多关注的是高级生产性服务业企业形成的城市网络，基本思路是，如果一个高级生产性服务业企业同时在两个城市经营，则认为两个城市存在经济联系。另一类则是以 Alderson 等（2004）为代表的隶属联系模型（Ownership Linkage Model），其理论渊源为 Hymer（1979）和 Friedmann（1986），称为城市网络研究的 Hymer-Friedmann-Alderson 传统。隶属联系模型更多关注的是全行业企业形成的城市网络，基本思路是，如果企业的公司总部在城市 i，该企业在城市 j 存在分支机构，则认为城市 i 向城市 j 发送关系。

本书采用 Alderson 等（2004）的隶属联系模型来界定城市网络。下面以联想控股股份有限公司为例（篇幅关系，仅截取企业网络的一部分），演示城市网络识别界定过程。在图 3-1 中，联想控股股份有限公司总部所在的城市为北京，联想控股股份有限公司对外投资位于绵阳科技城产业投资基金以及位于珠海的拜博医疗集团有限公司，这样在城市网络连接矩阵中"北京→绵阳""北京→珠海"赋值为 1；联想控股股份有限公司还投资了北京昆仑瑞恒科技有限公司，但是本书不考虑城市对自身的投资关系，因此这样的投资关系被剔除。在这个演示案例中，将投资关系在城市层面上进行汇总，得到基于联想控股企业网络的城市网络邻接矩阵。接着按照相同的思路，分别求出中国上市公司 500 强其他企业对外投资关系形成的城市邻接矩阵。接着在城市层面将这500 家企业形成的城市邻接矩阵进行加总，得到中国城市网络邻接矩阵。

本书以中国大陆（不包括中国台湾）地级以上行政单元为基本地理单元。截至 2019 年，中国共有 293 个地级市、7 个地区、30 个自治州、3 个盟，合计333 个地级行政单元。因此，最终构建的中国城市网络是一个规模为 333×333的有向多值城市网络。需要指出的是，在城市网络影响因素识别和经济绩效分析部分，由于部分城市属性数据的缺失，这些城市被剔除出分析样本。

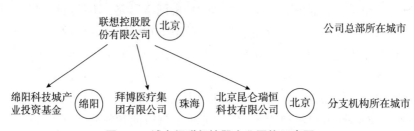

图 3-1　城市间联想控股企业网络示意图

资料来源：笔者绘制。

第二节　网络结构的测度方法

一、网络权力的测度方法

从已有文献来看，有数十种城市网络中心性的测量指标（Borgatti 等，2006）。

重要的是，每一种中心性测量方法都强调了为什么一个特定的节点在网络中被认为是"重要的"或者"中心的"的原因。正因如此，对节点连通性的分析通常结合并比较了不同的中心性测量，从而为分析提供不同的切入点。

（一）Freeman 度数

度数中心性是城市网络中心性与权力的既简单又有效的测量。根据 Freeman（1978），本书中城市的出度 $C_{OD}(i)$ 和入度 $C_{ID}(i)$ 分别定义为：

$$C_{OD}(i) = \sum_{j \in N} a_{ij}, \quad C_{ID}(i) = \sum_{j \in N} a_{ji} \tag{3-1}$$

式（3-1）中，a_{ij} 代表城市 i 向城市 j 发送关系的数量，a_{ji} 代表城市 i 接受来自城市 j 发送关系的数量。拥有较高出度的城市是能与其他城市交换的枢纽，并使许多其他都接受来自这个城市的影响，因此城市展现高出度通常被认为是有较高的"影响力"。拥有较高入度的城市吸引了大量其他城市与之建立链接关系，因此城市展现高入度通常被认为是有良好的"声誉"。

城市的度数定义为出度和入度的加总：$C_D(i) = C_{OD}(i) + C_{ID}(i)$。如果一个城市拥有更多连接，则可能占据有利位置：由于该城市有许多连接，因此可能有更多替代方式满足需求，也就减少对其他城市的依赖；由于该城市有许多连接，它可以拥有以及利用网络资源；由于该城市有许多连接，它通常在交易中是协助厂商并促成交易，从而在中介中获利。

（二）中介中心度

在网络中，如果一个城市处于许多其他两点之间的路径上，可以认为该城市居于重要地位，因为它具有控制其他两个城市之间的交往能力根据（Freeman，1978）。根据这种思想来刻画行动者个体中心度的指标是中间中心度，它测量的是城市对资源流动的控制程度。

假设城市 j 和城市 k 之间存在的捷径数用 g_{jk} 来表示。城市 j 和城市 k 经过第三个城市 i 的捷径数目用 $g_{jk}(i)$ 来表示。第三个城市能够控制城市 j 和城市 k 的交往的能力用 $b_{jk}(i)$ 来表示，它等于城市 i 处于城市 j 和城市 k 之间捷径上的概率。把城市 i 相应于网络中全部点对的中介度加在一起，就得到这个城市的中介中心度。表达式为：

$$C_B(i) = \sum_j^n \sum_k^n b_{jk}(i), \quad j \neq k \neq i, \text{ 并且 } j < k \tag{3-2}$$

一个城市在网络中占据这样的位置越多，就越代表它具有很高的中间中心性，就有越多的城市需要通过它才能发生联系。

（三）特征根向量

特征向量假定如果一个节点与其他重要的节点有关联，那么这个节点即为"重要的"或者具有较高的"中心性"。Mahutga 等（2010）使用特征向量研究了航空网络视角下世界城市网络的结构特征。与 Freeman 度数相比，特征向量中心法更加能够凸显如布鲁塞尔这样的城市在城市网络中的相对地位。尽管布鲁塞尔的航空运输路线数量并不突出，但是它与伦敦和法兰克福这些连通性很强的节点存在相对较强的联系，而伦敦和法兰克福反过来也与其他连通性较强的节点进行关联。这与圣地亚哥的城市地位情况相反：圣地亚哥与布鲁塞尔一样，本身只拥有一般数量的航线资源，但是这些航线多与连通性较弱的城市相连。因此，尽管具有相似的点度中心性，但布鲁塞尔的特征向量中心度高于圣地亚哥，因为它与连通性较强的节点相关联，而这些节点又与其他连通性强的节点相关联。

二、网络地位的划分方法

城市的网络地位——城市嵌入网络关系的模式是揭示城市网络组织规律研究的重要切入点。根据 Lorrain 等（1971）的说法，要想找出一个网络的总体模式，必须根据城市的结构对等性做一下转换性的工作，所使用的方法主要是把各个节点集中到更大的点集之中，各个点集系统的内在结构要比大量孤立的点之间的具体关系更加清晰。

本书采取正则等价块（Regular Equivalent Set）模型划分城市地位。正则等价性是指，对于属于同一正则等价类的城市，它们发出和接收所有等价类的成员的联系都必须匹配。也就是说，如果城市 i 和城市 j 在网络中的位置是正则等价的，那么从城市 i 到任何一个等价类的城市 k 的发出/接收关系的存在意味着，与城市 i 属于同一个等价类的城市 j 一定也有与城市 k 在同一等价类的某些城市 l 相同的联系。例如，图 3-2 中满足正则等价性的划分为 {1}、{2, 3, 4}、{5, 6, 7, 8, 9} 3 个块（子群）。

White 等（1983）提出的 REGE 算法是最早提出并得到广泛应用的正则等价性测度方法，本书采用 Ucinet 软件实现 REGE 测度。程序 REGE 使用的正则等价性的测度被总结在下式中：

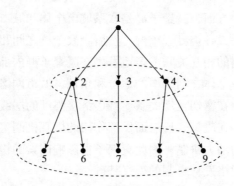

图3-2　正则等价性示意图

资料来源：Jackson M O. Social and Economic Networks［M］. Princeton：Princeton University Press，2008.

$$M_{ij}^{t+1} = \frac{\sum_{k=1}^{g} max_{m=1}^{g} \sum_{r=1}^{R} M_{km}^{t}(_{ijr}M_{kmr}^{t} +_{jir}M_{kmr}^{t})}{\sum_{k=1}^{g} max_{m=1}^{g} \sum_{r=1}^{R} (_{ijr}max_{kmr} +_{jir}max_{kmr})} \qquad (3-3)$$

式（3-3）中，M_{ij}^{t+1} 为城市 i 和城市 j 正则等价程度的叠加 t+1 次估计；$_{ijr}M_{kmr}$ 为城市 i 和 k 之间发出/接收的关系与城市 j 和关系 x_r 上的某个城市 m 之间发出/接收关系匹配程度的度量；$_{ijr}max_{kmr}$ 为该匹配关系的最大值；M_{ij}^{t+1} 的值在 0~1，越接近于 1 表示城市在网络中地位的匹配程度越高。

在此基础上，本书通过密度表（Density Matrix）、映像矩阵（Image Matrix）两种方法来描述地位之间的关系。密度矩阵归纳地位之间关系的一个有用的方法。本书中密度矩阵是一个以正则等价块而不是个体行动者为行和列的矩阵，矩阵中的值是从行地位中的正则等价块到列地位中的正则等价块的联系所占的比例。进一步采用 α 密度规则将密度矩阵转化为映像矩阵。在 α 密度规则中，密度矩阵中的数据根据网络平均密度进行重新编码：如果一个正则等价块到另一个正则等价块的联系密度大于或等于网络平均密度，那么这两个价块之间的关系就是存在的，被重新编码为 1；低于截断值的联系被认为是不存在的，重新编码为 0。也就是说，映像矩阵是二值关系矩阵：每一对正则等价块之间的关系要么为 1（存在关系）要么为 0（不存在关系）。

三、凝聚子群链的测度方法

凝聚子群是满足如下条件的一个行动者子集，即在此集合中的行动者之间具有相对较强、直接、紧密、经常的或者积极的关系。凝聚子群是城市网络研究的重要切入点。一方面，凝聚子群是联系城市个体和城市网络的桥梁：城市之间相互关联首先形成各类凝聚子群，然后凝聚子群之间相互连接形成了复杂的城市网络。城市间的相互关联更多地发生在凝聚子群内部，凝聚子群特征的研究有助于理解城市个体在网络中的地位和角色、城市网络以何种方式组织起来、哪些城市之间存在密切互动关系、城市链接强度的层级分化等重要理论问题。另一方面，那些在凝聚子群层面发挥作用的微观机制集成表现为宏观层面城市网络生长发育的动力机制，因此凝聚子群影响因素的识别及其作用机理的探究成为理解城市网络发育机制的微观基础。

城市之间较强、直接、紧密、经常或积极等关系属性可以从多个维度进行定义，因此凝聚子群的概念也有多种。本书采用三种相互补充的方法界定凝聚子群：

（1）派系（Cliques）。在一个无向网络图中，"派系"指的是至少包含3个点的最大完备子图。这个概念包含3层含义：一个派系至少包含三个城市节点；派系是完备的，即派系中任何两点之间都存在直接联系；派系是最大的，即向这个子图中增加任何一点，将改变其完备的性质。派系是凝聚子群的一个严格定义，Alba（1973）把它称为"吝啬的"子图，即一条边的缺失都会使一个子图无法成为派系。

（2）k—核。k—核是基于节点度的凝聚子群分析方法，即一个子图如果是k—核凝聚子群，那么每个城市都至少与该凝聚子群的其他 k 个城市保持联系。这就是说，与派系定义要求凝聚子群所有成员与其他子群成员相邻接不同，这个定义要求所有子群成员最少要与一定数量的其他子群成员相邻。作为一类凝聚子群，k—核有自己的优势：k 值不同得到的 k—核也不相同，可以揭示链接强度（Link Strength）的分层结构；k—核本身并不一定是令人感兴趣的凝聚子群，却是图中可以找到其他有趣的凝聚子群的"区域"。

（3）Lambda 集合（Lambda Set）。Lambda 集的方法源自这样的思想，即一个凝聚子群应该具有相对稳健的关联性。节点 i 和节点 j 之间的关联性可以用边关联度 $\lambda(i, j)$ 来定义，它等于使两个节点之间不存在路径必须移除的边的数量。这样一个 Lambda 集合可以定义为满足如下条件的点集 $N_s \in N$，即对于所有的 i、j、$k \in N_s$，并且 $l \in N-N_s$ 来说，都有 $\lambda(i, j) > \lambda(k, l)$。Lambda 集合的一个重要特征是，集合中的点就"邻接性"而言不一定具有凝聚性，各个点之间可能距离很远。

四、网络腹地及其测度方法

自从 Christaller（1933）提出中心地理论以来，城市腹地（Urban Hinterlands）的研究一直是经济地理学的重要内容。一个城市的网络腹地指与该城市存在较强链接关系的城市的集合。借鉴赵渺希（2010）、李涛等（2016）的做法，本书采用两种方法界定城市的网络腹地。一是绝对关联度方法。如果城市 i 对城市 j 发送关系的数量 $Outde_{ij}$ 超过城市出度的平均值，则认为城市 i 将城市 j 纳入于网络腹地的范围。二是相对关联度方法。通过 $Outde_{ij}$ 与城市 j 入度回归方程的残差来确定城市 i 和 j 之间的相对联系程度。回归方程的表达式为：

$$Outde_{ij} = \alpha + \gamma \sum_{s=1}^{n} (Inde_{sj}) + u_{ij} \tag{3-4}$$

式（3-4）中，$Outde_{ij}$ 为城市 i 向城市 j 发送关系的数量；$Inde_{sj}$ 为城市 j 接收的来自城市 s(s=1，…，n) 的关系数量；α 和 γ 为待估计的参数；u_{ij} 为残差。如果回归方程的残差超过 1，则认为城市 j 属于城市 i 的网络腹地。

绝对关联度方法和相对关联度方法相互补充。图 3-3 演示了两种方法下济南网络腹地范围的联系与区别。在绝对关联度方法下，济南的网络腹地包括了上海、杭州、广州和深圳 4 个大城市，表明绝对关联度方法更多强调的是公司总部所在城市在其他城市建立分支机构的绝对数量；在相对关联度方法下，济南的网络腹地包括了临汾、朝阳、葫芦岛、朔州等 12 个中小城市，表明相对关联度方法更多强调的是总部所在城市的相对影响力。

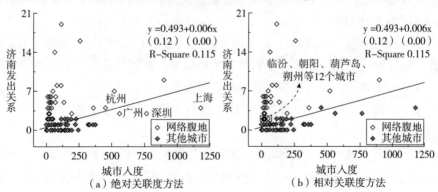

图 3-3　不同划定方法下济南网络腹地范围的比较

资料来源：根据城市网络 2020 年财富中文网（https：//www.fortunechina.com/）、启信宝网站（https：//www.qixin.com/）和上市公司年度报告中采集的企业网络数据整理。

第三节　城市功能专业化的分析方法

一、功能区块的识别

本书根据启信宝网站提供的关系族谱数据和上市公司年报识别每家 500 强企业分支机构的主营业务、所在城市、成立时间。根据盛科荣等（2020），本书只考虑 7 种功能类型，即公司总部、商务服务、研究开发、现代制造、传统制造、仓储物流和批发零售。价值链中的功能区块（主要是企业）根据它们的主营业务被划分进入这 7 种功能类型。

（1）公司总部。该功能对应着企业的中央管理单元，主要承担着战略规划、经营计划、财务预算、人力资源开发、投资管理、资金管理和业绩考核等功能。需要指出的是，本书中公司总部所在的城市指的是运营地址而不是注册地址。公司总部功能区块的数量共 500 个。

（2）商务服务。该功能单元主要包括主营业务为货币金融服务、保险、证券、融资服务、物业投资、信息咨询服务、技术服务、资本市场服务、生态保护和环境治理等的企业。商务服务功能区块的数量是最多的，共 5644 家企业，占比为 33.977%。

（3）研究开发。该功能单元中企业的主营业务包括设计科技推广和应用服务、软件和信息技术服务、互联网和相关服务、通信设备研发、计算机应用等。这里的研究开发主要指应用技术开发和推广，这和跨国公司也从事基础研究是相区别的（Defever，2006）。这种功能类型共有 1591 家企业，占所有企业规模的 9.5779%。

（4）现代制造。该功能单元中企业的主营业务包括电子设备制造、通用设备制造、仪器仪表制造、运输设备制造、汽车制造、电气机械和器材制造、专用设备制造、生物制品、医疗器械等。这种功能类型共有 1751 个企业，占功能区块的 10.541%。

（5）传统制造。该功能单元中企业的主营业务涉及石油加工、石油和天然气开采、化学原料和化学制品制造、非金属矿采选、非金属矿物制造、黑色金属冶炼和压延加工、有色金属冶炼和压延加工、金属制品、机械和设备修理、煤炭开采和洗选、土木工程建筑、食品制造、农副食品加工、家具制造、木材加工、纺织、造纸和纸制品、文教用品制造。这种功能类型涵盖的经济活动类型是最多的，企业数量共2992家，占比为18.012%。

（6）仓储物流。该功能单元包括主营业务为物流、道路运输、管道运输、航空运输、水上运输、铁路运输、装卸搬运和运输代理、货物进出口、仓储等的企业。这种类型共有企业648家，占企业数量的3.901%。

（7）批发零售。该功能单元主要涉及零售、批发和贸易类型的企业。这种功能共有企业3485家，占企业数量的20.980%。

二、功能类型的划分

本书选取7个功能的强度，通过 Self-Organizing Feature Map（SOFM）对城市进行功能聚类（Kohonen，1990）。SOFM 由一个竞争层组成，可以将具有任意维度的矢量数据集分类为与该竞争层神经元相同数量的聚类。SOFM 是非监督分类，降低了人为赋予指标的主观性，提高了分类的客观性和准确性。

SOFM 聚类的步骤如下：把向量 X=（公司总部；商业服务；研究开发；传统制造；现代制造；物流贸易；批发零售）^{T}导入网络中的输入层；设定竞争层中神经元的数量，在多次试验的基础上本书将二维图的规模设定为3；通过网络训练计算映射层的权值向量和输入向量的欧氏距离，得到具有最小距离的神经元，并给出其邻接的神经元集合；不断修订输出神经元及其邻接神经元的权值，形成有意义的映射图，最终得到城市功能类型的聚类结果。

参考城市产业职能分工的做法（Harris，1943），本书将强度高于全体样本平均水平的功能称为优势类型，在此基础上通过优势功能的数量和组合情况对城市在价值链分工中的功能进行命名。如果不存在优势功能，这种功能类型被定义为多样化类型；如果仅存在1种优势功能，则按照优势功能定义功能地域的类型，如总部基地型、研发中心型、制造基地型；如果存在2~3个优势功能，则将功能地域定义为复合型，如总部基地—研发中心型、制造基地—商贸服务型等。

第四章 城市网络权力地位的时空特征

第一节 度数中心性的格局及演化

随着企业网络的快速发展，城市的度数都大幅度增加。2005~2019 年，中国城市体系的度数之和由 9672 增长到 35538。[①] 中国城市的度数呈现明显的空间指向性和持续的正偏态分布，这意味着城市网络权力具有等级分化的特征。总体来看，中国城市网络中度数中心性的空间格局及演化呈现以下四个明显特征：

一、城市度数中心性呈现持续的层级分化

在 2005 年度数等级体系中，前 10 个度数最大的城市为北京、香港、上海、深圳、广州、武汉、杭州、南京、天津和重庆（见表 4-1）。这 10 个城市的出度之和、入度之和、度数之和分别为 3600、1642 和 5242，分别占城市网络出度之和、入度之和与度数之和的 75.09%、34.94% 和 55.24%。在 2019 年的度数等级体系中，前 10 个最大城市仍然是北京、香港、上海、深圳、广州、杭州、天津、南京、武汉和重庆（见表 4-2）。与 2005 年相比，前 10 个度数最大的城市组成没有发生变化，只不过个别城市的位序发生了变化。这 10 个城市的出度之和、入度之和与度数之和分别为 12633、5439 和 18072，分别占到城市网络出度之和、入度之和与度数之和的 71.10%、31.60% 和 50.85%。

---

① 根据城市网络 2020 年财富中文网（https://www.fortunechina.com/）、启信宝网站（https://www.qixin.com/）和上市公司年度报告中采集的企业网络数据整理。

这说明城市的网络权力和声誉呈现明显的等级特征，少数城市是网络资源的实际支配者。

表 4-1 2005 年中国前 10 大城市的度数

位序	城市	度数（%）	出度（%）	入度（%）
1	北京	1617（17.04）	1293（26.97）	324（6.90）
2	香港	1073（11.31）	1070（22.32）	3（0.06）
3	上海	730（7.69）	345（7.20）	385（8.20）
4	深圳	550（5.80）	330（6.88）	220（4.69）
5	广州	364（3.84）	164（3.42）	200（4.26）
6	武汉	210（2.21）	94（1.96）	116（2.47）
7	杭州	195（2.06）	97（2.02）	98（2.09）
8	南京	189（1.99）	102（2.13）	87（1.85）
9	天津	160（1.69）	35（0.73）	125（2.66）
10	重庆	154（1.62）	70（1.46）	84（1.79）

资料来源：城市度数、出度和入度根据城市网络 2020 年财富中文网（https：//www.fortunechina.com/）、启信宝网站（https：//www.qixin.com/）和上市公司年度报告中采集的企业网络数据整理。

表 4-2 2019 年中国前 10 大城市的度数

位序	城市	度数（%）	出度（%）	入度（%）
1	北京	5352（15.06）	4454（25.07）	898（5.05）
2	香港	4495（12.65）	4472（25.17）	23（0.13）
3	上海	2063（5.81）	883（4.97）	1180（6.64）
4	深圳	2036（5.73）	1271（7.15）	765（4.31）
5	广州	1054（2.97）	494（2.78）	560（3.15）
6	杭州	772（2.17）	317（1.78）	455（2.56）
7	天津	612（1.72）	91（0.51）	521（2.92）
8	南京	590（1.66）	261（1.47）	329（1.85）
9	武汉	567（1.60）	235（1.32）	332（1.87）
10	重庆	531（1.49）	155（0.87）	376（2.12）

资料来源：城市度数、出度和入度根据城市网络 2020 年财富中文网（https：//www.fortunechina.com/）、启信宝网站（https：//www.qixin.com/）和上市公司年度报告中采集的企业网络数据整理。

接下来，构建捷夫 q 指数研究城市度数中心性的总体分布特征，公式为：

$$\ln(\text{Degree}_i) = \ln(\text{Con}) - q\ln(\text{Rank}_i) \tag{4-1}$$

式（4-1）中，Degree_i为城市 i 的度数；Con 为常数；Rank_i为城市在度数中心性体系中的位序；q 为待估计的捷夫指数。捷夫指数越大，表示度数中心性分布的集中度越高。分析结果表明，捷夫 q 指数从 2005 年的 1.344 下降到 2019 年的 1.314。这意味着，城市度数分布呈现出一定的扁平化趋势。图 4-1 报告了 2005 年和 2019 年中国城市度数的位序—规模分布特征。从图 4-1 可以看出，2005~2019 年，下截尾部分有大量城市提升了连通度。但是总体来看，城市网络权力呈现出持续的层级分化特征，少数城市主导网络权力的格局没有发生根本变化。

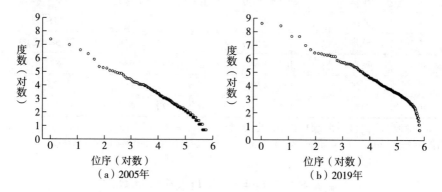

图 4-1　2005 年和 2019 年城市度数的位序—规模分布

资料来源：城市度数根据城市网络 2020 年财富中文网（https：//www. fortunechina. com/）、启信宝网站（https：//www. qixin. com/）和上市公司年度报告中采集的企业网络数据整理。

二、权力地位呈现明显的区域差异特征

处于网络支配地位的城市主要集中分布于三个区域：环渤海地区、长江三角洲地区和珠江三角洲地区。北京和上海是中国上市公司 500 强总部的主要集聚地，这两个城市在城市网络资源支配中占据主导位置。2019 年北京的出度值为 4454，占城市网络出度之和的 25.07%；香港的出度值为 4472，占 25.17%；上海的出度值为 883，占 4.97%。深圳（出度值占比为 7.15%）、广州（出度值占比为 2.78%）、杭州（出度值占比为 1.78%）、天津（出度值占比为 0.51%）、南京（出度值占比为 1.47%）、武汉（出度值占比为 1.32%）、重庆（出度值占比为 0.87%）等城市是中国 100 强企业第一层级子公司的主要集聚地，这些城市也在网

络资源配置中发挥着重要作用。但是广大中西部地区城市的出度值明显偏低，包括兰州、银川在内的172个城市的出度值为0，这些城市在网络权力中处于外围位置。总体来看，这意味着"场所空间"中的城市属性深刻影响着"流动空间"中的网络权力，地方并没有消失，只不过被各种流动整合到了网络当中。

另外一个显著的特征是，人口分布不能完全解释权力地位的空间格局。以2019年出度值大于0的117个城市为样本，对城市出度值与城市人口规模进行线性回归并求出残差，然后根据残差对城市网络权力进行评判：残差为正值代表出度实际值高于预测值，残差为负值代表出度实际值低于预测值。结果发现：

（1）有42个城市的实际出度值高于按照人口规模预测的出度值，其中有6个城市的出度值拟合残差在100以上，成为城市网络中权力分布的高值地区。①2019年北京市辖区人口规模为1397万人，出度预测值为973，但是实际出度值为4454。北京作为全国的首都，是国家重大决策和各种政策信息的发源地，是各种"规章信息"最为集中的城市。北京的功能定位与国有企业的性质相结合，使北京成为上市公司总部最为集中的城市。②2019年香港人口规模为752万人，出度预测值为497，但是实际出度值为4472。香港依靠其庞大的资本市场规模、完善的现代服务业基础、大量的专业人才储备、公正透明的法律制度以及与国际高度接轨的市场环境，成为86家中国企业"走出去"的首选地和出度值最大的城市。③2019年深圳城市人口规模为551万人，出度预测值为349，但是实际出度值为1271。深圳是中国改革开放的前沿阵地，作为金融、商贸、高技术以及大规模研发、信息、中介等高端服务业的基地，集中了大量的创新型企业。

（2）有75个城市在权力体系中的地位低于在城市人口规模体系中的地位，其中有24个城市的拟合残差低于-100，成为城市网络中权力空间分布的塌陷地区。①2019年重庆市城市人口规模达到2479万人，预测的出度值为1772，但是实际出度值仅有155。这意味着区位可能是重要的，尽管重庆作为直辖市，但是地处西部地区，远离国家政治中心和海外市场，限制了价值链高端功能特别是那些以处理重大决策信息的总部功能的发展。②2019年天津城市人口规模达到1108万人，预测的出度值为760，但是实际出度值仅有91。这表明天津的发展方向与其他总部基地城市存在差异，天津发展方向也不宜与上海、香港类比，更不可代替北京成为公司总部基地的国家经济核心城市。

三、城市出度和入度的空间关联性趋于降低

出度和入度的皮尔逊相关系数从 2005 年的 0.5868 下降到 2019 年的 0.472。一方面，这表明城市的出度和入度具有一定的相关性，即具有影响力的城市也具有吸引力。另一方面，这表明城市出度和入度的空间耦合出现了分离，城市网络权力和声誉空间匹配度在下降。从赫希曼—赫芬达尔指数（Herfindahl-Hirschman Index，HHI）分析结果来看，出度的 HHI 由 2005 年的 0.1368 提高到了 2019 年的 0.1390，入度的 HHI 由 2005 年的 0.0222 下降到了 2019 年的 0.0179。中国城市出度和入度的空间关系具有两个显著特征：

一是出度的集中度明显大于入度。城市出度中心性呈现明显的双核心结构特征，香港、北京成为中国城市网络权力的两个核心。而城市入度中心性呈现多核心结构特征。尽管入度中心性的高值区域仍然集中在环渤海地区（2019 年北京入度值占比为 5.05%；天津入度值占比为 2.92%）、长江三角洲地区（上海入度值占比为 6.64%；杭州入度值占比为 2.56%）和珠江三角洲地区（深圳入度值占比为 4.31%；广州入度值占比为 3.15%），但是城市入度空间分布的异质性程度相对于出度来看明显弱化。入度值高于 30 的城市遍布于中国的主要城市化地区，包括江淮地区（代表性城市合肥的入度值占比为 1.09%）、长江中游地区（武汉入度值占比为 1.87%；长沙入度值占比为 1.38%）、海峡西岸经济区（福州入度值占比为 1.00%；厦门入度值占比为 0.78%）、哈长地区（哈尔滨入度值占比为 0.59%；长春入度值占比为 0.44%）、冀中南地区（石家庄入度值占比为 0.64%）、兰州—西宁地区（兰州入度值占比为 0.51%；西宁入度值占比为 0.25%）、呼包鄂榆地区（呼和浩特入度值占比为 0.43%）、太原城市群（太原入度值占比为 0.75%）、成渝地区（成都入度值占比为 2.03%；重庆入度值占比为 2.12%）、滇中地区（昆明入度值占比为 0.91%）、黔中地区（贵阳入度值占比为 0.65%）、藏中南地区（拉萨入度值占比为 0.38%）、天山北麓地区（乌鲁木齐入度值占比为 0.60%）等。进一步分析也可以看出，入度值较高的这些城市基本上都是主要城市化地区传统意义上的核心城市。①

二是许多城市在入度中心性体系和出度中心性体系中的地位也并不完全对

---

① 城市入度根据城市网络 2020 年财富中文网（https://www.fortunechina.com/）、启信宝网站（https://www.qixin.com/）和上市公司年度报告中采集的企业网络数据整理。

等（见图 4-2）。有些城市的出度很高，但是入度很低。例如，2005 年香港的出度值为 1070，仅次于北京排在第二位，到了 2019 年提升到 4472，成为出度最高的城市；但是香港的入度值非常低，2005 年仅为 3，排在 187 位，2019 年提高到了 23，仍然排在 148 位。云浮是另外一个生动的案例：2000 年之后，位于云浮的广东温氏食品集团股份有限公司在全国主要市场区或者农产品资源丰富的城市大量建立分支机构，这使云浮的出度由 2005 年的 31 提升到了 2019 年的 293；但是云浮本身的资源禀赋有限，限制了对其他企业的吸引力，2005 年入度值为 0，到 2019 年提升到 8。另外一些城市的出度值比较低，但是入度很高。例如 2019 年天津、重庆、成都的出度值分别为 91、155 和 102，但是入度值分别高达 519、376 和 360。这些城市在网络中的权力相对于在传统中心地体系中的地位大幅度下降。

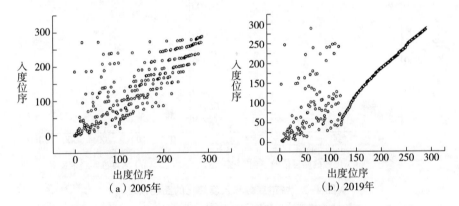

图 4-2　2005 年和 2019 年出度和入度位序散点图

资料来源：城市出度和入度根据城市网络 2020 年财富中文网（https：//www.fortunechina.com/）、启信宝网站（https：//www.qixin.com/）和上市公司年度报告中采集的企业网络数据整理。

四、权力演化呈现明显的路径依赖特征

无论是城市度数，还是出度或入度，它们的演化都呈现出路径依赖的显著特征。也就是说，历史上的城市网络权力或者声誉会进一步影响着城市权力或者声誉的发展。2005 年城市度数与 2005～2019 年城市度数增长规模的相关系数高达 0.9842，出度和出度增长规模的相关系数、入度和入度增长规模的相关系数也分别高达 0.9526 和 0.9793（见图 4-3）。从度数统计特征来看，历史上度数较高的城市依然保持了较高的度数增长。2005～2019 年，北京、香港、

深圳、上海、广州、杭州等20个城市的度数增长了15960，占同期整个城市网络度数增长总量的63.08%。其中，北京和香港两个2005年度数最大的城市，度数增长了7157，占整个网络度数增长总量的28.28%。从出度统计特征来看，路径依赖的演化趋势更加明显。2005~2019年，香港、北京、深圳、上海、广州、福州、云浮、杭州、济南、南京等20个城市的出度增长了10678，占同期整个城市网络出度增长总量的82.98%。其中，北京和香港两个2005年度数最大的城市，出度增长了6563，占整个网络出度增长总量的51.01%。从入度统计特征来看，2005~2019年，上海、北京、深圳、天津、广州、杭州、重庆、宁波、苏州、成都等20个城市的入度增长了5835，占同期整个城市网络入度增长总量的43.92%。

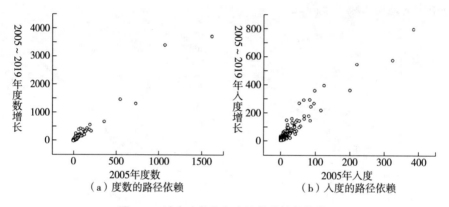

图4-3 城市度数和入度演化的路径依赖

资料来源：城市度数和入度根据城市网络2020年财富中文网（https：//www.fortunechina.com/）、启信宝网站（https：//www.qixin.com/）和上市公司年度报告中采集的企业网络数据整理。

这意味着城市的网络地位不仅取决于城市的地理区位等外生因素，而且也取决于内生的自我强化的因素。Jacobs（1969）在探讨城市发展的特别原因时指出，城市的地理位置和其他禀赋对城市发展所起到的作用非常有限，城市生存和发展的原因都在自身之内，在于其内部的发展进程和发展系统，城市的命运不是天注定，而是靠自己来创造。这也与Myrdal的"循环累积因果模型"相吻合，即如果只有自发的市场力量发挥作用，富裕地区将会愈加富裕，而贫困区域将会愈加贫困。Krugman（1991）的新经济地理学模型进一步发展了Myrdal的思想：新企业进入地方市场会吸引新的工人；这将扩大地方市场，增加潜在收益，并抵消本地企业因竞争加剧导致的收益损失；更大规模的地方市场又会进一步激励新企业的进入，形成集聚与发展的良性循环。

因此，城市网络并不是一个随机过程形成的网络。在最新的文献中，这样的一个联系形成过程被 Barabási 等（1999）称为"有偏爱的依附"（Preferential Attachment）。偏好依附指的是网络由于通过添加新的顶点而连续拓展，并且新的顶点优先附着到已经连接好的顶点。因此，随着网络的增长，两个顶点之间连通性的初始差异将进一步增加。较老的顶点以牺牲较年轻的顶点为代价来增加它们的连通性，最终导致一些顶点高度连接的设置。近年来的研究结果表明，偏好依附的过程适用于更一般的网络。

偏好依附的网络联系发展过程将导致城市度数分布的幂律分布或者肥尾特征。事实上，这种类型的肥尾式的分布一直出现在各种广泛的应用中，因而发生这样的分布背后的基本概念拥有较长的历史。最初开展研究的是意大利经济学家 Pareto，规范的幂率分布即以他命名。在 19 世纪 90 年代，Pareto 研究了财富的分布并注意到它们具备标度自由特征。也就是说，和正态或其他纯随机分布比较，财富分布中存在更多的有较多或较少财富的个体。Zipf 在单词的使用频率和城市规模中也观察到了这样的特征。本书的研究进一步将偏好依附过程与度数的标度自由分布特征联系起来。因此，城市网络权力的层级分化，除了和城市本身属性特征（如 GDP、政治地位、地理区位等）的差异有关以外，还和内生的偏好依附过程存在密切关系。

第二节　中介度和特征根的演化特征

由于度数测度方法仅考虑了城市发送或者接收关系的数量，并不能很好地度量城市在网络联系中的相对关系。下面应用中介度和特征根作为城市网络权力的测度指标进行分析，以获取城市网络权力多维度的演化特征。

一、中介度的演化特征

如果一个城市处于许多交往网络路径上，可以认为这个城市处于重要的地位，因为它具有控制其他城市交往的能力。因此，另外一个刻画行动者中心度的指标是中介度，它测量的是城市对于流动的控制能力。本书以 1 为截断值，对网络关系矩阵进行了二值化处理，然后计算了城市网络的中介度。总体来看，中国城市网络的中介度从 2005 年的 20842 提高到 2015 年的 38138 和 2019 年的 41381。这意味着，中国城市的枢纽功能在显著提升：越来越多的城市在接收一个城市发送关系的同时，还会向另外一个城市发送关系。这使关系的传递性成为中国城市网络的重要特征。具体来看，中国城市网络的中介度还呈现出三个明显特征：

一是城市中介度的增长路径出现分化。北京、深圳、上海、宁波、杭州、香港、沈阳等 81 个城市的中介度得到提升（表 4-3 报告了中介度体系当中的前 10 个城市）。北京的中介度由 2005 年的 6695.23 增长到 2019 年的 16983.61，增长了 154%；上海的中介度由 2005 年的 4547.66 增长到 2019 年的 5886.18，增长了 29%；深圳的中介度由 2005 年的 1113.98 增长到 2019 年的 3907.82，增长了 251%。中介度的增长看起来也呈现"偏好依附"的特征，那些在历史上具有较高中介度的城市，在网络中的中介度将得到更多的增长。哈尔滨、晋中、平顶山、荆门、包头、太原等 49 个城市的中介度从 2005 年的 0 变为 2019 年的正值。这意味着，城市网络的发展伴随着更多枢纽型城市的出现，不仅原有城市的枢纽功能得到增强，还有更多城市枢纽功能发展起来。但是昆明、南京、乌鲁木齐、昌吉回族自治州、南通、大连、南昌等 15 个城市的中介度呈现下降趋势，其中乌鲁木齐、昌吉回族自治州等城市跌出了排名前 20。这意味着，在网络中城市将面临着越来越大的竞争，城市网络结构将具有更大的弹性和动态性。

表 4-3 2005 年、2010 年、2019 年中国城市中介度的增长

序号	2005 年		2010 年		2019 年	
	城市	中介度	城市	中介度	城市	中介度
1	北京	6695.23	北京	11162.97	北京	16983.61
2	上海	4547.66	上海	5698.39	上海	5886.18
3	香港	1225.60	香港	1934.49	深圳	3907.82
4	昆明	1143.62	深圳	1528.06	香港	1628.07
5	深圳	1113.98	昆明	1232.56	广州	711.67
6	南京	572.04	南京	831.92	昆明	690.80
7	武汉	393.09	武汉	670.34	宁波	665.99
8	大连	387.80	郑州	559.88	郑州	646.17
9	广州	373.97	福州	557.04	天津	524.43
10	福州	349.89	济南	531.42	合肥	520.15

资料来源：城市中介度根据城市网络 2020 年财富中文网（https://www.fortunechina.com/）、启信宝网站（https://www.qixin.com/）和上市公司年度报告中采集的企业网络数据整理。

二是中介度的分布呈现出持续的等级结构特征。中介度排名前 20 位城市的中介度之和占国家城市体系中介度之和的比重在 2005 年为 92.97%，2010 年为 90.20%，2019 年为 87.84%。这个比重明显高于出度和入度在各自权力体系中的占比，这说明城市网络中的枢纽功能要比"影响力"或者"吸引力"具有更高的集中度，凸显了中介度体系高度的等级结构特征。北京是国家城市网络的枢纽城市，2019 年北京的中介度高达 16983.61，是第二位上海中介度的 2.89 倍。上海、深圳、香港也承担着国家城市网络的枢纽功能，不仅发送了大量的关系，也接收着大量来自其他城市的关系。但是大部分城市并不具备承担枢纽功能的能力，2005 年有 295 个城市的中介度接近为 0，2019 年中介度接近为 0 的城市依然为 246 个。总体来看，中国城市网络中的枢纽城市绝大多数是传统城市群的核心城市，但是也有一些城市，如临沂、阳泉、聊城、商丘、上饶、湖州、滨州、宿迁等，凭借自身的比较优势提升了在网络中的地位，承担着特定的枢纽功能。

三是城市中介度和出度的空间关系存在两个鲜明特征。一方面，总体来看中介度与出度的空间分布格局具有明显的相关性（2019 年中介度和出度的 Spearman 相关系数达到 0.77）。这说明出度较大的城市也往往是入度较大的城市：总部集聚的城市具有企业发展的关键资源，例如市场规模、知识资本、政治资源等，企业为了获取发展的关键资源，倾向于在这里建立研究中心、贸易公司、融资平台等分支机构。这一点和 Alderson 等（2004）关于网络权力加强网络声誉的研究结论相一致，网络权力越大的城市越有能力吸引其他城市与之链接。其中，北京、上海和深圳既是出度最高的城市，又是中介度最高的城市，它们构成了全国权力体系中的核心城市。另一方面，部分城市在中介性体系中的地位与出度层级结构中的地位存在显著差异。2019 年出度位于前 50 位、出度大于中介度的城市共有 30 个，如武汉、广州、厦门、天津等，这些城市成为了区域性的权力控制中心。一些区域性中心城市在中介性体系中的地位更加突出。中介度位于前 50 位、中介度大于出度的城市共有 28 个，如大连、南京、西安、太原等，它们成为了权力体系中的区域性桥接城市。

二、特征根的演化特征

一个城市的中心度与其临界点的中心度密切相关。如果一个城市被更多具有较高中心度的城市所链接，则该城市在网络中占据着更好的位置。换句话说，较高的特征根向量表示城市在网络中的测地距离（Geodesic Distances）较小，而较低的特征根向量表示城市在网络中的可达性较差。表4-4报告了2005年、2010年和2019年前10个城市特征根中心度的演化。中国城市网络的特征根中心性的演化呈现出两个显著特征：

一是持续的等级结构特征。香港、北京、上海、深圳和广州5个城市一直位于特征根向量权力体系的顶端，这5个城市的特征根向量之和的占比2001年为59.69%，2010年为58.69%，2019年为54.29%。结合着与度数、中介度的分析结果，表明这5个城市无论从哪个角度衡量，都处于城市网络的核心地位。表4-4也清晰地揭示出，特征根向量前10位的城市与度数中心性的前10位城市、中介度中心性的前10位城市具有高度的重合性，基本上也都是中国主要城市群的核心城市。相反，大量城市的特征根向量较小，后50%城市的特征根向量之和的占比在2001年为3.29%，2010年为4.02%，2019年为7.32%。因此总体来看，中国城市网络中心性存在明显的不对等性，呈现出持续的"星形网络"的特征。

表4-4 2005年、2010年和2019年中国前20个城市特征根中心度的演化

序号	2005年		2010年		2019年	
	城市	特征根	城市	特征根	城市	特征根
1	北京	0.508	香港	0.521	香港	0.518
2	香港	0.493	北京	0.493	北京	0.479
3	上海	0.375	上海	0.375	上海	0.355
4	深圳	0.313	深圳	0.285	深圳	0.295
5	广州	0.300	广州	0.243	广州	0.226
6	天津	0.151	天津	0.167	天津	0.172
7	杭州	0.126	杭州	0.125	杭州	0.170
8	成都	0.111	武汉	0.108	宁波	0.126
9	武汉	0.108	南京	0.108	重庆	0.121
10	南京	0.105	成都	0.107	成都	0.116

资料来源：城市特征根根据城市网络2020年财富中文网（https://www.fortunechina.com/）、启信宝网站（https://www.qixin.com/）和上市公司年度报告中采集的企业网络数据整理。

二是路径依赖的特征。2001年、2005年、2010年、2015年和2019年任意两个年份的城市特征根向量的相关系数均超过95%，这意味着历史上形成的

特征根中心性的权力格局深刻影响着城市网络权力的发展前景。城市网络权力路径依赖的微观基础是循环累积的因果关系，或者说内生的结构效应。市场力量的作用一般趋向于强化而不是弱化城市间网络权力的不平衡，即网络链接过程首先是从一些较发达的城市开始，一旦这些城市由于初始发展优势而比其他区域超前发展时，这些城市就通过累积因果过程，不断积累有利因素继续超前发展，导致增长区域和滞后区域之间产生持续的发展差异。

第三节　城市网络地位的分化及动态

在块模型分析当中，更近似于结构等价的城市被分配到相同的地位，城市网络关系被简化为了地位内部之间的关系和地位与地位之间的关系，地位的分析清晰地揭示了哪些城市具有相似的发出和接收关系的方式、城市个体和城市网络之间如何联系起来、城市网络地位与传统城市权力存在何种关系等重要理论问题。总体来看，中国城市网络的地位演化呈现出两个显著特征。

一、群体性地位分化

在70%的相似性水平上，2005年的中国城市网络可以划分为18个正则等价块（编码为块A~块S）。表4-5报告了2005年正则等价块的划分结果。在2005年的中国城市网络地位中，位于不同正则等价块的城市，度中心性统计值存在显著差异。那些具有较高度中心性统计值的城市倾向于组成一类正则等价块。北京、上海、香港、广州和深圳5个城市组成了块A，这5个城市出度、入度和中介度的平均值分别为640.40、226.40和13.41；天津、沈阳、南京、杭州等10个城市则构成了块B，这个群体的出度、入度和中介度平均值分别为50.80、92.40和1.27；石家庄、唐山、大连、太原等11个城市构成了块C，出度、入度和中介度平均值分别为39.55、40.00和1.18。那些具有较高入度、较低出度的城市倾向于形成一类正则等价块。保定、沧州、长治、镇江等84个城市组成了块J，出度、入度和中介度平均值分别为0.24、10.01和0.02；营口、菏泽、开封、荆门等70个城市组成了块M，出度、入度和中介度平均值分别为0、2.69和0.01。那些出度和入度都较低的城市则构成了另外的一些正则等价块。如凉山、延安、铜川、中卫等 23 个城市组成了块 Q，出度、入度和中介度平均值分别为 0、1.30 和 0。

表 4-5 2005 年正则等价块的基本特征

块	数量	出度	入度	中介度	代表性城市	地位
A	5	640.40	226.40	13.41	北京、上海、广州、香港、深圳	首位者
B	10	50.80	92.40	1.27	天津、沈阳、南京、杭州	首位者
C	11	39.55	40.00	1.18	石家庄、唐山、大连、太原	首位者
D	33	12.79	26.24	0.30	邯郸、大同、长春、厦门	经纪人
E	1	21.00	3.00	0.18	鹰潭	经纪人
F	12	3.67	6.42	0.01	本溪、泰州、宿迁、铜陵	经纪人
G	12	13.17	4.67	0.53	阳泉、三明、龙岩、云浮	经纪人
H	2	3.00	1.00	0.00	赣州、攀枝花	经纪人
I	1	13.00	9.00	0.00	上饶	经纪人
J	84	0.24	10.01	0.02	保定、沧州、长治、镇江	接收者
K	3	0.67	30.67	0.06	徐州、漯河、兰州	接收者
L	18	0.17	6.89	0.01	承德、枣庄、清远、玉溪	接收者
M	70	0.00	2.69	0.01	营口、菏泽、开封、荆门	接收者
N	11	1.55	2.91	0.00	商丘、济源、盘锦、河池	接收者
P	13	0.40	2.73	0.00	绥化、舟山、新乡、崇左	接收者
Q	23	0.00	1.30	0.00	凉山、延安、铜川、中卫	孤立者
R	1	1.00	1.00	0.00	乌海	孤立者
S	32	0.00	0.00	0.00	辽源、鹤岗、毕节、铜仁	孤立者

注：出度、中介度和入度统计值为该正则等价块所有城市度中心性的平均值。

资料来源：根据城市网络 2020 年财富中文网（https：//www.fortunechina.com/）、启信宝网站（https：//www.qixin.com/）和上市公司年度报告中采集的企业网络数据整理。

2019 年的中国城市网络划分为 19 个正则等价块（编码为块 A～块 T）。表 4-6 报告了 2019 年正则等价块的划分结果。与 2005 年的分析结果类似，2019 年的正则等价块聚类也不是建立在地理邻近性的基础上，而是更多取决于城市的属性特征和比较优势。与 2005 年的分析结果不同的是，2019 年绝大多数正则等价块的度数都明显提升。如块 A 中北京、上海、深圳和香港的出度、入度和中介度平均值分别提高到 2770.00、716.50 和 16.41。与此同时，城市的网络地位的相似性（或者说块的成分）也出现了变化。如 2005 年廊

坊、哈尔滨、南通、郑州、洛阳等城市处于块 D 当中，到 2019 年这些城市与
石家庄、唐山、太原等合并到了一个块当中。这意味着城市的网络地位具有动
态性特征，每个城市都面临着越来越多的（来自远距离城市的）竞争。

表 4-6　2019 年正则等价块的基本特征

块	数量	出度	入度	中介度	代表性城市	地位
A	4	2770.00	716.50	16.41	北京、上海、深圳、香港	首位者
B	11	195.18	367.64	0.83	天津、南京、苏州、宁波	首位者
C	38	74.79	123.66	0.39	石家庄、唐山、廊坊、西安	首位者
D	29	27.45	45.97	0.12	邯郸、大同、长春、绍兴	经纪人
E	2	180.00	18.00	1.12	云浮、昌吉回族自治州	经纪人
F	3	23.33	19.67	0.04	玉林、宜宾、蚌埠	经纪人
G	1	21.00	9.00	0.01	阳泉	经纪人
H	3	40.00	18.50	0.05	鹰潭、上饶、湘潭	经纪人
I	1	83.24	23.01	0.04	三明	经纪人
J	1	20.16	27.35	0.04	长治	经纪人
K	1	29.00	1.00	0.10	嘉峪关	经纪人
L	131	1.40	26.09	0.00	承德、晋城、临汾、营口	接收者
M	2	0.00	29.15	0.00	红河、十堰	接收者
N	74	0.18	10.45	0.00	黄冈、丽水、潮州、梧州	接收者
P	4	0.00	53.75	0.00	漯河、汕头、清远、中山	接收者
Q	5	0.00	7.80	0.00	七台河、鹤壁、凉山、喀什	接收者
R	17	0.00	5.35	0.00	澳门、辽源、黑河、固原	接收者
S	9	0.00	2.44	0.00	安康、陇南、临夏、果洛	孤立者
T	6	0.00	0.00	0.00	三沙、阿里、甘南、海北	孤立者

注：出度、中介度和入度统计值为该正则等价块所有城市度中心性的平均值。

资料来源：根据城市网络 2020 年财富中文网（https：//www.fortunechina.com/）、启信宝网站（ht-
tps：//www.qixin.com/）和上市公司年度报告中采集的企业网络数据整理。

借鉴 Burt（1976）、Alderson 等（2004）的方法，本书进一步依据正则等
价块的度数特征，将 19 个块在网络中的位置划分为首位者、经纪人、接收者
和孤立者 4 种类型。

在 2005 年的城市网络中，块 A、块 B 和块 C 这 3 个正则等价块占据了
Burt 分类体系中的首位者位置。首位者位置的块既向其他位置的块发出大量的

关系，又大量接收来自其他块发出的关系。块 D 至块 I 处于经纪人位置，经纪人位置的块以适中强度发送和接收外部关系。需要指出的是，尽管块 F、块 H 和块 I 的中介度较低，但是它们的出度相对较高，因此本书也将它们划入经纪人地位。块 G 至块 P 处于依附者的位置，它们发出关系较少，但是接收关系数量较多。块 Q 至块 S 处于孤立者位置。孤立者位置的块发出关系和接收关系都稀少，例如，块 S 的出度、入度和中介度均为 0。

在 2019 年的城市网络中，块 A、块 B 和块 C 的城市处于首位者位置。与 2005 年的分析结果相比，2019 年首位者位置的城市数量明显提升，表明相当一部分城市改善了它们在网络中的地位。块 D 至块 K 的城市处于经纪人位置。经纪人位置的城市数量由 2005 年的 61 个下降到 2019 年的 41 个。块 L 至块 R 的城市处于接收者地位，接收者地位的城市由 2005 年的 199 个提高到 233 个。相应地，孤立者地位的城市相对于 2005 年的城市网络明显下降，由 2005 年的 56 个下降到 2019 年的 15 个。

二、核心—外围结构

基于正则等价块层面的网络密度，进一步采用网络平均密度值 0.1524 作为截断值，将高于 0.1524 的密度值重新定义为 1，低于 0.1529 的值定义为 0，从而得到城市网络的映像矩阵（Image Matrix）。表 4-7 和表 4-8 分别报告了 2005 年和 2019 年中国城市网络的映像矩阵。

表 4-7　2005 年正则等价块的影像矩阵

块	A	B	C	D	E	F	G	H	I	J	K	L	M	N	P	Q	R	S
A	1	1	1	1	1	1	1	1	1	1	1	1	1	1	0	0	0	0
B	1	1	1	1	0	0	0	0	0	0	1	0	0	0	0	0	0	0
C	1	1	1	1	0	0	0	0	0	0	1	0	0	0	0	0	0	0
D	1	1	0	0	0	0	0	0	0	0	0	0	0	0	0	0	0	0
E	1	1	1	0	0	0	0	0	1	0	0	0	0	0	0	0	0	0
F	1	0	0	0	0	0	0	0	0	0	0	0	0	0	0	0	0	0
G	1	0	0	0	0	0	0	0	0	0	0	0	0	0	0	0	0	0
H	1	0	0	0	0	0	0	0	0	0	0	0	0	0	0	0	0	0
I	0	0	1	0	0	0	0	0		0	0	0	0	0	0	0	0	0

续表

块	A	B	C	D	E	F	G	H	I	J	K	L	M	N	P	Q	R	S
J	0	0	0	0	0	0	0	0	0	0	0	0	0	0	0	0	0	0
K	0	0	0	0	0	0	0	0	0	0	0	0	0	0	0	0	0	0
L	0	0	0	0	0	0	0	0	0	0	0	0	0	0	0	0	0	0
M	0	0	0	0	0	0	0	0	0	0	0	0	0	0	0	0	0	0
N	0	0	0	0	0	0	0	0	0	0	0	0	0	0	0	0	0	0
P	0	0	0	0	0	0	0	0	0	0	0	0	0	0	0	0	0	0
Q	0	0	0	0	0	0	0	0	0	0	0	0	0	0	0	0	0	0
R	0	0	0	0	0	0	0	0	0	0	0	0	0	0	0	0	0	0
S	0	0	0	0	0	0	0	0	0	0	0	0	0	0	0	0	0	0

注：二值矩阵的截断值为 2019 年网络平均密度 0.1524。

资料来源：城市网络矩阵根据城市网络 2020 年财富中文网（https://www.fortunechina.com/）、启信宝网站（https://www.qixin.com/）和上市公司年度报告中采集的企业网络数据整理。

表 4-8 2019 年正则等价块的影像矩阵

块	A	B	C	D	E	F	G	H	I	J	K	L	M	N	P	Q	R	S	T
A	1	1	1	1	1	1	1	1	1	1	1	1	0	1	0	0	1	1	1
B	1	1	1	1	1	0	1	0	0	1	1	0	0	1	0	0	1	1	1
C	1	1	1	0	1	1	0	0	0	0	0	0	0	0	0	0	1	1	1
D	0	0	0	0	0	0	0	0	0	0	0	0	0	0	0	0	0	0	0
E	1	1	1	0	1	1	0	0	0	0	0	0	0	0	0	0	0	0	0
F	1	1	1	1	1	0	1	0	1	1	1	0	0	1	0	0	1	1	1
G	1	0	0	0	0	0	0	0	0	0	0	0	0	0	0	0	0	0	0
H	0	0	0	0	0	0	0	0		0	0	0	0	0	0	0	0	0	0
I	0	0	1	0	0	0	0	0		0	0	0	0	0	0	0	0	0	0
J	1	1	1	0	0	0	0	0	0	0	1	0	0	0	0	0	0	0	0
K	0	0	0	0	0	0	0	0	0	0	0	0	0	0	0	0	0	0	0
L	0	0	0	0	0	0	0	0	0	0	0	0	0	0	0	0	0	0	0
M	0	0	0	0	0	0	0	0	0	0	0	0	0	0	0	0	0	0	0
N	0	0	0	0	0	0	0	0	0	0	0	0	0	0	0	0	0	0	0
P	0	0	0	0	0	0	0	0	0	0	0	0	0	0	0	0	0	0	0
Q	1	1	1	0	0	0	0	0	0	0	0	0	0	0	0	0	0	0	0

块	A	B	C	D	E	F	G	H	I	J	K	L	M	N	P	Q	R	S	T
R	1	1	1	0	0	0	0	0	0	0	0	0	0	0	0	0		0	0
S	0	0	0	0	0	0	0	0	0	0	0	0	0	0	0	0	0		0
T	0	0	0	1	0	0	0	0	0	0	0	0	0	0	0	0	0	0	

注：二值矩阵的截断值为 2019 年网络平均密度 0.1524。

资料来源：城市网络矩阵根据城市网络 2020 年财富中文网（https：//www.fortunechina.com/）、启信宝网站（https：//www.qixin.com/）和上市公司年度报告中采集的企业网络数据整理。

从表 4-7 和表 4-8 可以清晰地看出，正则等价块的网络关系呈现典型的核心—半核心—边缘格局。①首位者地位的块形成凝聚子群并位于城市网络的核心。一方面，块 A、块 B 和块 C 内部城市之间存在密切的经济联系，而且块之间也存在着互惠的、密切的经济联系，从而形成联系密切的凝聚子群。另一方面，位于核心位置的城市在向其他位置的城市发送大量关系的同时也大量接收来自其他位置城市的关系，也就是说这些城市不仅支配着网络中的其他城市，而且还具有最高的网络竞争力，能够充分利用网络中的资源提升自己的实力。②经纪人和接收者地位的块位于半核心位置。这类块与网络核心存在密切的经济联系，但是块的内部网络密度较低。经纪人地位的块向接收者地位的块发送关系，但是经纪人地位的块之间、接收者地位的块之间不存在网络联系。经纪人地位的城市具有一定的资源支配能力，但是接收者地位的城市完全处于被支配地位。③孤立者地位的块位于外围位置。2005 年的块 Q、块 R 和块 S 内部网络密度接近于 0，而且块之间也不存在网络联系；2019 年的块 S、块 T 主要接收来自位于首位者位置的块发出的关系，与其他块的联系为 0。

总体来看，城市网络地位与传统城市体系中的城市权力具有明显的相关性。首位者地位的城市大多数是区域城市群的核心城市和传统意义上的权力中心，如京津冀城市群的北京、天津、石家庄，长三角城市群的上海、南京、杭州，山东半岛城市群的济南、青岛，粤港澳大湾区城市群的香港、广州、深圳，辽中南城市群的沈阳、大连，海峡西岸城市群的福州、厦门，成渝城市群的成都、重庆。位于经纪人地位的城市也大多数是具有一定经济实力、产业发展基础、自然资源优势或者区位优势的城市。但是大多数中西部地区的城市网络地位相对较低，其中 91.402% 的外围城市分布在中西部地区。因此，城市网络的发展并不是重构城市体系的权力格局，而是以一种新的方式将城市权力组织起来。

第五章 城市网络联系的时空特征

第一节 网络联系持续的层级结构

2005~2019 年，城市间链接关系的强度和地理广度大幅度的提升。2005 年存在链接关系的城市对为 1464 个，到 2019 年存在链接关系的城市对增长到 3114 个，在 1650 个城市对之间产生了新的链接关系。① 随着越来越多的城市被链接进入城市网络，城市网络联系超过了城市群的地理范围，一个国家尺度上的城市网络日益浮现。

中国城市间链接关系的显著特征是，链接关系更多地发生在传统意义上的经济中心城市之间。表 5-1 报告了 2019 年中国城市连接强度的前 10 个城市对，可以清晰看出，香港→上海、香港→北京、香港→广州、北京→上海、北京→深圳、香港→深圳、香港→杭州、香港→天津等的链接关系最为密集。图 5-1 和图 5-2 分别报告了 2005 年和 2019 年联系强度大于 10 的城市关联格局特征：2005 年链接强度大于 10 的城市对有 80 个，这些链接关系在 45 个城市之间产生；2019 年链接强度大于 10 的城市对的数量提升到 306 个，涉及的城市数量提升到 136 个。总的来看，北京、香港、深圳、上海等城市之间建立起密集的经济联系，这些城市形成凝聚子群并位于网络的核心地区。从这个意义上来看，中国城市网络呈现出择优选择的发育机制，城市的经济规模、地理区位、研发资源等属性特征的相似性是形成城市间投资联系的重要因素。

---

① 根据城市网络 2020 年财富中文网（https：//www.fortunechina.com/）、启信宝网站（https：//www.qixin.com/）和上市公司年度报告中采集的企业网络数据整理。

表 5-1　2005 年、2010 年、2015 年、2019 年中国连接强度前 20 个城市对

排序	发送者	接收者	2005 年	2010 年	2015 年	2019 年
1	香港	上海	88	142	277	328
2	香港	北京	94	162	238	273
3	香港	广州	113	145	229	261
4	北京	上海	113	141	214	255
5	北京	深圳	58	84	143	221
6	香港	深圳	69	95	170	194
7	香港	杭州	27	46	110	166
8	香港	天津	41	70	123	154
9	北京	天津	41	71	108	144
10	北京	宁波	15	25	91	140

资料来源：根据城市网络 2020 年财富中文网（https：//www. fortunechina. com/）、启信宝网站（ht-tps：//www. qixin. com/）和上市公司年度报告中采集的企业网络数据整理。

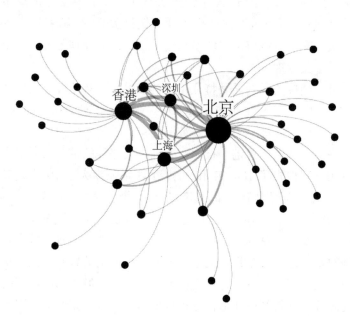

图 5-1　2005 年中国城市网络联系格局（联系强度大于 10）

资料来源：根据城市网络 2020 年财富中文网（https：//www. fortunechina. com/）、启信宝网站（https：//www. qixin. com/）和上市公司年度报告中采集的企业网络数据整理。

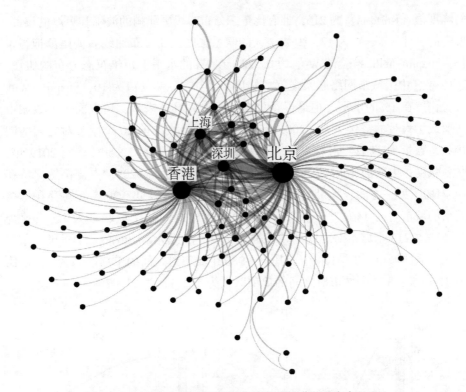

图 5-2　2019 年中国城市网络联系格局（联系强度大于 10）

资料来源：根据城市网络 2020 年财富中文网（https：//www.fortunechina.com/）、启信宝网站（https：//www.qixin.com/）和上市公司年度报告中采集的企业网络数据整理。

　　另一个显著的特征是，链接关系发育存在路径依赖效应。在 2005～2010 年新增的 3112 条链接关系中，有 2355 条链接关系发生在已经建立关系的 1481 对城市之间，其余的 757 条链接关系发生在原先缺乏联系的 590 对城市之间；在 2010～2015 年新增的 5194 条链接关系中，有 4179 条链接关系发生在已经建立关系的 2074 对城市之间，其余的 1015 条链接关系发生在原先缺乏联系的 749 对城市之间；2015～2019 年新增的城市关系格局也呈现出类似的特征，原有城市之间的经济联系得到加强，一些"孤岛"城市被纳入城市网络。这种路径依赖的特征反映了城市网络联系的自我强化机制，它区别于城市属性特征对城市网络连接格局的影响，主要取决于网络的内生机制，比如生产分割导致了更多的资源依赖，以及企业家社会网络发展对投资关系的反馈等。

　　城市的属性特征和链接关系的路径依赖最终导致了城市间链接关系持续的正偏态分布或者说层级分化特征（见图 5-3）。2005 年中国城市网络联系强度的峰度值（Kurtosis）为216，拥有比正态分布曲线更陡峭的波峰和更厚的尾部；偏度值（Skewness）为12，少数很大的联系强度值使分布曲线右侧尾部拖得很长；Shapiro-Wilk 检验的 W 值为0.322，在1%的水平上拒绝正态分布的假设。2019年，中国城市网络联系强度的峰度值为155，偏度值10，Shapiro-Wilk检验仍然在1%的水平上拒绝正态分布的假设。具体来看，一方面，少数城市间形成了大量的链接关系。2005年，联系强度最大的前20个城市对之间的链接关系数量为1562，占整个城市网络链接关系总数的22.50%。到2019年，联系强度最大的前20个城市对之间的链接关系数量为3203，占比仍然保持在19.41%。另一方面，大量的城市对之间的链接强度较低。2005年，存在链接关系的城市对共1464个，其中：873个城市对之间的单项联系为1，占比为59.63%；219个城市对之间的单项联系为2，占比为14.96%。2019年，存在链接关系的城市对共3114个，其中：986个城市对之间的单项联系为1，占比为31.66%；354个城市对之间的单项联系为2，占比为11.37%。

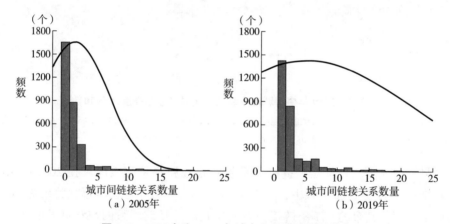

图5-3　2005年和2019年城市之间联系强图分布

资料来源：城市间链接关系数量根据城市网络2020年财富中文网（https://www.fortunechina.com/）、启信宝网站（https://www.qixin.com/）和上市公司年度报告中采集的企业网络数据整理。

第二节　凝聚子群的特征及演化

凝聚子群反映了"流动空间"中城市网络链接的拓扑关系，可以看作功能意义上的"城市集群"。本书采用派系、k—核、Lambda 集合三种相互补充的方法界定凝聚子群,从多个维度揭示中国城市网络中凝聚子群的演化特征。

一、派系的演化

派系分析基于在二值对称矩阵:首先对权重网络以 10 倍的 2019 年网络平均密度(1.524)为临界值进行二值化处理——高于临界值的重新编码为 1,低于临界值的编码为 0;然后采用最小值对称化方法将有向图转化为无向图,即如果在有向图中 $x_{ij} = 0$ 且 $x_{ji} = 1$,那么在无向图中 $x_{ij} = x_{ji} = 0$。派系是凝聚子群的一个严格定义,一条边的缺失都会使一个子图无法成为派系。中国城市网络的派系结构呈现出四个显著特征:

一是派系的数量和规模均大幅度增长。2005 年的城市网络识别出 13 个派系。其中,城市规模为 4 的派系有 8 个,如 {北京,天津,上海,深圳} {北京,上海,南京,深圳} {北京,上海,杭州,深圳} {北京,上海,福州,深圳} 等;城市规模为 3 的派系有 5 个,包括 {北京,上海,济南} {北京,大连,上海} {上海,杭州,嘉兴} {北京,上海,海口} {北京,上海,乌鲁木齐}。到 2019 年,派系的数量提高到 39 个。其中,城市规模为 6 的派系有 1 个,即 {北京,上海,济南,烟台,广州,深圳};城市规模为 5 的派系有 13 个,如 {北京,天津,上海,南京,深圳} {北京,上海,南京,苏州,深圳} {北京,上海,深圳,重庆,昆明} {上海,南京,苏州,南通,深圳} 等;城市规模为 4 的派系有 9 个,如 {北京,上海,郑州,深圳} {北京,上海,杭州,嘉兴} {北京,济南,潍坊,深圳} {上海,杭州,宁波,深圳} 等;城市规模为 3 的派系有 16 个,如 {北京,呼和浩特,上海} {北京,廊坊,深圳} {上海,合肥,芜湖} {上海,济南,济宁} 等。

二是派系主要由我国区域城市群的核心城市相互组合而构成。例如,2019 年城市规模为 6 的派系 {北京,上海,济南,烟台,广州,深圳} 涵盖了京津冀地区城市群、长三角地区城市群、珠江三角洲地区城市群、山东半岛城市群的核心城市,城市规模为 3 的派系 {上海,武汉,成都} 涵盖了沪宁杭地区城市群、长江中游城市群、四川盆地城市群的核心城市。这些城市穿透了地理距离的限制,相互链接起来,以"岛屿经济"的形态存在于国家城市体系,这与传统"场所空间"中的块状经济格局形成了鲜明的对比。需要注意的是,并不是所有城市群的核心城市都出现在派系中，如兰西城市群的兰州和西宁、哈长城市群的哈尔滨和长春，这些城市群在国家城市网络中的地位明显弱化。相反，一些在传统城市体系当中地位较弱的城市，如津冀地区城市群的邯郸、廊坊，长三角地区城市群的嘉兴，粤港澳大湾区的惠州等，在城市网络中则较为活跃。

三是大多数派系存在"重叠"的城市节点。例如，2019 年北京出现在 29 个派系当中，上海出现在 30 个派系当中，深圳出现在 24 个派系当中，南京和广州分别出现在 6 个派系中，武汉分别出现在 5 个派系中。这意味着北京、上海、武汉等少数城市节点在网络中承担着联系的枢纽功能。分析结果再一次表明，派系（或者说功能意义上的城市群）与"场所空间"中的城市群产生了明显的不同，即前者建立在经济联系的基础上，派系的地理边界变得越来越模糊，而后者建立在地理相邻的基础上，城市群之间存在着明显的地理边界。

四是距离看起来并不是派系形成的限制性因素。尽管也有一些派系发生在城市群尺度上，如 2019 年城市规模为 3 的派系 {广州，深圳，佛山} 的直线距离最小值为广州—佛山的 18 千米。但是大多数派系是由不同城市群的核心城市构成，城市之间是长距离的经济联系，派系中地理距离的最大值为城市对"乌鲁木齐—上海"的 3183 千米。这意味着，在中国城市网络格局中，密切的、互惠性的链接关系倾向于超越地理距离的阻碍，城市间链接关系呈现出在"流动性空间"生长发育的特征。

二、k—核的演化

本书中 k—核的分析也建立在二值对称矩阵的基础上，二值对称矩阵基于最小值对称法获得。表 5-2 和表 5-3 分别报告了 2005 年和 2019 年 k—核分析结果。总体来看，度数较高的 k—核子图是度数较低的 k—核子图的组成部分。例如，2019 年的 5-核子图主要由位于传统城市体系上截尾部分的城市构成，但是随着 k 值的逐渐下降，越来越多的高位序城市进入 k—核子图，导致 k—核子图呈现"金字塔"式分布特征。k—核的演化主要呈现两个特征：

表 5-2　2005 年 k—核的分析结果

类型	城市	数量
3—核	{北京，天津，上海，南京，杭州，福州，厦门，武汉，广州，深圳，重庆}	11

续表

类型	城市	数量
2—核	{大连，嘉兴，济南，海口，乌鲁木齐}	5
1—核	{鄂尔多斯，宁波，芜湖，襄阳，长沙，香港，佛山，绵阳，昌吉回族自治州}	9

资料来源：城市网络矩阵根据城市网络 2020 年财富中文网（https：//www.fortunechina.com/）、启信宝网站（https：//www.qixin.com/）和上市公司年度报告中采集的企业网络数据整理。

表 5-3 2019 年 k—核的分析结果

类型	城市	数量
5—核	{北京，上海，南京，杭州，福州，济南，烟台，武汉，广州，深圳，重庆}	11
4—核	{天津，苏州，南通，厦门，长沙，惠州，昆明}	7
3—核	{保定，沈阳，大连，宁波，嘉兴，青岛，潍坊，郑州，佛山，海口}	10
2—核	{石家庄，唐山，邯郸，廊坊，呼和浩特，鄂尔多斯，温州，合肥，芜湖，三明，泉州，济宁，宜昌，香港，成都，乌鲁木齐}	16
1—核	{邢台，太原，大同，长春，哈尔滨，扬州，宿迁，绍兴，舟山，马鞍山，铜陵，龙岩，赣州，上饶，临沂，商丘，黄石，襄阳，湘潭，珠海，江门，揭阳，玉林，绵阳，宜宾，遵义，曲靖，拉萨，西安，西宁，昌吉回族自治州}	31

资料来源：城市网络矩阵根据城市网络 2020 年财富中文网（https：//www.fortunechina.com/）、启信宝网站（https：//www.qixin.com/）和上市公司年度报告中采集的企业网络数据整理。

一是 2005~2019 年中国城市网络 k—核的规模和联系程度都明显提升。2005 年中国城市网络的 k—核形成三种分区，其度数分别为 3、2、1。对于度数为 3 的分区（3—核子图）来说，它包含北京、上海、南京等 11 个城市；2—核的子图共有 16 个城市，不仅包括 5—核的 11 个城市，还包括了大连、嘉兴、济南、海口和乌鲁木齐 5 个度中心性统计值较低的城市；1—核的子图共有 25 个城市，包括 2—核的 16 个城市以及度数更低的 9 个城市。2019 年的 k—核形成了 5 种分区。5—核子图包括北京、上海、南京、杭州、福州等 11 个城市；4 核的子图共有 18 个城市，不仅包括 5—核的 11 个城市，还包括了天津、苏州、南通等 7 个度中心性统计值较低的城市；以此类推，1—核的子图共有 75 个城市，包括 2—核的 24 个城市以及度数更低的 31 个城市。

二是 k—核子群中的城市具有区位指向和择优选择的特征。东部地区的城市存在活跃的经济联系，例如，烟台出现在 5—核子群当中，南通、惠州等出现在 4—核子群当中，保定、潍坊、嘉兴出现在 3—核子群中；而西部地区城市的联系强度较弱，太原、拉萨、西宁等省会城市仅仅出现在 1—核子群中。

另外舟山、铜陵、上饶、临沂、商丘等出现在1—核子图中，这些城市的表现似乎不能用传统的地区生产总值、人口规模等指标来解释，而是具有城市网络发育所需要的特定资源。分析结果与派系的分析结论相一致，即位于中国城市网络核心的不再是区域性的城市群，而是地理上不相邻但经济联系密切的凝聚子群。

三、Lambda 集合的演化

本书 Lambda 集合分析同样建立在二值对称网络的基础上。Lambda 集合分析结果与 k—核分析结果相类似（见表 5-4 和表 5-5）。Lambda 集合分析结果揭示了凝聚子群的三个基本特征：

表 5-4　2005 年 Lambda 集合的分析结果

Lambda	城市	数量
14	{北京，上海}	2
9	{深圳}	1
4	{南京，杭州}	2
3	{天津，福州，厦门，武汉，广州，重庆}	6
2	{大连，嘉兴，济南，海口，乌鲁木齐}	5
1	{鄂尔多斯，宁波，芜湖，襄阳，长沙，香港，佛山，绵阳，昌吉回族自治州}	9

资料来源：城市网络矩阵根据城市网络 2020 年财富中文网（https：//www. fortunechina. com/）、启信宝网站（https：//www. qixin. com/）和上市公司年度报告中采集的企业网络数据整理。

表 5-5　2019 年 Lambda 集合的分析结果

Lambda	城市	数量
31	{北京，上海}	2
25	{深圳}	1
10	{广州}	1
9	{南京}	1
8	{杭州，武汉，重庆}	3
7	{福州，济南}	2

续表

Lambda	城市	数量
5	{苏州，厦门，烟台}	3
4	{天津，沈阳，大连，南通，长沙，惠州，昆明}	7
3	{保定，呼和浩特，宁波，嘉兴，合肥，青岛，潍坊，郑州，佛山，海口}	10
2	{石家庄，唐山，邯郸，廊坊，鄂尔多斯，温州，芜湖，三明，泉州，济宁，宜昌，香港，成都，乌鲁木齐}	14
1	{邢台，太原，大同，长春，哈尔滨，扬州，宿迁，绍兴，舟山，马鞍山，铜陵，龙岩，赣州，上饶，临沂，商丘，黄石，襄阳，湘潭，珠海，江门，揭阳，玉林，绵阳，宜宾，遵义，曲靖，拉萨，西安，西宁，昌吉回族自治州}	31

资料来源：城市网络矩阵根据城市网络2020年财富中文网（https：//www.fortunechina.com/）、启信宝网站（https：//www.qixin.com/）和上市公司年度报告中采集的企业网络数据整理。

一是2005～2019年Lambda集合的规模不断扩大。2005年，边关联度的最大值为14，这时的Lambda集合仅包含北京和上海两个城市；当边关联度为9时，{北京，上海，深圳}构成了Lambda集合；当边关联度下降为4的时候，Lambda集合的规模进一步扩大，包含了北京、上海、深圳、南京、杭州5个城市；边关联度的最小值为1，这时的Lambda集合包含了25个城市。2019年，边关联度的最大值提高到31，这时的Lambda集合为北京和上海两个城市；当边关联度为25时，{北京，上海，深圳}构成了Lambda集合；当边关联度下降为9的时候，Lambda集合扩大到北京、上海、深圳、广州、南京5个城市；当边关联度为1时，Lambda集合的规模扩大到75个城市。

二是Lambda集合的演化具有路径依赖的特征。2005年Lambda集合中的城市均出现在2019年的Lambda集合当中，这意味着历史上形成的网络地位是城市间链接关系生长发育的重要影响因素。但是这种路径依赖并不是绝对的，并不是说所有的历史上形成的网络地位具有决定性的影响。相反，一些没有出现在2005年Lambda集合中的城市（如烟台、南通、保定、惠州、石家庄、温州、潍坊等）在2019年的Lambda集合中的地位超过了一些在2005年Lambda集合中出现的城市（如绵阳、昌吉回族自治州），这反映出了城市网络地位的竞争性和动态性。

三是Lambda集合中的城市与派系中的城市和k—核中的城市具有高度的重合性。Lambda集合也主要是传统城市群的核心城市，反映出城市网络链接关系层级结构的稳健性。总的来看，城市网络联系看起来并不是建立在地理邻近性的基础上，而是有选择性地建立在经济规模或者特定资源的基础上。北京和上海之间联系的稳健性（2019 年的边关联度为 31），超过了北京与周边城市如石家庄（边关联度为 2）、廊坊（边关联度为 2）、保定（边关联度为 3）等的联系强度，或者是上海与周边城市如无锡（边关联度为 0）、苏州（边关联度为 6）、南通（边关联度为 5）等的联系强度。深圳和武汉联系的稳健性也超过了深圳与珠海、武汉与黄石的联系强度。

第三节　网络腹地的特征及演化

随着资源流动性的日益增强，中国城市的影响范围（腹地）已经远远超出了地理邻近性，表现出了与"场所空间"环境下城市腹地的不同特征。

一、城市网络腹地的规模呈现等级分化特征

中国城市网络腹地格局演化的显著特征是，2001~2019 年城市网络腹地的范围大幅度增长，同时城市网络腹地的规模保持着持续的层级结构特征（见表 5-6）。2005 年，在绝对关联度方法下，共 46 个城市拥有网络腹地，在 393 对城市中形成腹地关系，前 10 个城市网络腹地涵盖的城市数量之和的比重为 78.04%；在相对关联度方法下，共 73 个城市拥有网络腹地，在 440 对城市之间形成腹地关系，前 10 个城市网络腹地涵盖的城市数量之和的比重为 60.45%。到 2019 年，在绝对关联度方法下，共 93 个城市拥有网络腹地，在 1193 对城市中形成腹地关系，前 10 个城市网络腹地涵盖的城市数量之和的比重保持在 61.45%；在相对关联度方法下，共 110 个城市拥有网络腹地，在 1329 对城市之间形成腹地关系，前 10 个城市网络腹地涵盖的城市数量之和的比重仍然为 43.86%。

表 5-6　2005 年和 2019 年中国城市网络腹地数量的变化

2005 年			2019 年		
城市	绝对值法	相对值法	城市	绝对值法	相对值法
北京	103	66	香港	199	132

续表

2005 年			2019 年		
城市	绝对值法	相对值法	城市	绝对值法	相对值法
香港	75	54	北京	237	85
上海	38	37	云浮	43	64
深圳	29	23	深圳	81	62
广州	16	19	上海	70	54
南京	11	17	福州	36	45
济南	10	17	济南	35	43
大连	8	13	广州	44	39
杭州	11	11	芜湖	13	31
芜湖	4	9	苏州	20	28
占比（%）	78.04	60.45	占比（%）	61.45	43.86

资料来源：城市网络矩阵根据城市网络 2020 年财富中文网（https：//www.fortunechina.com/）、启信宝网站（https：//www.qixin.com/）和上市公司年度报告中采集的企业网络数据整理。

在绝对关联度方法下，城市网络腹地规模分布具有更高的集中度（见图 5-4（a））。以支配的城市数量来计量，城市网络腹地规模可以划分为 4 个层次。北京和香港位于第一层次，其中北京的网络腹地由 237 个城市组成，香港的网络腹地由 199 个城市组成；深圳、上海、广州、云浮、福州、济南等 11 个城市位于第二层次，这些城市的网络腹地涵盖了 20~81 个城市；郑州、廊坊、重庆、宁波、烟台、芜湖、昆明等 14 个城市位于第三层次，这些城市的网络腹地由 10~20 个城市组成；太原、合肥、南通、珠海、长沙等其余 66 个城市位于第四层次，它们的网络腹地范围小于 10 个城市。在相对关联度方法下，城市网络腹地格局具有相似的特征，但是也发生了两点变化（见图 5-4（b））。一是城市网络腹地规模的集中度相对较小，第二层次和第三层次（网络腹地规模涵盖 10~60 个城市）的城市数量明显增多。二是芜湖、宁波、郑州、廊坊、烟台、成都等城市的位序明显提升，而重庆、厦门、佛山等少数城市的位序较大幅度下降。分析结果表明，中国城市网络腹地规模或者说城市网络权力呈现幂率分布特征，这意味着少数城市控制了大量的网络资源，导致网络腹地关系发育遵循着择优选择的法则。

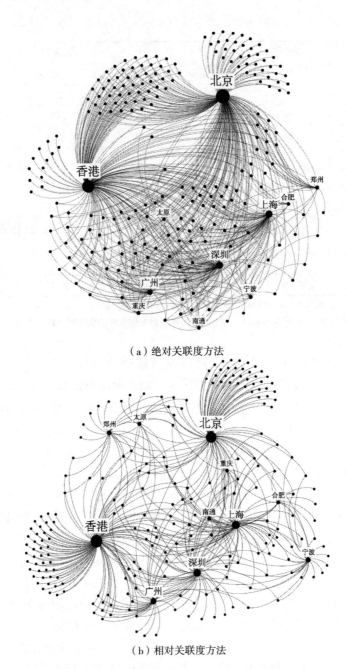

（a）绝对关联度方法

（b）相对关联度方法

图 5-4　2019 年代表性城市的网络腹地格局

资料来源：城市网络矩阵根据城市网络 2020 年财富中文网（https：//www.fortunechina.com/）、启信宝网站（https：//www.qixin.com/）和上市公司年度报告中采集的企业网络数据整理。

二、超越本地的经济联系是网络腹地的显著特征

　　总体来看，城市网络腹地的地理距离明显超越了传统意义上城市群的空间范围。例如，2019 年京津冀城市群中北京、天津、石家庄、唐山、保定和廊坊 6 个城市拥有网络腹地，在 159 对城市之间形成了腹地关系，其中仅有 37 个腹地关系发生在城市群内部（如北京—石家庄、石家庄—邢台、唐山—承德等），而其他 122 个腹地关系则超越了城市群的地理范围（如北京—深圳、廊坊—武汉、唐山—长春等）。粤港澳大湾区中香港、广州、深圳、珠海、惠州和佛山 6 个城市具有网络腹地，87.39%腹地关系超越了城市群的地理范围。长三角城市群、辽中南城市群、山东半岛城市群、成渝城市群、武汉城市群、关中平原城市群等主要城市的网络腹地关系也呈现出类似的特征。但是这并不意味着地理距离的约束作用已经消失，相反地理距离在更大的空间尺度上发挥着作用。中国城市网络腹地关系主要集中在 1500 千米之内，然后随着距离的增加，腹地关系产生的概率大幅度下降（见图 5-5）。在绝对关联度方法下，2019 年距离在 200 千米以内的腹地关系占 14.25%，200~400 千米范围的腹地关系占 12.49%，400~1500 千米范围的腹地关系占 54.40%，1500~2400 千米的腹地关系占 15.84%，超过 2400 千米的腹地关系仅占 3.02%。在相对关联度方法下，腹地关系随距离的分布也呈现出相似的特征。分析结果表明，尽管跨越城市群的长距离经济联系已经构成城市网络腹地的基本特征，但是地理距离仍然构成腹地关系生长发育的重要制约因素。

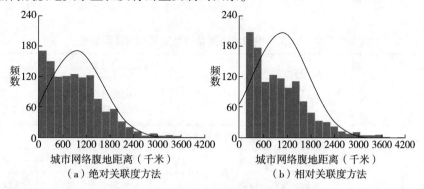

（a）绝对关联度方法　　　　　　　（b）相对关联度方法

图 5-5　2019 年城市网络腹地地理距离的分布

　　资料来源：城市网络矩阵根据城市网络 2020 年财富中文网（https：//www.fortunechina.com/）、启信宝网站（https：//www.qixin.com/）和上市公司年度报告中采集的企业网络数据整理。

分析结果意味着网络邻近对城市腹地产生了重大影响。中心地体系可以被理解为建立在地理邻近性基础上的城市经济组织，反映了城市外部联系的本地主导特征。在地理邻近性原则的支配下，城市腹地存在明确的地理边界，并形成了都市圈、城市群等各种类型的空间组织。但是随着产品价值链地理分割的日益加深，城市的外部影响力已经大幅度拓展，超越本地的经济联系成为网络腹地的显著特征。北京、香港、上海等城市已经把全国主要城市都纳入自己的腹地范围，济南、成都、广州、云浮等城市的网络腹地关系也穿透了城市群的地理边界。在这种背景下，城市网络腹地可以被理解为建立在网络邻近性基础上的城市经济组织，反映了城市外部联系的远程特征。在网络邻近性原则的支配下，城市网络腹地在地理空间上变得更加具有弹性，并形成了功能意义上的凝聚子群等空间组织。必须指出的是，即使是在城市网络腹地中，地理邻近性对于很多城市来说仍然是腹地关系的重要影响因素，而且"距离专政"还在更大的空间尺度上发挥作用。因此，网络邻近性和地理邻近性共同塑造着当前中国城市经济组织的空间格局。

三、城市网络腹地的空间模式呈现类型分异

根据经济联系的地理范围和空间格局特征，本书对城市网络腹地的类型进行了划分。表 5-7 报告了 2019 年中国城市网络腹地空间格局的类型划分结果。总体来看，中国城市网络腹地的空间模式出现了明显的类型分化，呈现出各具特色的发展路径。

表 5-7　2019 年中国城市网络腹地空间格局类型划分

类型	城市数量（个）	代表性城市	网络腹地统计性特征的平均值			
			包含城市（个）	GDP（亿元）	人口（万人）	距离（千米）
绝对关联度法						
Ⅰ	6	北京、香港、上海	112	313291	26703	985
Ⅱ	27	重庆、成都、拉萨	7	75951	4550	1230
Ⅲ	30	济南、沈阳、唐山	10	80884	5204	653
Ⅳ	30	石家庄、大同、南宁	3	25357	1513	236

续表

类型	城市数量（个）	代表性城市	网络腹地统计性特征的平均值			
			包含城市（个）	GDP（亿元）	人口（万人）	距离（千米）
相对关联度法						
I	6	北京、香港、上海	73	178364	14993	939
II	41	南昌、福州、绵阳	9	46651	3322	1157
III	30	南京、长春、长沙	13	61813	4291	614
IV	33	合肥、黄石、太原	4	21524	1494	237

注：在绝对关联度和相对关联度两种方法下，类型 I 的城市组分相同，类型 II 中同时包括重庆、成都、拉萨、南昌、福州、西宁等 24 个城市，类型 III 中同时包括济南、沈阳、唐山、南京、长春等 17 个城市，类型 IV 中同时包括石家庄、邢台、大同、阳泉、合肥等 23 个城市。

资料来源：城市网络矩阵根据城市网络 2020 年财富中文网（https：//www.fortunechina.com/）、启信宝网站（https：//www.qixin.com/）和上市公司年度报告中采集的企业网络数据整理。

　　绝对关联度方法下的中国城市网络腹地可以划分为 4 种类型。类型 I 包括北京、香港、上海、深圳、广州、云浮 6 个城市，这类城市网络腹地的地理范围覆盖全国众多城市，所支配的城市数量及相应的经济规模、人口规模平均值明显高于其他类型。类型 II 的网络腹地以长距离的经济联系为主导，这种类型包括 13 个腹地规模较大的城市，如成都、重庆、大连、哈尔滨，以及 14 个腹地规模较小或者地理位置较偏远的城市，如拉萨、海口、晋中、乌鲁木齐等。类型 III 包括济南、沈阳、唐山、杭州、长沙等 30 个城市，这些城市在将附近的城市纳入网络腹地范围的同时，也建立起跨越传统城市群地理局限的腹地关系。类型 IV 的网络腹地以本地联系为主导，这种类型包括石家庄、宁波、济宁、太原等 30 个城市，它们网络腹地的平均距离（236 千米）在所有类型中是最短的。

　　在相对关联度方法下，城市网络腹地空间格局也可以划分为 4 种类型，但是不同类型中城市的组成发生了变化。例如，绝对关联度方法下为类型 IV 的鞍山、太原、扬州、宿迁等在相对关联度方法下划归为类型 III，类型 III 的厦门、上饶、韶关、绍兴、徐州、盐城、伊春等城市划归为类型 II。

四、城市网络腹地相互交织并存在大量的重叠

　　在网络发展环境下，城市腹地的边界变得模糊，许多城市同时出现在多个

城市的网络腹地当中（见表 5-8）。2005~2019 年，许多城市出现在了更多的网络腹地当中。例如，在绝对值法测度的城市网络腹地中，2005 年上海嵌入到了 21 个城市的网络腹地，到 2019 年上海嵌入到了 48 个城市的网络腹地。另外需要注意的是，城市网络腹地的规模（权力）与其在网络腹地中出现的频数（声誉）存在关联，2019 年两者的 Spearman 相关系数在绝对关联度方法和相对关联度方法下分别为 0.5808 和 0.5876。分析结果再一次表明，在网络发展环境下，城市权力和声誉相互加强，权力较大的城市倾向于形成较高的声誉。

表 5-8　2005 年和 2019 年城市在网络腹地的共现数量

2005 年			2019 年		
城市	绝对值法	相对值法	城市	绝对值法	相对值法
上海	21	19	上海	48	33
北京	18	18	北京	45	39
深圳	10	11	深圳	32	19
成都	9	7	重庆	24	18
昆明	8	6	天津	23	18
合肥	7	5	武汉	19	15
武汉	7	5	杭州	18	11
南京	6	6	广州	17	9
苏州	6	6	成都	17	12
福州	6	6	宁波	15	13

资料来源：城市网络矩阵根据城市网络 2020 年财富中文网（https://www.fortunechina.com/）、启信宝网站（https://www.qixin.com/）和上市公司年度报告中采集的企业网络数据整理。

　　城市在网络腹地的嵌入程度也具有明显的等级结构。2019 年，在绝对关联度方法下，城市按照在网络腹地的共现频数可以划分为 5 个等级。第一等级包括上海、北京和深圳三个城市：上海出现在北京、天津、杭州、宁波等 48 个城市的网络腹地中，北京和深圳也分别出现在 45 个和 32 个城市的网络腹地中。第二等级包括重庆、天津、武汉、杭州、广州等 18 个城市，这些城市同时嵌入到 10~20 个城市的网络腹地。第三等级包括苏州、芜湖、福州、烟台、南宁、太原等 53 个城市，这些城市同时嵌入到 5~9 个城市的网络腹地。第四等级包括邯郸、邢台、廊坊、大同、晋中等 106 个城市，这些城市同时嵌入到

3~4个城市的网络腹地。第五等级包括162个城市，其中衡水、晋城、朔州、忻州、抚顺等57个城市同时出现在2个城市的网络腹地，鹰潭、莱芜、鹤壁、十堰、黄冈等54个城市只出现在1个城市的网络腹地，另外有51个城市被排除在城市网络之外。在相对关联度方法下，城市网络腹地也具有相似的空间格局。总体来看，在网络腹地中嵌入程度较深的城市主要是传统城市群的核心城市，而中西部地区城市的嵌入程度较弱。

分析结果意味着多向联系成为网络腹地的显著特征。在中心地体系下，经济联系的方向是从核心城市到腹地的单向联系：核心城市处于支配地位，腹地地区处于从属地位。在城市网络腹地关系格局中，经济联系往往具有互惠性和多元化的特征，即那些政治地位较高、研发资源丰富的大城市可以在具有比较优势、距离较远的中小城市建立制造基地，从而将这些城市纳入腹地范围，而那些规模较小的城市也可以通过建立研发中心、商务服务中心、资产管理公司等措施将大城市纳入经济腹地，从而充分利用大城市的关键资源。在这种情况下，城市之间可以相互成为网络腹地的组成部分，也可以共同将其他城市作为自己的网络腹地，城市网络腹地不再相互排斥而是相互兼容。这个过程也正将重构传统经济地理格局的核心—外围结构：在传统区域经济中，核心是由地理上邻近的城市群、都市经济圈等经济板块构成；在网络发展环境下，核心则是由存在密切经济联系（但是地理上往往不相邻）的凝聚子群构成。这种多元化的经济联系为新时期城市经济的合作提供了重要机遇。

第四节　城市网络的镶嵌结构

城市个体所能镶嵌的最小结构是"对偶"（Dyad）（成对的行动者），其中互惠链接程度表征着群体所呈现的凝聚力、信任及社会资本规模。然而，真正能表征城市网络的最小结构是"三方组"（Triad），这种结构将对偶关系镶嵌在一个由"自我"（Ego）、"相邻者"（Alter）和"他人"（Other）所构成的结构中。接下来，本书从互惠性、传递性、三方组和集群性等子图的视角，解析整体城市网络的镶嵌结构。

一、互惠性和传递性

互惠性的概念最早由人类学家提出并被成功引入行为经济学的研究中。在城市网络研究中，网络互惠性（Network Reciprocity）主要用来解释有向网络中的节点对间双向边相互连接的特征。对于二值有向网络，有四种可能的关系：城市 i 和城市 j 不连接，城市 i 发送关系到城市 j，城市 j 发送关系到城市 i，或者城市 i 和城市 j 相互发送。一般认为，对偶关系有一种平衡趋势，要么是零，要么是互惠的，不对称关系可能是不稳定的。与非对称连接（可能更像一个层次结构）相比，一个以互惠为主的网络可能是一个更"平等"或"稳定"的网络。

考虑到本书中城市网络较为稀疏，大部分的城市与其他城市并没有直接联系，因此本书采用存在互惠关系的对偶数量占存在链接关系对偶数量的比重来测度城市网络的互惠链接程度。互惠性的分析基于二值非对称网络，该网络利用权重矩阵以 0.1529 为截断值二值化处理得到：高于 0.1529 的值编码为 1，低于 0.1529 的值编码为 0。总体来看，中国城市网络的互惠链接程度逐年提升，从 2001 年的 0.1137 提高到 2019 年的 0.1382。表 5-9 报告了 2001 年、2010 年和 2019 年前 10 个城市的互惠链接程度。具体来看，2001 年攀枝花、上海、嘉兴、鄂尔多斯、宜宾等度数较低的城市具有较高的互惠链接比重，但是到 2019 年，上海、杭州、南京、广州等城市在排序中的位置大幅度提升，表明中国城市群的核心城市已经成为互惠链接关系的主体。

表 5-9　2001 年、2010 年、2019 年中国前 10 个城市互惠链接比重

单位：%

序号	2001 年		2010 年		2019 年	
	城市	互惠链接	城市	互惠链接	城市	互惠链接
1	攀枝花	0.500	聊城	0.400	朝阳	0.429
2	上海	0.446	上海	0.376	上海	0.400
3	嘉兴	0.385	厦门	0.360	杭州	0.338
4	鄂尔多斯	0.375	朝阳	0.333	惠州	0.333
5	宜宾	0.333	攀枝花	0.333	海口	0.333
6	邢台	0.333	三明	0.300	厦门	0.326

序号	2001 年		2010 年		2019 年	
	城市	互惠链接	城市	互惠链接	城市	互惠链接
7	乌鲁木齐	0.333	石家庄	0.286	南京	0.297
8	济源	0.333	大同	0.286	郑州	0.293
9	惠州	0.333	鄂尔多斯	0.286	广州	0.285
10	大同	0.333	杭州	0.286	佛山	0.283

资料来源：城市网络矩阵根据城市网络 2020 年财富中文网（https：//www.fortunechina.com/）、启信宝网站（https：//www.qixin.com/）和上市公司年度报告中采集的企业网络数据整理。

　　小团体理论主张，许多有趣与基本的结构问题是从三方组中衍生的。传递性是三方关系的重要类型。有向图的三个城市 i、j、k 是可传递的，如果城市 i 向城市 j 发送一个链接关系，城市 j 向城市 k 发送一个链接关系，那么 i 也将向 k 发送一个链接关系。本书主要通过传递性三方组的数量来刻画中国城市网络的传递性特征。在此基础上，本书还通过"单一连线即构成三方组"的组数来规范传递性三方组的数量。也就是说，用 {ij，jk，ik} 三方组的数目来除以 {ij，jk，任意一对} 三方组的数目来刻画传递性关系。2001 年城市网络中，传递性三方组的数量是 3996 个，占到定向三方组 {ij，jk，任意一对} 总数的比重为 19.37%。到 2019 年，传递性三方组的数量提高到 30133 个，占定向三方组 {ij，jk，任意一对} 比重提高到 27.62%。分析结果呼应了这样的一种观点，即传递或平衡的三方关系是三方关系趋向的"平衡"或自然状态。

　　为了全面分析中国城市网络三方组的演化特征，本书进一步报告了 2001 年和 2019 年中国城市网络各种三方组的统计数量。从表 5-10 可以清晰地看出，除了循环闭合三方组"i←j←k，i→k"的数量基本为 0 以外，其余包含互惠关系、传递性关系和传递性闭合关系的三方组数量均有较大幅度增长，例如"i→j←k""i→j←k，i↔k"的数量分别由 2001 年的 37 个和 2 个增长到 2019 年的 534 个和 130 个。分析结果意味着，内生网络结构效应，或者自组织效应，已经成为中国城市网络联系的显著特征。

表 5-10　2001 年和 2019 年三方组统计量个数（截断值为 6）

三方组类型	数量（个）		三方组类型	数量（个）	
	2001 年	2019 年		2001 年	2019 年
i，j，k	6585025	6479052	i→j←k，i→k	15	203

续表

三方组类型	数量（个）		三方组类型	数量（个）	
	2001 年	2019 年		2001 年	2019 年
i→j, k	19522	95981	i←j←k, i→k	0	2
i ↔ j, k	3145	15358	i ↔ j ↔ k	9	306
i←j→k	601	13496	i←j→k, i ↔ k	8	42
i→j←k	3	56	i→j←k, i ↔ k	2	130
i→j→k	37	534	i→j→k, i ↔ k	1	22
i ↔ j←k	5	135	i→j ↔ k, i ↔ k	8	90
i ↔ j→k	196	3139	i ↔ j ↔ k, i ↔ k	3	34

资料来源：城市网络矩阵根据城市网络 2020 年财富中文网（https：//www.fortunechina.com/）、启信宝网站（https：//www.qixin.com/）和上市公司年度报告中采集的企业网络数据整理。

总体来看，中国城市网络节点成员间存在明显的互惠性和传递性关系。城市网络可以看作是从各种经济过程或机制中涌现出来的，在这种情况下，网络关系模式正好可以揭示这些模式的过程。互惠网络和传递关系拓展了对网络中连接方向的分析，有利于深化城市网络自组织演化的认识。互惠性和传递性连接可以从两个方面推动城市网络演化，一种是发生在城市节点间的互惠，初始的城市一般最终会获取回报，当然这种基于互惠的回报可能是直接的（直接发生互惠关系的两个城市）也可能是间接的（从其他城市获取）；另一种是群体网络的互惠和传递，即城市网络中的节点成员共享资源并从中获利进而推动城市网络演化。

二、关联性与集群结构

Watts（1998）等发现，在大型的、真实的世界网络中，经常遵循着看起来相当矛盾的结构模式。在许多网络中，任何两点间的平均测地距离相对短，"六度距离"（Six Degrees of Distance）正是这种现象。因此有些节点尽管坐落在相当大型的网络中，彼此却相当接近，即大型真实网络中对偶间的平均距离小于同等规模随机网络的平均距离。但大型网络的地方邻域密度往往高于同等规模随机网络的密度。大部分行动者身处地方性邻域，邻域中的其他人也一样相互连接，即在多数大型网络中，占极大比例的连接是高度地"群集"在地方性邻域。所以，城市网络往往表现出"小世界"的特征。

　　本书采用特征路径长度（Characteristc Path Length）和聚类系数（Clustering Coefficent）两个指标测度中国城市网络的小世界特征。特征路径长度分析包括平均距离、建立在"距离"基础上的紧凑度（Distance-based Cohesion，即Compactness）、基于距离权重的宽度（Distance-weighted Fragmentation，即Breadth）三个指标。聚类系数是一种关于局部网络结构的指标，该指标有两种界定方式：一是平均局部密度，这是根据局部密度计算出来的聚类系数（Overall Graph Clustering Coefficient），定义为各个点密度系数的均值；二是传递性比率，这是根据传递性计算出来的聚类系数（Weighted Overall Graph Clustering Coefficient），定义为封闭三方组的数量与三方组总量之比。聚类系数的范围在0~1，值越大，表明整体网络越具有凝聚力。

　　表5-11报告了2001年、2005年、2010年、2015年、2019年中国城市网络的小世界演化特征。从表5-11中可以看出，2001年中国城市网络的平均距离为2.609，其中距离为2的城市对占比为42.1%，距离为3的城市对占比为42.0%；到2019年，中国城市网络的平均距离下降到2.065，其中距离为2的城市对占比提高到74.9%，距离为3的城市对占比下降到15.3%。总体来看，绝大多数城市之间的距离相对于网络规模来说较小。相应地，城市网络的宽度由2001年的0.903下降到2019年的0.828，紧凑度从2001年的0.097提高到2019年的0.172。这意味着，过去20年里中国城市网络的关联性明显增强。

表5-11　2001年、2005年、2010年、2015年、2019年
中国城市网络的小世界演化特征

	2001 年	2005 年	2010 年	2015 年	2019 年
特征途径长度					
平均距离	2.609	2.455	2.242	2.083	2.065
紧凑度	0.097	0.117	0.138	0.159	0.172
宽度	0.903	0.883	0.862	0.841	0.828
聚类系数					
平均局部密度	0.424	0.443	0.484	0.509	0.517
传递性比率	0.087	0.095	0.109	0.123	0.131

　　资料来源：城市网络矩阵根据城市网络2020年财富中文网（https：//www.fortunechina.com/）、启信宝网站（https：//www.qixin.com/）和上市公司年度报告中采集的企业网络数据整理。

　　从聚类系数的角度看，中国城市网络表现出越来越强的集聚性。平均局部

密度和传递性比率分别从 2001 年的 0.424 和 0.087 增长到 2019 年的 0.517 和 0.131。总体来看，高点度的节点则表现为较小的簇系数，如长三角、粤港澳大湾区、京津冀、山东半岛和成渝地区，这与度分布的空间格局并不符合。由于聚类数是主要测度城市节点的所有邻节点之间连边的数目占可能的最大连边数目的比重，而网络中的外围节点或者新节点都倾向于与高中心度的节点建立直接的联系，因此高点度节点的连接关系中包含了大量的低度和外围性节点。

总体来看，中国城市网络表现出小世界网络的演化特征，平均路径长度趋于下降，聚类系数趋于提升。虽然网络规模很大，但仍然可以通过很短的路径达到网络的任何节点。

三、图的等级

城市镶嵌在对偶、三方组、邻域或群组，是城市网络呈现其"组织结构"的方式。然而，城市在结构中的镶嵌形式经常涉及非平等排序。等级在城市网络中相当普遍，等级结构中的个体或子群不仅有差异还有排序，一个群体的等级化程度表明了垂直差异。

本书利用四个指标刻画中国城市网络的等级特征：①联通（Connectedness），等于可达性矩阵的密度，计算公式为：$C = 1 - [2V/N(N-1)]$，式中 V 指的是不可达的节点对数，N 为网络的规模；②等级（Hierachy），表达的是城市节点相互之间在多大程度上可以非对称性地到达，计算公式为：$H = 1 - W/\max(W)$，式中 W 指的是网络中可以对称的到达的点对数，$\max(W)$ 指的是所有可以相互到达的点对数；③效率（Efficency），指的是在已知图中所包含的成分确定的情况下，图在多大程度上存在着多余的链接；④最低上限（Least Upper Bound，LUB），测度的是在树形图中具有共同 LUB 的对偶的比重，其中 LUB 指的是能够达到对偶的最接近的城市。

表 5-12 报告了 2001~2019 年中国城市网络等级结构的演化特征。从表 5-12 中可以看出，联通指数从 2001 年的 0.7173 逐步提升到 2019 年的 0.9652，表明越来越多的城市嵌入到城市网络，再一次印证了日益浮现的国家城市网络发展特征。等级指数从 2001 年的 0.8189 逐步下降到 2019 年的 0.7950，这与互惠性链接程度逐步提升的事实相吻合，表明中国城市网络中非对称的链接大幅度下降，内生结构已经成为中国城市网络格局的重要组成。效率和最低上限一直维持在较高的水平，表明中国城市网络呈现较高的等级特征。

表 5-12　2001 年、2005 年、2010 年、2015 年、2019 年中国城市网络的等级特征

	2001 年	2005 年	2010 年	2015 年	2019 年
联通	0.7173	0.8267	0.9141	0.9652	0.9652
等级	0.8189	0.8206	0.8204	0.8121	0.7950
效率	0.9793	0.9759	0.9666	0.9543	0.9488
最低上限	0.9996	0.9999	1.000	1.0000	1.0000

资料来源：城市网络矩阵根据城市网络 2020 年财富中文网（https：//www.fortunechina.com/）、启信宝网站（https：//www.qixin.com/）和上市公司年度报告中采集的企业网络数据整理。

第六章　城市经济功能专业化格局

随着产品价值链分工的不断深化，城市的功能专业化成为越来越普遍的现象。城市功能专业化指的是不同城市集聚着价值链的不同环节，从而导致城市之间基于产品内分工重新建立起新的经济联系。Duranton 等（2005）构建理论模型模拟了企业间组织变化与城市功能专业化的一般过程，认为这个过程将形成少数规模较大的现代服务业中心城市和大量小规模的制造业中心城市并存的发展格局。本书基于产品价值链功能区块空间组织发展过程的研究，解析生产分割环境下城市经济功能专业化的空间分异特征。

第一节　城市功能分工的格局特征

借鉴 Defever（2006）、盛科荣等（2020）的研究，本书首先定义了功能区块数量和功能区块比重两个指标。功能区块数量（n_{ij}）定义为特定城市 i 中某种功能类型 j 中包含的功能单元（主要是企业）的数量。功能区块比重（s_{ij}）定义为特定城市 i 某种功能类型的企业数量在城市体系该种功能类型中企业数量总和的占比 $s_{ij} = n_{ij} / \sum_l n_{lj}$，式中，$n_{ij}$ 和 n_{lj} 为城市 i 和 l 的功能区块数量。在此基础上，本书使用两种方法来表征企业价值链不同功能区块的空间分布状况。

第一类指标度量了功能区块数量在城市间的分布程度，包括首位度、4—城市指数、10—城市指数和赫希曼—赫芬达尔指数的倒数 4 个指标。本书将特定功能类型中企业数量最多的城市定义为该功能的首位城市。在此基础上，借鉴 Jefferson（1939）的研究，首位度定义为首位城市的功能区块比重，相应地，4—城市指数定义为前 4 个功能强度最大城市的功能区块比重之和，

10—城市指数指的是前 10 个功能强度最大城市的功能区块比重之和。这类指标的估计值在 0~1，估计值越大表明上截尾城市的功能强度越大。赫希曼—赫芬达尔指数的倒数（RHI）用于解析城市功能强度的分布特征，公式如下：

$$RHI_j = 1/\sum_i (s_{ij})^2 \tag{6-1}$$

式（6-1）中，s_{ij} 是城市 i 中功能区块 j 的数量比重。如果承担某种职能的企业都集中在一个城市，RHI 为 1；承担某种职能的企业在城市体系中均匀分布的程度越高，则 RHI 的值越大。

第二类指标度量了城市功能专业化程度。由于普通制造环节在城市体系的分布相对广泛，本书将普通制造环节作为参照物。借鉴 Puga 等（2005）的做法，本书构建了区位商和偏离指数两个专业化指数。区位商（Location Quotient，LQ）被定义为城市中某种职能的相对强度，公式为 $LQ_{ij} = s_{ij}/s_{i0}$，式中 s_{ij} 和 s_{i0} 分别是城市 i 中功能类型 j 和参照物的区块数量占比。区位商可以衡量城市的功能专业化强度：LQ_{ij} 指数大于 1 表明城市 i 在维度 j 具有较强的功能专业化程度，LQ_{ij} 指数小于 1 则表明城市 i 在传统制造维度上具有较强的专业化程度。偏离指数（BD），定义为特定类型功能 j 的区块数量占比 s_{ij} 与传统制造功能区块数量占比 s_{i0} 之差的绝对值之和，即 $BD_j = \sum_j ABS|s_{ij} - s_{i0}|$。偏离指数可以衡量某种类型功能区块与传统制造功能区块的空间匹配程度：如果两种类型功能区块空间分布特征完全匹配，则 BD 指数为 0，两种功能空间分布的差异性越大，则 BD 指数越高。

表 6-1 报告了 2018 年产品价值链功能区块在中国城市体系的总体分布特征。表 6-1 清晰地揭示出，产品价值链上游环节（公司总部、商业服务和研究开发）、制造环节和下游环节（物流贸易、批发零售）在城市体系的空间分布特征出现明显的差异性。公司总部、商业服务和研究开发 3 种功能在城市空间的集中程度最高，首位度分别为 0.210、0.230 和 0.190，4—城市指数分别为 0.506、0.486 和 0.483，RHI 指数分别为 12.346、11.905 和 13.158。物流贸易和批发零售 2 种功能具有中等的空间集中程度，首位度分别下降到 0.117 和 0.114，RHI 指数分别提高到 27.778 和 30.303。现代制造功能的集中程度进一步降低，首位度下降到 0.077，RHI 指数提高到 45.445。传统制造功能的空间集中度最低，首位度和 RHI 指数变为 0.035 和 125.001。将普通制造环节的空间分布作为参照物，公司总部、商业服务和研究开发空间分布的偏离指数分别为 1.068、1.025 和 1.110，现代制造、物流贸易、批发零售的偏离指数也分别达到 0.841、0.920 和 0.783。分析结果和 Davis 等（2008）、Henderson 等

（2008）以及 Defever（2006）的研究结论相一致，表明不同类型功能区块倾向于在不同类型城市集聚，意味着当前中国城市在产品价值链网络中的地位出现分化。

表 6-1   2018 年 7 种功能的分布特征

	公司总部	商业服务	研究开发	传统制造	现代制造	物流贸易	批发零售
首位城市	北京	深圳	北京	北京	上海	上海	上海
首位度	0.210	0.230	0.190	0.035	0.077	0.117	0.114
4—城市指数	0.506	0.486	0.483	0.106	0.231	0.310	0.295
10—城市指数	0.629	0.615	0.631	0.198	0.372	0.481	0.436
RHI	12.346	11.905	13.158	125.001	45.455	27.778	30.303
BD	1.068	1.025	1.110	0.000	0.841	0.920	0.783
峰度	128.253	152.905	111.585	25.149	45.1619	71.047	83.644
偏度	10.588	11.529	9.885	3.608	5.776	7.412	8.168

资料来源：根据城市网络 2020 年财富中文网（https：//www.fortunechina.com/）、启信宝网站（https：//www.qixin.com/）和上市公司年度报告中采集的企业网络数据整理。

表 6-2 和图 6-1 进一步提供了不同规模分组中城市功能分工的清晰证据。这里的城市规模用市场潜力（Market Potential，MP）来刻画（Redding 等，2004；Head 等，2004），$MP_i = Pop_i + \sum_{j \neq i}(Pop_j/D_{ij})$，式中，Pop 代表城市建成区的人口规模，$D_{ij}$ 代表城市 i 和城市 j 之间的欧氏距离。组内区位商平均值揭示了两个重要特征：随着市场潜力的下降，绝大多数功能类型的组内区位商平均值呈现下降趋势；在 500 万人以上的城市中组内区位商平均值均高于 1，而在 300 万人以下的城市中组内区位商平均值均小于 1。这说明不同类型功能区块在大城市的数量均高于小城市，导致大城市具有功能多样化特征，而小城市具有普通制造功能专业化特征。具体来看，公司总部功能区块高度集中在市场潜力高于 1000 万人的城市分组，功能区块的数量为 241，占到功能区块总量的 48.20%；公司总部在市场潜力高于 1000 万人的城市分组中也具有最高的功能专业化指数，组内区位商平均值高达 10.830。这和 Davis 等（2008）的研究相一致，他们也发现在大城市公司总部的数量和区位商较高，而在小城市公司总部的数量和区位商均较低。研究开发功能的空间分布与公司总部相类似，但是研究开发功能在 300 万~500 万人的城市分组中拥有功能更高的功能区块数量和组内区位商平均值。商务服务功能区块的高值区出现在 1000 万人

以上和 300 万~500 万人的城市分组，低值区出现在 100 万人以下的城市；组内区位商平均值在 300 万人以上的城市分组中均高于 1，而在 300 万人以下的城市分组中均低于 1。商务服务业的研究结果与 Keeble 等（2002）、Shearmur 等（2008）和 Rubalcaba 等（2013）相一致，其研究也揭示了商务服务业在城市体系的等级分布特征。现代制造区块的峰值出现在 300 万~500 万人的城市，低值出现在 100 万人以下的城市；传统制造功能区块的峰值出现在市场潜力为 100 万~300 万人的城市，且在 100 万人以下的城市中传统制造区块的数量和组内区位商平均值明显高于其他功能区块；批发零售功能区块在 100 万人以上的城市分组中相对均衡，低值区出现在 100 万人以下的城市分组。因此，本书不仅发现了城市功能专业化的证据，也发现了城市功能多样化的证据。

表 6-2　市场潜力分组的平均区位商和功能区块总量

人口潜力	公司总部	商业服务	研究开发	传统制造	现代制造	物流贸易	批发零售
市场潜力（万人）分组的平均区位商							
1000 及以上	10.830	2.298	2.100	1.000	1.420	2.245	1.889
500~1000	1.124	1.212	1.772	1.000	1.736	1.621	1.927
300~500	0.843	1.234	1.156	1.000	1.340	0.903	1.161
100~300	0.400	0.485	0.408	1.000	0.899	0.658	0.652
100 以下	0.194	0.397	0.176	1.000	0.490	0.501	0.559
市场潜力（万人）分组的功能区块总量							
1000 及以上	241	1709	553	370	354	205	982
500~1000	62	712	298	315	312	88	646
300~500	86	1872	425	484	403	134	731
100~300	90	974	246	1159	522	165	857
100 以下	21	377	67	664	160	56	269

资料来源：根据城市网络 2020 年财富中文网（https：//www.fortunechina.com/）、启信宝网站（https：//www.qixin.com/）和上市公司年度报告中采集的企业网络数据整理。

从空间分布上来看，中国主要城市群的核心城市在公司管理、商务服务、研究开发等维度的专业化程度非常突出，这些城市包括京津冀城市群的北京（公司总部、商务服务和研究开发功能区块的占比分别为 0.210、0.116、0.190），粤港澳大湾区的香港（公司总部、商务服务和研究开发功能区块的占比分别为 0.144、0.008、0.002）、深圳（公司总部、商务服务和研究开发

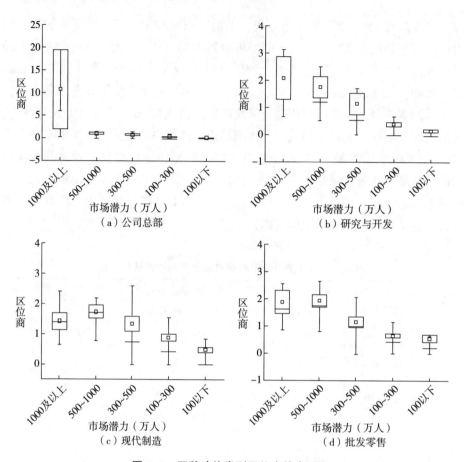

图 6-1　四种功能类型区位商的盒形图

资料来源：根据城市网络 2020 年财富中文网（https：//www.fortunechina.com/）、启信宝网站（ht-tps：//www.qixin.com/）和上市公司年度报告中采集的企业网络数据整理。

功能区块的占比分别为 0.062、0.230、0.145）和广州（公司总部、商务服务和研究开发功能区块的占比分别为 0.020、0.029、0.029），长江经济带的上海（公司总部、商务服务和研究开发功能区块的占比分别为 0.088、0.110、0.099）和南京（公司总部、商务服务和研究开发功能区块的占比分别为 0.024、0.016、0.030）。但是也有一些传统意义上的核心城市比如天津（公司总部、商务服务和研究开发功能区块的占比分别为 0.006、0.024、0.012）、南宁（公司总部、商务服务和研究开发功能区块的占比分别为 0.000、0.003、0.005）、银川（公司总部、商务服务和研究开发功能区块的占比分别为 0.000、0.001、0.002）、兰州（公司总部、商务服务和研究开发功能区块的占比分别为 0.000、0.002、0.004）等在城市功能分工中的地位被弱化，表明高等级功能的空间分布相对于传统意义上的城市规模等级体系出现偏离。[1] 东部城市群的重要节点城市以及中西部地区的关键节点城市在现代制造或物流仓储、批发零售等维度的功能专业化程度较为明显，如青岛、苏州、佛山、汕头、宁波、西安、贵阳，而东部地区大量的中小城市以及中西部地区的一些规模较大城市则具有较高传统制造功能专业化程度，代表性城市包括淄博、长治、云浮、南宁、包头、西宁等。总体来看，城市的属性特征和区位条件的差异是塑造城市功能分工格局的重要因素，东部地区和城市密集地区的城市强化了在价值链分工中的地位，而中西部地区的城市在价值链分工中的地位明显弱化。

分析结果揭示了中国城市功能分化的重要特征：①少数核心城市在公司总部、研究开发、商务服务等高级别功能维度呈现突出的专业化程度。这与Davis 等（2008）、Shearmur 等（2008）和 Rubalcaba 等（2013）的研究结论相一致，他们也揭示了公司总部、商务服务功能区块在城市体系的等级分布特征。这可能意味着，规模较大的城市总体来看也是高级生产要素（信息、研发等）较为丰富的城市，从而吸引了这些价值链高级功能环节的集聚。②一些具有相对较大规模、较好发展基础的城市在现代制造等知识密集型价值链环节上更加专业化，而大量中小城市则成为了传统制造等资本密集或劳动密集型价值链功能区块的集聚地。这可能意味着，市场规模、劳动力素质在现代制造环节区位选择决策中发挥着重要作用，而追求较低生产成本是影响传统制造功能区块区位选择的关键因素。这意味着，城市属性特征的差异性推动着城市经济沿价值链的功能分工。

分析结果提供了城市功能专业化的经验证据。这与 Duranton 等（2005）、Liao（2012）等城市功能专业化的观点相一致。经济地理学的实证研究一般侧重于解释产业的位置，而对产业内部功能定位的关注较少。因此，对产业的关注往往掩盖了城市结构从主要部门向主要功能专业化的显著转变。本书的结果表明，价值链中高级别功能区块的集中度明显高于低级别功能区块的集中度。这种转变在一定程度上反映了随着运输和通信成本的下降，企业能够集中对集聚经济敏感的职能，分散对集聚经济不敏感的职能。结果是，跨产业的相似功能位于相似的地方，导致功能集群的形成。

---

[1] 根据城市网络 2020 年财富中文网（https://www.fortunechina.com/）、启信宝网站（https://www.qixin.com/）和上市公司年度报告中采集的企业网络数据整理。

分析结果响应了 Markusen（2002）、Head 等（1995）和 Smith 等（1994）功能区块区位共聚的研究。本书揭示了城市功能多样化的特征，这意味着价值链中不同功能区块之间存在着互补性，垂直联系可以促使多部门企业在特定的城市中更好地发挥职能。城市规模和城市功能多样化的关系与城市产业结构领域的研究相类似。在产业结构的研究中，一个显著的事实是，大城市通常拥有更高的产业结构多样化程度（Boschma，2017；Duranton 等，2000；Abdel - Rahman 等，1993；Jacobs，1969）。这可能意味着：大城市具有劳动分工所需要的市场规模，而小城市能够容纳的经济活动单一；多样化是大城市赖以生存的基础，因为相对于专业化而言，多样化是城市创新更为重要的因素（Feldman 等，1999；Audretsch，1998；Duranton 等，2001）。需要指出的是，本书的研究结果区别于加拿大城市功能的经验研究（Brunelle，2013），加拿大的城市体系中制造环节从数量上来看更多地集中在外围地区。这可能意味着中国城市功能专业化正处于发展过程中，未来随着产品价值链功能区块空间布局的进一步优化，中国城市功能专业化的程度将进一步提高。

第二节　城市功能的类型划分

在 SOFM 分类的基础上，结合功能区块数量和功能区块比重的组合特征，将城市按照网络中的主导功能，划分为 3 个层级 9 种类型。表 6-3 报告了不同类型城市的功能区块数量和区位商平均值，表 6-4 报告了每种类型城市的组成。具体来看：

表 6-3　不同类型城市的功能区块数量和区位商平均值

	公司总部	商业服务	研究开发	传统制造	现代制造	物流贸易	批发零售
不同类型城市的功能区块平均数量							
类型Ⅰ	74.500	637.500	230.000	99.500	116.500	58.500	354.500
类型Ⅱ	72.000	46.000	3.000	8.000	3.000	1.000	8.000
类型Ⅲ	31.000	1297.000	232.000	42.000	95.000	36.000	215.000
类型Ⅳ	8.375	123.625	38.500	39.250	41.000	19.000	77.125
类型Ⅴ	3.818	51.727	16.727	24.727	23.091	8.364	49.182

续表

	公司总部	商业服务	研究开发	传统制造	现代制造	物流贸易	批发零售
类型VI	2.281	19.125	7.625	18.375	11.625	3.750	20.719
类型VII	0.763	6.079	1.289	15.474	2.553	1.000	6.053
类型VIII	0.295	4.537	0.663	6.621	2.779	0.695	3.768
类型IX	0.045	1.260	0.312	2.286	0.682	0.169	0.935
不同类型城市的平均区位商							
类型I	4.407	3.399	4.300	1.000	2.019	2.757	3.082
类型II	53.856	3.048	0.706	1.000	0.641	0.577	0.859
类型III	4.417	16.371	10.311	1.000	3.865	3.958	4.395
类型IV	1.547	1.877	2.251	1.000	1.958	2.157	1.819
类型V	1.106	1.405	1.491	1.000	1.894	1.988	2.171
类型VI	0.894	0.774	1.041	1.000	1.398	1.180	1.160
类型VII	0.314	0.225	0.182	1.000	0.294	0.311	0.363
类型VIII	0.358	0.467	0.252	1.000	0.819	0.821	0.765
类型IX	0.131	0.372	0.220	1.000	0.602	0.307	0.457

资料来源：根据城市网络2020年财富中文网（https：//www.fortunechina.com/）、启信宝网站（https：//www.qixin.com/）和上市公司年度报告中采集的企业网络数据整理。

表6-4　中国城市的功能类型划分

层次	功能类型	城市组成
第一层次	α类功能多样化城市	北京、上海
	总部基地型城市	香港
	商业服务中心和研究开发基地	深圳
第二层次	β类功能多样化城市	重庆、天津、广州、武汉、南京、杭州、苏州、宁波
	γ类功能多样化城市	成都、昆明、合肥、西安、长沙、郑州、青岛、珠海、芜湖、厦门、济南
	现代制造基地和商贸物流中心	石家庄、唐山、保定、太原、呼和浩特、鄂尔多斯、沈阳、大连、长春、哈尔滨、无锡、徐州、南通、温州、嘉兴、湖州、绍兴、福州、南昌、烟台、潍坊、佛山、江门、惠州、东莞、南宁、海口、绵阳、贵阳、拉萨、兰州、乌鲁木齐

续表

层次	功能类型	城市组成
第三层次	α类传统制造基地型城市	邯郸、廊坊、长治、晋中、临汾、包头、赤峰、盐城、宿迁、马鞍山、铜陵、泉州、龙岩、新余、淄博、济宁、聊城、滨州、洛阳、黄石、宜昌、荆州、黄冈、郴州、永州、湛江、肇庆、清远、云浮、宜宾、曲靖、红河州、咸阳、榆林、白银、西宁、银川、昌吉回族自治州
	β类传统制造基地型城市	秦皇岛、邢台、张家口、承德、沧州、大同、阳泉、运城、吕梁、呼伦贝尔、巴彦淖尔、锡林郭勒盟、鞍山、抚顺、锦州、营口、辽阳、朝阳、吉林、通化、齐齐哈尔、大庆、常州、连云港、淮安、扬州、镇江、泰州、金华、衢州、舟山、台州、丽水、蚌埠、淮北、安庆、滁州、阜阳、宿州、六安、亳州、宣城、三明、漳州、宁德、九江、鹰潭、赣州、吉安、上饶、枣庄等
	γ类传统制造基地型城市	衡水、晋城、朔州、忻州、乌海、通辽、乌兰察布、本溪、丹东、阜新、盘锦、铁岭、葫芦岛、四平、辽源、白山、松原、白城、延边州、鸡西、鹤岗、双鸭山、伊春、佳木斯、七台河、牡丹江、黑河、绥化、淮南、黄山、池州、莆田、南平、景德镇、萍乡、宜春、抚州、东营、日照等

资料来源：根据城市网络2020年财富中文网（https：//www.fortunechina.com/）、启信宝网站（https：//www.qixin.com/）和上市公司年度报告中采集的企业网络数据整理。

第一层次包括3个类型。类型Ⅰ包括北京、上海2个城市，公司总部、传统制造、现代制造、物流贸易和批发零售的功能强度在所有类型中都是最高的，商业服务和研究开发强度位于第二位，公司总部、研究开发等6种功能的区位商均高于1且相对均衡，定义为α类功能多样化城市。类型Ⅱ仅包括香港1个城市，公司总部的功能强度和区位商分别为72和53.856，显著高于第二位的商业服务的功能强度（46）和区位商（3.048），其他功能类型的区位商均小于等于1，城市功能定义为总部基地型城市。类型Ⅲ仅包括深圳1个城市，商业服务和研究开发的功能强度在所有的类型中都是最高的（分别为1297.000、232.000），区位商分别为16.371和10.311，明显高于位于第三位的公司总部的区位商4.417，因此定义为商业服务中心和研究开发基地。

第二层次包括3个类型。类型Ⅳ包括重庆、天津、广州、武汉、南京、杭州、苏州、宁波8个城市，7种功能的强度相对于类型Ⅰ和类型Ⅲ均明显下降，但是公司总部、商业服务等 6 种功能的区位商均明显大于 1，并且没有明显占据主导地位的功能类型，定义为 β 类功能多样化城市。类型 V 包括成都、昆明、合肥、西安、长沙、郑州、青岛、珠海、芜湖、厦门、济南 11 个城市，所有功能的强度和绝大多数功能的区位商相对于类型 IV 进一步下降，但是所有 6 种功能的区位商仍然高于 1 且相对均衡，同样定义为 γ 类功能多样化城市。类型 VI 包括烟台、佛山、沈阳、南昌、太原、南宁、大连、福州、兰州等 32 个城市，所有功能的强度相对于类型 V 进一步下降，公司总部、商业服务和研究开发功能的区位商均低于 1，但是现代制造、物流服务和批发零售功能的区位商分别为 1.398、1.180 和 1.160，定义为现代制造基地和商贸物流中心。

第三层次也包括 3 个类型。类型 VII 包括邯郸、淄博等 38 个城市，各种类型功能强度相对于类型 VI 大幅度下降，传统制造环节的区位商明显高于其他功能类型，定义为 α 类传统制造基地型城市。类型 VIII 包括秦皇岛、大庆等 95 个城市，所有功能中企业数量相对于类型 VI 均有下降，但是传统制造环节区位商依然最高，定义为 β 类传统制造基地型城市。类型 IX 是数量最多的城市组团，包括衡水、晋城等 146 个城市，传统制造环节功能的相对地位进一步提升，城市类型为 γ 类传统制造基地型城市。

分析结果清晰地揭示，在中国城市体系中，功能专业化和功能多样化是并存的。这意味着，区域经济一体化进程的加快推动了城市体系的功能分工。总体来看，中国城市功能类型还呈现出两个显著特征：

一是规模较大的城市具有更加多样化的经济功能。从表 6-4 中可以看出，从类型 I 到类型 II 和类型 III，城市的功能多样化程度是逐渐下降的。其中，传统制造基地城市的数量是最多的，这意味着工业化是中国城市化的主要推动力量，但是许多城市，特别是大量资源型城市（余建辉等，2018）和老工业基地城市（金凤君等，2018），经济结构的层次需要提升。这与城市产业结构多样化的特征相吻合。例如，Henderson（1997）探讨了城市产业结构多样性和城市规模的相关性问题。他的研究发现：与中等城市（人口规模在 5 万~50 万人的城市）相比，大城市（人口规模 50 万人以上的城市）平均而言更专注于服务业（金融、保险和房地产行业），而制造业活动相对较少；从工业门类来看，中等城市更专注于成熟行业（如纺织、食品、造纸），而不太专注于新兴行业（如电子元件和仪器）。

二是城市功能的地位与传统城市体系中城市地位具有相似性，但是许多城市的地位与传统城市体系中以人口规模为主要标准的等级体系相比发生了显著的变化：有些城市的地位明显提升，比如苏州、宁波的等级层次提高到与南京、广州相同的地位，也有一些城市的地位显著下降，如省会城市银川下降到与淄博、滨州等相同的地位。在世界城市网络研究领域存在着两个相互冲突的观点：Friedmann（1986）、Taylor（2004）认为经济全球化动摇了传统城市体系中的核心—外围结构，而 Alderson 等（2004）则认为城市网络中的权力格局是传统城市体系等级结构的再现和强化。本书的分析结果表明，中国城市网络中城市功能的等级结构介于这两种观点描述的现象之间。

第三篇

城市网络的影响因素与发育机理

第七章 城市网络发育的解释性框架

第一节 "行为—结构—绩效"分析框架

本书基于企业网络视角研究城市间网络关系，本土大型企业是中国城市网络的塑造者，因此那些影响企业总部和分支区位选择的因素构成了网络关系发育的基础。城市的网络权力和链接关系主要取决于城市对企业运营单元的吸引力，出度中心性主要取决于公司总部的规模，入度中心性主要取决于对于分支机构的吸引力。也就是说，城市网络的权力地位和城市间链接关系格局只不过是企业总部和分支区位选择行为在宏观方面的表现形式（盛科荣等，2019）。本书从企业网络生长发育的视角，综合利用资源依赖理论和交易成本理论的研究成果，试探性地提出城市网络"行为—结构—绩效"分析框架（见图7-1），用以解释中国城市网络关系格局的形成机理以及后面的城市网络经济绩效。

在这个框架当中，本书重点关注三类解释性变量：

一是城市个体属性。城市本身的资源、区位等属性特征对于产业吸引的影响得到了大量的关注。例如，Dunning（2008）的国际生产折中理论强调区位优势（投资的国家或地区对投资者来说在投资环境方面所具有的优势）对国际投资的积极影响，认为区位优势包含四个条件：①劳动力成本，寻求劳动力成本优势是跨国投资的重要目标；②市场潜力，即东道国的市场必须能够让国际企业进入，并具有足够的发展规模；③贸易壁垒，包括关税与非关税壁垒，这是国际企业选择出口抑或投资的重要影响因素；④政府政策，这是直接投资国家风险的主要决定因素。Porter（1990）的钻石模型也强调本地环境对产业

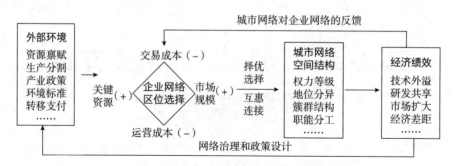

图7-1　城市网络"行为—结构—绩效"分析框架

资料来源：盛科荣，杨雨，张红霞 . 中国城市网络的凝聚子群及影响因素研究［J］. 地理研究，2019，38（11）：2639-2652.

竞争力的影响，认为一个国家想要经由生产要素建立起产业强大又持久的竞争优势，则必须发展高级生产要素和专业性生产要素。这两类生产要素的可获得性与精致程度也决定了竞争优势的质量，以及竞争优势将继续升级或被超越的命运。如果一个国家把竞争优势建立在初级与一般性生产要素时，它的发展基础通常是不稳的。一旦新的国家踏上相同的发展阶梯，该国的竞争优势将不存在。

在城市网络当中，城市属性是通过影响网络中行动者的参与来发挥作用。例如，在有向网络中，城市属性可能会促使个体更加活跃（即建立更多的关系），或倾向于使该行动者更受欢迎（即收到更多的关系）。在社会网络分析文献当中，这两种效应分别被称为"发送者效应"和"接收者效应"。也就是说，发送者效应测量的是具有特定属性的行动者比网络中其他行动者发送更多关系的程度，接收者效应测量的是具有特定属性的行动者接收关系倾向的程度。重要的是，这些效应不同于偏好依附。偏好依附指的是新关系的产生是由于其他关系的存在，而发送者或接收者效应指的是行动者发送或接收更多的关系是由它们的属性决定的。

二是网络自组织效应。网络关系可以自行组织形成模式，因为一些关系的出现促进其他关系的形成。这些模式被称为"纯结构"效应，因为它们并不涉及行动者属性或其他外生因素。它们是"内生"效应，因为网络模式的出现仅来源于网络关系系统的内部过程。

网络自组织是通过基于度的效应而出现的。在这种情况下，我们期望行动者之间的聚敛性具有多样性，转化为度分布中的更大程度的分散，或等价地转化为具有网络关系指向少数几个高度核心节点的更大的网络中心势。在社会网络理论中，这样的过程通常被称为"偏好依附"或者"马太效应"。偏好依附过程往往在城市网络生长发育中发挥重要作用，它表明新关系的产生依赖于其他关系的存在，它描述了网络权力（声望）如何诱发进一步的权力（声望）。这个网络过程的微观基础是企业新建或进入分支机构的城市，也往往是其他分支机构大量存在的城市。偏好依附微观过程的结果是产生少数具有高度中心性的网络核心城市，以及大量仅有少数链接关系的外围城市。偏好依附主要有聚敛性（Popularity）和扩张性（Acitivity）两种类型。

此外，互惠关系也被认为是影响网络关系的重要结构力量。互惠关系可能出现在相同类型的城市之间（协同效应），也可能出现在资源禀赋存在差异的城市之间（互补效应）。三方关系和网络闭合机制在形成和维护组织间网络关系中发挥重要作用。通过形成一个能产生三角形结构的第三条关系，行动者的2—路径通常有"关闭路径"的趋势。这也被称为"网络聚类"，或在有向网络中称为"传递性"。三方关系反映了人类社会倾向于以群体结构进行运作，涉及三条关系的网络三角形可以被看作是小群体原型的简单表达。在某种意义上，群体可能是作为具有许多关系的行动者的子集出现的。

三是外生关系协变量。外生情境因素对网络关系的形成可能是重要的。外生关系协变量通常指的是另一个被认为是固定的且对模型而言是外生的网络，比如城市网络研究中的地理距离邻接矩阵通常可以被看作外生关系协变量。随机行动者模型可以考察协变量关系的出现是否可以预测我们感兴趣的网络中相应关系出现的概率。在很多情况下，来自两种类型网络的关系可能会是共生的或夹带的。在这个意义上，随机行动者模型有助于理解自上而下的网络发育过程，以及不同类型网络之间的互动和相关程度。

第二节　网络结构影响因素指标选取

根据上面的分析框架，本书主要选取了三类变量，用来识别"流动空间"环境下城市经济联系和网络地位的影响因素。

一、城市属性变量

（1）经济规模。新经济地理学的研究表明，本地市场效应是经济活动集聚"第二自然力量"（Second Nature）的组成部分。另外较大的经济规模也通常和较强的研发能力、较高的经济效率联系在一起，城市的创新能力强烈影响着知识密集型价值链环节的区位选择。预计经济规模对城市网络权力和城市间经济联系产生正向影响。

本书运用城市市辖区实际 GDP 来构建相关变量。实际 GDP 的表达式为 GDP＝名义 GDP/GDP 平减指数。其中，名义 GDP 数据来自《中国城市统计年鉴》；城市 GDP 平减指数用各个城市所在省份的 GDP 平减指数作为代理变量，基准年份为 2000 年。各个省份的 GDP 平减指数通过《中国统计年鉴》公布的数据计算而得到：首先获取各个省份的名义 GDP 数据，接着选取 2001 年为基准年份，利用以不变价格计算的 GDP 增长指数获取各个省份的实际 GDP，最后通过名义 GDP 除以实际 GDP 得到各个省份的 GDP 平减指数。在此基础上，得到城市实际 GDP（万元）。

本书还基于城市实际 GDP 构建了市场潜力指数（Market Potential，MP）。市场潜力指数的计算公式如下：

$$MP_i = GDP_i + \sum_{j \neq i}(GDP_j / D_{ij}) \qquad (7-1)$$

式（7-1）中，GDP 为表征城市规模的实际地区生产总值；D_{ij} 为城市 i 和 j 之间的欧氏距离，通过 ArcGIS 中 Euclidean Distance 程序获取。市场潜力越大代表企业面临的市场区规模越大，接近更大的市场区意味着更高的企业利润，预计市场潜力对城市网络关系的发育以及城市地位产生正向影响（Henderson 等，2002）。

（2）政治等级（Capital）。政治地位较高的城市具有更便捷的信息可达性，"信息腹地"（Information Hinterland）是公司总部区位的重要影响因素。而且相对于欧美等自由市场国家，中国城市网络腹地发育受到政治因素的影响可能更大。政治等级采用城市行政级别虚拟变量来刻画，在不同的环境下分别采用定序变量和二值变量界定。定序变量的定义规则为：首都北京赋值为 5，香港赋值为 4，上海、天津和重庆 3 个直辖市赋值为 3，省会城市和计划单列市赋值为 2，其他城市赋值为 1；二值变量的定义规则为：直辖市、香港、省会城市和计划单列市赋值为 1，一般城市赋值为 0。预计政治地位对于提高城市拥有或者嵌入网络的概率具有显著正向影响。

（3）创新能力。对许多产业而言，高级生产要素的重要性不容置疑。例如，如果丹麦不具备精密的发酵科技基础，丹麦无法成功发展出发酵工业。丹麦各大学所培养出来的家具设计师更是该国家具工业的骨干。美国在电脑软硬件方面的人才和技术优势，不但使它在电脑业务上称雄，同时也提升了金融服务业和电子医疗产业的竞争力。从 20 世纪 50 年代开始，日本对产业界投下比同期其他国家更多的工程师人才，他们对日本产业竞争力的重要意义绝非当时低薪的日本人工所能相比。在投入方面，本书利用城市研究与开发人员的数量（Researcher）来测度城市的研发能力，数据来自相关年份的《中国城市统计年鉴》。在衡量知识产出方面，专利（Patent）作为集技术情报、商业情报、经济情报等于一体的知识载体，已经成为评估城市创新产出使用最广泛也是最具有代表性的指标。本书中专利数据指的是城市当年的专利申请量，数据来自于佰腾网（https：//www. baiten. cn/）。

（4）区域条件。尽管生产要素的空间流动性大大增强，但是城市网络的生长发育可能仍然会受到交易成本（如价值链上下游功能区块的协调成本等）的深刻影响。预计城市间可达性的改善将提高城市间网络联系发生的概率。采用三个指标作为代理变量。①地理区位（East）：将东部地区的城市编码为 1，其他地区的城市编码为 0。这里的东部地区包括北京、天津、河北、辽宁、上海、江苏、浙江、福建、山东、广东和海南 11 个省份。②航空可达性：在表征城市航空基础设施水平的时候，以万人全市民用航空客运量（Passe）为代理变量；在表征城市之间的连通度时，利用城市之间的航班数量（Flight）作为代理变量。这两个变量相互补充，从不同角度反映了"流动空间"环境下城市的经济区位可达性。③非资源型城市（Nres）：为二值虚拟变量，其中《全国资源型城市可持续发展规划（2013—2020 年）》中确定的资源型城市编码为 0，非资源型城市变量为 1。④营商环境（BuEnvir）：为企业本体、当地需求、制度环境、基础设施等的加权指数，数据来自《中国城市竞争力报告（No. 14）》。近年来的经验证据表明，软环境的差异是理解地区发展差异以及制定公共政策的重要线索。良好的城市营商软环境和劳动生产率对于知识密集型价值链功能环节至关重要，因此预计营商环境对不同维度城市专业化功能的发育具有积极影响。

二、内生结构变量

根据城市网络统计性分析特征，本书选取了如下解释变量：

（1）偏好依附。偏好依附认为新关系的产生是由于其他关系的存在，即网络关系的形成具有路径依赖的特征。本书主要考虑聚敛性和扩张性两种偏好依附效应。聚敛性指的是那些在历史上发送更多关系的城市倾向于发出更多的关系，代表着网络权力的自我增强趋势；扩张性指的是那些在历史上接收更多关系的城市倾向于吸引更多的网络关系，代表着网络声誉的自我增强趋势。

（2）互惠效应。互惠性指的是城市向对方发送关系的同时也接收来自对方关系的倾向，即如果城市 i 向城市 j 发送联系，则城市 j 也向城市 i 发送关系。互惠效应测度的是城市向对方发送关系的倾向是否受到接收对方关系的影响。

（3）三方关系。本书采用传递性 2—路径（Transitive Ties）、传递三方组（Transitive Triplets）和循环三方组（3—cycles）3 个变量，用以检验三方关系对城市网络演化可能产生的影响。传递性 2—路径指的是如果城市 i 向 j 发送关系，那么城市 j 也向 k 发送关系。传递三方组指的是如果城市 i 向 j 发送关系，城市 j 向 k 发送关系，那么 i 也向 k 发送关系。在循环三方组中，所有关系方向都是一致的，即城市 i 向 j 发送关系，城市 j 向 k 发送关系，城市 k 向 i 发送关系。这种网络闭合倾向代表了更加复杂的资源依赖关系，可以解释为组织间以"2—路径"形成的间接联系导致一种缩短路径行为的直接关系的结果。

三、空间距离协变量

由于交易成本（交通通信成本）的存在，城市之间的网络关系可能条件依赖于城市之间的空间距离。现有文献也表明，观察到组织间合作关系的概率受到潜在合作伙伴地理位置接近性的强烈影响，地理位置接近的城市之间倾向于建立更为密切的链接关系。为了控制空间距离产生的影响，本书引入了每一对城市直线距离的多值关系协变量。城市距离矩阵采用 ArcGis 软件的欧氏距离分析模块实现，空间距离协变量网络效应在随机行动者模型中被看作是外生变量。

一些研究指出，对零距离和非常极端的距离应该格外谨慎，有两个原因：第一，这些距离值可能导致模型拟合的不稳定；第二，从理论上来讲，不同过程可能在不同空间尺度上发生作用，地理距离可能在很短距离、中等距离和很长距离上所起到的作用是不同的。为了避免这些潜在的问题，在计量方程中本书对距离采用最大值标准化进行处理，最短的距离标准化为 1，最长的距离标准化为 10。

第三节　影响因素的统计性特征

下面通过社会网络分析方法中的点层次属性数据假设检验、点—关系混合层次假设检验和 P1 模型来描述城市网络地位和城市间链接关系的统计性特征。由于观测值不是相互独立的，因此应用随机重置方法估计标准误。

一、城市属性与权力关系

城市属性特征是城市网络权力的重要影响因素。本书以 2019 年经济规模（实际 GDP）的平均值为截断值将城市样本划分为两个组分，随后通过随机重置实验对两个组分的权力差异性进行了 t 检验。表 7-1 报告了 t 检验结果。在表 7-1 中，组 1 为实际 GDP 大于均值的城市，组 2 为实际 GDP 小于均值的城市。表 7-1 直观揭示，无论是度数、中介度还是核心度，组 1 的均值都显著大于组 2 的均值。在度数中心性体系中，组 1 和组 2 的平均值分别为 313.507 和 43.019，"Group 2>1"的原假设被拒绝，而"Group 1>2"的原假设在 1% 的水平上通过检验；在中介度体系中，组 1 和组 2 平均值的差距为 470.281，在 1% 的水平上接受"Group 1>2"的原假设；在核心度权力体系中，组 1 的平均值为 0.040，也显著大于组 2 的平均值。政治地位与网络权力的关系也呈现出相似的特征，接近权力中心对城市价值链区块的区位选择都具有重要影响。分析结果揭示，在中国城市网络发育过程中，传统场所空间的城市属性仍然是流动空间环境下塑造城市中心性层级分化的重要影响因素。

表 7-1　2019 年经济规模分组的城市点度均值差 t 检验结果

	度数		中介度		核心度	
	组 1	组 2	组 1	组 2	组 1	组 2
组内均值	313.507	43.019	485.396	15.115	0.040	0.018
Std Dev	677.334	275.801	2054.149	108.406	0.091	0.025
观测值个数	77	265	77	265	77	265

续表

	度数		中介度		核心度	
	组 1	组 2	组 1	组 2	组 1	组 2
组间差值	270.488		470.281		0.022	
One-Tailed Test						
Group 1 > 2	0.000		0.000		0.000	
Group 2 > 1	1.000		1.000		1.000	
Two-Tailed Test	0.000		0.000		0.000	

注：组 1 为经济规模大于均值的城市，组 2 为经济规模小于均值的城市。

资料来源：GDP 数据来自 2020 年《中国城市统计年鉴》；城市网络数据根据城市网络 2020 年财富中文网（https：//www.fortunechina.com/）、启信宝网站（https：//www.qixin.com/）和上市公司年度报告中采集的企业网络数据整理。

二、城市属性与链接关系

相似性或者相近性是预测行动者之间是否有关的明显且重要的指标。表 7-2 报告了 2019 年城市属性—网络关系的假设检验结果。其中，期望值指的是如果链接关系（邻接矩阵中的 1 值）随机在群体内部和群体之间分布的话，所能出现的链接关系数量；观测值为实际出现的关系数量；差量为观测值与期望值之间的差值；P≥Diff 和 P≤Diff 给出的是根据随机重排矩阵计算出来的差量大于（小于）或等于观测值的相对频次（Relative Frequency），用来检测观测值的显著性。在政治地位（Capital）—网络关系的假设检验中，那些具有政治资源优势的城市群体内部关系的期望值为 4.775，实际的观测值高达 181.000，期望值显著低于观测值（P≥Diff 的值为 0，而 P≤Diff 的值为 1）；而那些政治资源贫乏的城市，链接关系的期望值（353.723）显著高于实际观测值（25.000）。在经济资源（GDP）—网络关系的假设检验中，那些具有大量经济资源的城市群体内部关系期望值（22.179）显著低于实际观测值（306.000），而那些经济资源贫乏的城市群体内部关系期望值（265.150）显著高于实际观测值（2.000）。专利变量的分析结果也具有类似的特征。分析结果意味着，在网络中两个城市有更高的共同属性，它们在网络中的联系越密切。

表 7-2　2019 年城市属性—网络关系的假设检验结果

	关系代码	期望值	观测值	差量	P≥Diff	P≤Diff
Capital	1—1	353.723	25.000	−328.723	1.000	0.000
	1—2	83.502	236.000	152.498	0.000	1.000
	2—2	4.775	181.000	176.225	0.000	1.000
GDP	1—1	265.150	2.000	−263.150	1.000	0.000
	1—2	154.671	134.000	−20.671	0.723	0.285
	2—2	22.179	306.000	283.821	0.000	1.000
Patent	1—1	304.612	17.000	−287.612	1.000	0.000
	1—2	124.858	165.000	40.142	0.144	0.862
	2—2	12.530	260.000	247.470	0.000	1.000

注：关系代码中的 1 指的是属性值低于截断值的城市类别，2 指的是属性值高于截断值的城市类别；1—1 指的是类别为 1 的城市间关系，1—2 指的是类别为 1 和 2 的城市间关系，2—2 指的是类别为 2 的城市间关系；关系矩阵为最小值对称化二值矩阵，其中截断值为 0。

资料来源：GDP 数据来自 2020 年《中国城市统计年鉴》，专利数据来自佰腾网（https：//www.baiten.cn/）；城市网络数据根据城市网络 2020 年财富中文网（https：//www.fortunechina.com/）、启信宝网站（https：//www.qixin.com/）和上市公司年度报告中采集的企业网络数据整理。

表 7-3 进一步列出了航空可达性和网络关系的 QAP 相关分析结果。在航空客运量—网络关系的假设检验中，那些具有较高航空客运量城市的群体内部关系期望值（56.781）显著低于实际观测值（531），而那些航空可达性较差的城市群体内部关系期望值（2395.231）显著高于实际观测值（871）。与此同时，东部地区的城市之间倾向于建立更为密切的链接关系：在东部地区—网络关系的假设检验中，东部地区城市之间网络关系期望值（277.048）显著低于实际观测值（853），而其他地区城市之间网络关系期望值（1586.580）显著高于实际观测值（885）。这意味着，在"流动空间"环境下，城市网络的发育，或者说各种"源"与"汇"的成长，明显受到网络基础设施和地理区位的影响。

表 7-3　2019 年城市属性—网络关系的假设检验结果

	关系代码	期望值	观测值	差量	P≥Diff	P≤Diff
Passe	1—1	2395.231	871	−1524.231	1.000	0.000
	1—2	746.987	1797	1050.013	0.000	1.000
	2—2	56.781	531	474.219	0.000	1.000

	关系代码	期望值	观测值	差量	P≥Diff	P≤Diff
	1—1	1586.580	885	-701.580	1.000	0.000
East	1—2	1335.372	1461	125.628	0.135	0.867
	2—2	277.048	853	575.952	0.000	1.000

注：关系代码中的 1 指的是属性值低于截断值的城市类别，2 指的是属性值高于截断值的城市类别；1—1 指的是类别为 1 的城市间关系，1—2 指的是类别为 1 和 2 的城市间关系，2—2 指的是类别为 2 的城市间关系。

资料来源：航空客运量数据来自 2020 年《中国城市统计年鉴》；城市网络数据根据城市网络 2020 年财富中文网（https：//www.fortunechina.com/）、启信宝网站（https：//www.qixin.com/）和上市公司年度报告中采集的企业网络数据整理。

三、职能分工的统计性描述

生产分割环境下城市经济功能专业化也是本书的重要组成部分。下面利用社会网络分析方法中的点层次属性数据假设检验方法，来分析不同类型城市功能区块数量在不同属性维度城市分组中分布的差异。表 7-4 报告了 2019 年政治地位和经济规模分组中城市功能区块数量的 t 检验结果。

表 7-4　2019 年城市分组的功能区块数量 t 检验结果

	公司总部	商务服务	研究开发	传统制造	现代制造	物流仓储	批发零售
Capital							
组 1 均值	8.639	115.778	34.278	27.750	24.861	12.139	64.806
组 2 均值	0.495	5.705	1.523	7.423	3.586	0.814	4.564
组间差值	8.143	110.073	32.755	20.327	21.275	11.325	60.242
双尾检验	0.0001	0.0001	0.0001	0.0001	0.0001	0.0001	0.0001
GDP							
组 1 均值	6.214	81.089	24.643	23.429	21.143	8.482	47.143
组 2 均值	0.360	4.410	0.945	6.600	2.500	0.705	3.485
组间差值	5.854	76.679	23.698	16.829	18.643	7.777	43.658
双尾检验	0.0001	0.0001	0.0001	0.0001	0.0001	0.0001	0.0001

注：在政治地位的分组检验中，组 1 为副省级及以上城市，组 2 为一般地级城市；在经济规模的分组检验中，组 1 为经济规模大于均值的城市，组 2 为经济规模小于均值的城市。

资料来源：GDP 数据来自 2020 年《中国城市统计年鉴》；城市网络数据根据城市网络 2020 年财富中文网（https：//www.fortunechina.com/）、启信宝网站（https：//www.qixin.com/）和上市公司年度报告中采集的企业网络数据整理。

在政治地位分组的功能区块数量 t 检验中，公司总部的数量均值在组 1（副省级及以上城市）为 8.639，在组 2（一般地级城市）为 0.495，双尾检验在 1% 的水平上显著。在经济规模维度的功能分组中，公司总部的数量在规模较大城市分组中的均值（6.214）也明显高于在规模较小城市分组中的均值（0.360）。商务服务和研究开发在政治地位和经济规模分组检验中也具有相似的结果。这意味着，高等级功能区块更多地集聚在政治权力中心城市和经济规模较大的城市。

另外一个显著的特征是低等级功能区块也明显集聚在政治权力中心城市和经济规模较大的城市。传统制造功能区块在组 1 的均值为 27.750，在组 2 的均值为 7.423，二者之间存在着明显的差异（双尾检验在 1% 的水平上显著）。物流仓储和批发零售两种类型功能区块的分布也呈现出类似的特征。也就是说，低等级功能区块与高等级功能的分布是相互依赖的，呈现区位共聚的显著特征。

但是高等级功能区块和低等级功能区块分布形成的原因可能是不同的。高等级功能区块的集聚更多受到政治中心城市和大城市中高级生产要素（专业化的人才、完善的创新基础设施、多样化的产业结构等）的吸引，而低等级功能区块的集聚更多地受到市场规模的影响。与此同时，分析结果意味着，高等级的功能区块与低等级的功能区块可能具有互补性，更多的高等级功能区块在特定地点集聚，即更多的高级专业人才在该地点的集聚，将会带来更多的普通消费品的需求，从而吸引了大量的低等级功能区块的集聚。

四、城市内生结构变量

上文的分析着眼于城市属性变量的影响，下面采用 P1 模型分析对偶行动者的链接如何与行动者重要关系属性及其网络总体特征产生联系。在有向图中任何对偶行动者有三种可能的关系：没有链接、非对称链接和互惠性链接。P1 模型一个明确和特别重要的特征是网络关系是彼此依赖的（即存在网络自组织），因此一条关系的出现可能会影响其他关系的出现。表 7-5 报告了 20 个代表性城市的分析结果。

总体来看，2010 年的 Theta 和 Rho 统计量分别为 -3.9069 和 1.3327，2019 年的 Theta 和 Rho 统计量分别为 -3.5530 和 1.3418，这表明城市受到网络中的位置以及网络中其他行动者行为的约束。从单个城市的角度来看（见表 7-5），Alpha 测度的是城市链接关系的发散性（Expansiveness），即行动者的"出度"对其拥有互惠性或者非对称关系概率的影响；Beta 测度的是城市链接关系的聚敛性（Attractiveness），即行动者的"入度"对其拥有互惠性或者非对称关系概率的影响。例如，2010 年北京的 Alpha 和 Beta 统计值分别为 6.50 和 2.95，2019 年的 Alpha 和 Beta 统计值仍然保持在 8.07 和 3.34，这表明北京相对于 P1 的预测结果具有明显更高的非对称性链接关系。邯郸的 Alpha 和 Beta 统计值在所有年份均为负值，表明邯郸相对于 P1 的预测结果具有明显更低的非对称性链接关系。总的来看，中国城市网络并非随机网络，自组织效应在网络发育过程中发挥着重要的作用。

表 7-5　城市网络发散性和聚敛性统计值

城市	2010 年		2015 年		2019 年	
	Alpha	Beta	Alpha	Beta	Alpha	Beta
北京	6.50	2.95	7.24	2.29	8.07	3.34
天津	0.39	2.03	0.88	0.94	0.65	2.71
石家庄	−0.02	0.29	−0.05	0.19	0.03	0.88
唐山	0.19	0.57	0.84	0.02	1.27	−0.04
秦皇岛		0.03		−1.62		0.03
邯郸	−0.95	−1.78	−0.55	−1.51	−0.39	−0.89
邢台	−1.63	−2.88	−1.45	0.20	−1.55	−0.76
保定	−1.01	−0.97	−1.12	0.02	0.36	−0.34
承德		0.03		0.02		0.03
沧州		0.03		−1.91		0.03
廊坊	−0.53	−1.03	1.08	−0.05	1.46	−1.71
太原	0.94	−0.23	0.73	−0.36	0.73	0.07
大同	−1.77	−0.91	−2.41	−0.81	−2.39	−0.37
长治	−1.83	−0.34	−2.35	0.02	−2.30	−1.17
临汾		0.03		−1.84		0.03
呼和浩特	0.52	−1.19	0.70	−0.01	0.68	−0.70
包头		0.03	−2.45	0.02	−2.46	0.16
赤峰		0.03		2.28		0.03
沈阳	0.38	2.16	0.25	0.01	0.16	2.00
大连	1.66	0.58	1.64	−1.75	2.05	−0.22

　　资料来源：城市网络数据根据城市网络 2020 年财富中文网（https：//www.fortunechina.com/）、启信宝网站（https：//www.qixin.com/）和上市公司年度报告中采集的企业网络数据整理。

第八章　城市网络结构的影响因素

第一节　城市网络权力的影响因素

一、估计方法

在基于企业网络构建的城市网络中，城市网络的中心性主要取决于城市对企业运营单元的吸引力，即出度中心性主要取决于公司总部的规模，入度中心性主要取决于对于分支机构的吸引力。也就是说，城市网络的权力和地位只不过是企业总部和分支区位选择行为在宏观方面的表现形式。按照这个思路，Amiti 等（2005）构建的新经济地理学模型为本书计量分析提供了理论基础。考虑一个由 S 个城市（j=1, 2, …, S）组成的区域，当企业 i 决定在城市 l 开展经营时，它的利润函数为：

$$\pi_l^i = p_l x_1 - w_l^\alpha \, (P_i)^\gamma (c_i x_i) - F \tag{8-1}$$

式（8-1）中，p_l 是企业 i 产品在城市 l 的价格；x_i 为企业 i 的产量；w_l 为城市 l 中企业运营的影响因素；P_i 为中间投入品价格指数；c_i 为可变成本；F 为固定成本；α 和 γ 为参数，满足 $0<\alpha<1$ 和 $0<\gamma<1$。

根据 Amiti 等（2005）的研究，P_i 的公式为：

$$P_i = \Big[\sum_{j=1}^{s} n_j^i \, (t_{jl} p_j)^{1-\delta\mu} \Big]^{\frac{1}{1-\delta\mu}} \tag{8-2}$$

式（8-2）中，n 为厂商 i 面临的中间投入品供应商的数量；$t_{jl}>1$ 表示把所需要的中间投入品从城市 j 运送到城市 l 的运输成本；p_j 为城市 l 的中间产品 j 的市场价格；δ 为产品的边际替代弹性；μ 为厂商的一个上游产业。

在均衡时，厂商的利润为：

$$\ln\pi_l^i = \alpha(1-\delta)\ln w_l + \gamma(1-\delta)\ln P_i + (1-\delta)\ln(c_i) - \delta\ln\left(\frac{\delta}{1-\delta}\right) +$$

$$\ln\left[\sum_{j=1}^{s}(t_{jl})^{1-\delta}E_j(P_j)^{\delta-1}\frac{2\delta-1}{1-\delta}\right] + v_t \qquad (8-3)$$

式（8-3）中，E_j 为城市 j 的市场规模。通过上式可以看出，企业的利润主要取决于所在城市的关键资源（比如人力资本、地理区位、产业集群等）、市场潜力、贸易成本等因素。在市场经济环境下，企业总是选择在带来最大利润的城市开展经营活动，影响企业利润的因素从根本上影响着城市网络中心性。因此本书主要以式（8-3）作为依据，选择解释变量对城市网络中心性进行检验。本书假设城市的市场潜力、关键资源、区位条件、历史基础等属性因素影响着城市网络出度、中介度和入度的空间分异。

计量方程设定如下：

$$Centrality_{it} = a_0 + a_1 Capital_i + a_2\ln(GDP_{it}) + a_3\ln(Patent_{it}) +$$

$$a_4 East_i + a_5 Cent\_lag_i + bx_{it} + \varepsilon_{it} \qquad (8-4)$$

式（8-4）中，i 和 t 分别为城市和时间断面；Centrality 为网络权力；Capital、GDP、Patent、East、Cent_lag 分别为城市的政治权力、市场规模、专利申请量、地理区位和网络权力的时间滞后项，x 为其他控制变量，ε 为随机误差。

由于本书中的观测对象并不相互独立（事实上，这些城市节点同时处于一个网络当中，它们之间存在密切的资本流动和经济联系），这使传统的计量回归模型不再有效。因此，采用随机置换法（Random Permutation Method）来确定解释变量拟合系数和回归方程确定系数（R^2）的抽样分布和显著性。由于这是以置换为基础的假设检验，因此不需要常规的样本独立性假设和随机假设，其检验结果也比较适用于网络数据。

二、城市度数的影响因素

（一）基准回归结果

表 8-1 报告了城市网络中心性影响因素的回归结果。由于经济规模（GDP）、人口规模（Popu）专利数量（Patent）和航空客运量（Passe）具有较强的相关性，这些变量被分别放入了不同的回归方程。总体来看，回归方程取得了较好的拟合效果，解释变量俘获了城市度数绝大部分的变差。

表 8-1　中国城市度数影响因素的混合 OLS 分析结果

变量	方程（1）	方程（2）	方程（3）	方程（4）
ln(Deg_ 05)		0. 655 *** (0. 0226)	0. 862 *** (0. 0230)	0. 666 *** (0. 0188)
Capital	0. 869 *** (0. 0878)	0. 240 *** (0. 0549)	0. 178 ** (0. 0704)	0. 256 *** (0. 0407)
ln(GDP)	0. 866 *** (0. 0242)	0. 373 *** (0. 0290)		
ln(Popu)			0. 0739 *** (0. 0275)	
ln(Patent)				0. 210 *** (0. 00946)
East	0. 247 *** (0. 0496)	0. 0679 ** (0. 0279)	0. 129 *** (0. 0338)	0. 0218 (0. 0327)
ln(Passe)	0. 0679 *** (0. 0112)			
Resource	0. 00100 (0. 0468)	−0. 0370 (0. 0336)	−0. 0833 ** (0. 0423)	−0. 0267 (0. 0367)
Constant	−2. 962 *** (0. 152)	−0. 780 *** (0. 165)	0. 831 *** (0. 140)	0. 176 *** (0. 0609)
Observations	1143	860	858	894
R^2	0. 777	0. 882	0. 865	0. 900

注：括号中的数值为估计系数所对应的稳健标准误，** 和 *** 分别代表系数在 5% 和 1% 的水平上显著。

资料来源：笔者基于混合 OLS 模型利用《中国城市统计年鉴》、佰腾网（http：//www. baiten. cn）等相关数据计算得出。

　　第一，政治地位、市场潜力和知识厚度是城市度数的重要影响因素。政治地位的拟合系数在所有方程中均为正值且显著，意味着城市政治地位对于城市度数的提升具有正向促进作用。中国政治等级制度的一个显著特征是，下级政府完全从属于上级政府，地方政府的决策权、城市的基础设施质量在很大程度上依赖于城市的等级制度。城市的政治地位越高，城市集聚的各种信息、人才、资源数量越多，对公司总部、研发机构甚至批发零售等产业价值链功能区块的吸引能力越强，导致在网络中的度数越高。经济规模的拟合系数在方程

（1）和方程（2）中均为正值，且在1%的水平上通过了显著性检验，表明地区经济规模所刻画的市场潜力是城市度数分化的驱动机制。方程（3）用人口规模代替了经济模型，人口规模的拟合系数也为正值，且在1%的水平上显著，印证了市场潜力对于城市度数提升的促进作用。在方程（4）中，用知识厚度代替了经济规模和人口规模，知识厚度的拟合系数也显著为正值，表明城市知识厚度的差异推动城市网络权力的分化。总体来看，经济规模较大的城市也是创新能力较强的城市，这些因素与政治地位一起构成了城市度数分化的基础。

第二，网络区位而不是地理区位影响着城市网络中心性的演化格局。在方程（1）至方程（3）中，东部地区变量的拟合系数为正值且在1%的水平上显著；在方程（4）中，当加入知识厚度变量时，东部地区变量不再显著。这说明地理区位主要是通过提升城市的创新能力来影响城市的网络地位，东部地区的城市拥有更高的知识厚度，从而在城市网络中拥有了更高的网络地位。在方程（1）中，航空客运量的拟合系数均为正值且通过显著性检验，这表明城市网络中心性随着网络可达性的提升而趋于增强。航空网络中的可达性深刻影响着"流动空间"中各种资源的流向和流量，那些拥有更高航空可达性的城市吸引了更多的网络资源，从而提升了自身的网络地位。

第三，历史上形成的城市中心性格局深刻影响着城市网络权力的层级分化。在所有方程中，2005年城市度数 ln(Deg_05) 的拟合值均为正值且通过显著性检验。计量结果呼应了前面的分析结果，即城市网络权力的演化存在路径依赖的显著特征。在城市网络的发育过程中，规模经济、学习效应以及适应性预期等因素发挥着积极作用，导致城市中心性沿着既定的方向不断得以自我强化。分析结果提供了偏好依附作为城市度中心性生长发育动力机制的经验证据。

（二）稳健性检验

下面通过面板模型开展稳健性检验。面板模型可以控制城市的个体效应，还可以减轻多重共线性的影响。面板分析具有固定效应模型和随机效应模型两种类型，Hausman 检验发现固定效应模型是最有效率的。固定效应面板模型无法分析那些不随着时间变化的因素，因此将政治地位、东部地区等变量剔除。同时添加了城市土地租金 ln(Rent)、外商直接投资 ln(FDI) 两个变量，以进一步考察这些因素的潜在影响。

表8-2报告了中国城市度数影响因素的面板模型分析结果，除了方程（3）的拟合优度较小以外，其他方程均取得了较好的拟合效果。从表8-2中可以看

出，经济规模、知识厚度和航空客运量三个变量的提高能够显著提升城市的度数，这与混合 OLS 回归模型的结论相同。这说明，当考虑到城市度数随着时间变化这一维度特征的时候，经济规模、知识厚度和航空客运量仍然具有稳健性影响。城市人口规模变量没有通过显著性检验，这意味着城市度数在时间维度上的特征时，或者说考虑度数的增长时，城市人口规模不再是显著的影响因素。也就是说，城市规模更多是通过经济规模而不是人口规模对城市度数产生影响。方程（2）和方程（4）中，城市土地租金变量的拟合系数显著为正，表明城市的经济效率也是促进城市度数提高的重要因素。

表 8-2　中国城市度数影响因素的面板模型分析结果

变量	方程（1）	方程（2）	方程（3）	方程（4）
ln(GDP)	1.085 *** (0.0332)	0.672 *** (0.0734)		
ln(Popu)			0.101 (0.231)	−0.0332 (0.0361)
ln(Patent)		0.108 *** (0.0202)		0.231 *** (0.0147)
ln(Rent)		0.0766 *** (0.0221)		0.206 *** (0.0226)
ln(Passe)	0.0486 *** (0.0125)	0.0377 *** (0.0116)	0.298 *** (0.0201)	0.0592 *** (0.0125)
ln(FDI)	−0.0126 * (0.00686)	−0.00992 (0.00650)	0.0590 *** (0.0128)	0.00513 (0.00641)
Constant	−4.046 *** (0.191)	−2.562 *** (0.293)	1.306 (1.332)	0.190 (0.244)
Observations	1139	1133	1138	1135
R^2	0.801	0.823	0.308	0.783
Number of id	291	290	285	285

注：括号中的数值为估计系数所对应的稳健标准误，* 和 *** 分别代表系数在 10% 和 1% 的水平上显著。

资料来源：笔者基于面板模型利用《中国城市统计年鉴》、佰腾网（http：//www.baiten.cn）、《中国国土资源统计年鉴》等相关数据计算得出。

（三）空间异质性分析

由于中国不同地区的区域发展环境复杂多样，不同影响因素的作用可能具有空间异质性。基于固定效应面板模型，将城市样本分为东部地区城市和中西部地区城市，进一步开展空间异质性检验。表 8-3 报告了中国城市度数影响因素的空间异质性分析结果。

表 8-3 中国城市度数影响因素的空间异质性分析结果

变量	方程（1）东部城市	方程（2）中西部城市	方程（3）东部城市	方程（4）中西部城市
ln（GDP）	0.486 *** (0.102)	0.704 *** (0.0880)		
ln（Popu）			0.194 (0.151)	−0.0538 (0.0355)
ln（Patent）	0.211 *** (0.0294)	0.0911 *** (0.0226)	0.311 *** (0.0186)	0.215 *** (0.0165)
ln（Passe）	0.0170 (0.0129)	0.0499 *** (0.0162)	0.0268 ** (0.0132)	0.0751 *** (0.0174)
ln（Rent）	0.0970 *** (0.0262)	0.0217 (0.0328)	0.163 *** (0.0268)	0.173 *** (0.0309)
ln（FDI）	−0.0151 (0.0109)	−0.00499 (0.00741)	0.00153 (0.00994)	0.00973 (0.00743)
Constant	−1.911 *** (0.426)	−2.481 *** (0.338)	−1.066 (0.875)	0.353 (0.268)
Observations	399	734	403	732
R^2	0.899	0.796	0.887	0.741
Number of id	100	190	101	184

注：括号中的数值为估计系数所对应的稳健标准误，** 和 *** 分别代表系数在 5% 和 1% 的水平上显著。

资料来源：笔者基于面板模型利用《中国城市统计年鉴》、佰腾网（http：//www.baiten.cn）、《中国国土资源统计年鉴》等相关数据计算得出。

从方程（1）和方程（2）的对比中可以看出：经济规模在中西部地区城市的回归方程中具有更高的拟合系数，表明中西部地区城市度数对经济规模具有更大的敏感性；知识厚度在东部地区城市样本的回归方程中具有更高的拟合系数，表明中西部地区城市的专利存量普遍较低，导致专利的边际影响较小；航空客运量在东部地区城市的回归方程中没有通过显著性检验，而在中西部地区城市的回归方程中显著且为正值，表明中西部地区航空枢纽城市的度数明显高于其他城市；城市土地租金对东部地区城市度数的提升具有显著影响，而对中西部地区城市度数没有显著性影响；外商直接投资没有通过显著性检验，表明外商直接投资在东部地区内部或中西部地区内部不存在显著的差异。

方程（3）和方程（4）中用人口规模替代了经济规模开展了稳健性检验。人口规模变量没有通过显著性检验，分析结果呼应了上面的结论，即市场潜力更多是通过经济规模而不是人口规模对城市度数产生影响。方程（3）和方程（4）中知识存量的空间异质性检验结果与之前一致，即知识存量的空间分异更大程度上影响了东部地区城市度数的分化。航空客运量对于中西部地区城市度数的分化具有更大的影响，表明在中西部地区企业价值链不同环节更多集中在航空设施较先进的城市，导致这些城市具有了更高的网络地位。城市土地租金在方程（3）和方程（4）中均通过显著性检验，且在方程（4）中的拟合系数更高，这可能是由于城市土地租金部分地俘获了剔除的经济规模的效应。外商直接投资依然没有通过显著性检验，表明外商直接投资对城市度数不具有稳健性影响。

三、城市中介度和核心度的影响因素

表 8-4 中方程（1）至方程（3）报告了中国城市中介度影响因素的混合 OLS 回归结果，方程（4）至方程（6）报告了核心度影响因素的混合 OLS 回归结果。同样考虑到经济规模、知识存量和航空客运量潜在的共线性问题，这两个变量被分别放入不同的方程。总体来看，城市属性变量对中介度和核心度的解释力度弱于对度数的解释力度。

表 8-4　中国城市中介度和核心度影响因素的回归结果

变量	中介度			核心度		
	方程（1）	方程（2）	方程（3）	方程（4）	方程（5）	方程（6）
ln（Bete_05）		0.746 *** (0.0456)	0.783 *** (0.0518)			
ln（Core_05）					0.488 *** (0.0598)	0.493 *** (0.0526)
ln（GDP）	0.626 *** (0.0566)	0.373 *** (0.0563)		0.0553 *** (0.0166)	0.0430 ** (0.0181)	

续表

变量	中介度			核心度		
	方程（1）	方程（2）	方程（3）	方程（4）	方程（5）	方程（6）
ln(Patent)			0.139 *** (0.0185)			0.0178 ** (0.00745)
Capital	2.949 *** (0.220)	0.894 *** (0.245)	0.924 *** (0.323)	0.522 *** (0.0507)	0.349 *** (0.0467)	0.348 *** (0.0457)
Eas	0.112 (0.104)	−0.0510 (0.0959)	−0.0106 (0.0881)	0.0735 *** (0.0243)	0.0222 (0.0204)	0.00821 (0.0263)
ln(Passe)	0.0741 *** (0.0226)			0.0338 *** (0.0077)		
Nres	−0.0205 (0.0702)	0.0413 (0.0843)	0.0161 (0.0746)	0.0806 *** (0.0247)	0.0717 ** (0.0307)	0.0476 * (0.0275)
Constant	−3.640 *** (0.317)	−2.070 *** (0.342)	−0.617 *** (0.111)	0.364 *** (0.106)	0.117 (0.137)	0.292 *** (0.0697)
Observations	1143	860	894	1143	860	894
R^2	0.575	0.732	0.729	0.301	0.419	0.403

注：括号中的数值为估计系数所对应的稳健标准误，*、** 和 *** 分别代表系数在 10%、5% 和 1% 的水平上显著。

资料来源：笔者基于混合 OLS 模型利用《中国城市统计年鉴》、佰腾网（http：//www.baiten.cn）等相关数据计算得出。

在中介度的回归方程中，2005 年的中介度变量 ln(Bete_05) 具有显著的正向影响，表明中介度的演化也具有路径依赖的显著特征，即历史上形成的中介度对城市未来中介度分化的重要基础。经济规模的拟合系数显著为正值，表明经济规模越大的城市具有越高的中介度，经济规模的差异也是城市中介度分化的物质基础。知识存量的拟合系数也为正值且在 1% 的水平上通过了显著性检验，意味着创新能力越高的城市拥有越高的中介度。政治地位的拟合系数也显著且为正值，表明政治地位越高的城市，它们的中介度越高，也就是说政治地位的差异也深刻影响着中介度的分化。东部地区变量没有通过显著性检验，表明在控制经济规模、知识厚度、政治地位等城市关键资源的情况下，城市中介度在东部地区和中西部地区城市之间不存在显著差异。航空客运量对城市中介度的提升具有显著促进作用，一个城市的航空基础设施越发达，能够发挥的城市网络桥接作用越大。非资源型城市变量也没有通过显著性检验，表明在控制城市关键资源的情况下，资源型城市和非资源型城市之间的中介度不存在显著差异。

在核心度的回归方程中，2005年的核心度变量 ln（Core_05）的拟合系数显著且为正值，印证了核心度演化的路径依赖特征。经济规模对于核心度的提升具有显著促进作用，即经济规模越大的城市，在核心度等级体系中的地位越高。知识存量的拟合系数为正值且在5%的水平上显著，表明城市创新能力的分化也是核心度分化的驱动因素。城市政治地位的拟合系数也显著为正值，表明城市在政治体系中地位深刻影响着城市在核心度体系中的地位。城市航空客运量也是核心度的重要影响因素，航空客运量的提升促进了核心度的提升。东部地区变量的拟合系数在方程（4）中显著为正值，但是在方程（5）和方程（6）中没有通过显著性检验，表明地理区位不具有稳健性影响。非资源型城市虚拟变量的拟合系数显著且为正值，表明非资源型城市的核心度总体上高于资源型城市。

第二节　城市链接关系的影响因素

一、估计方法

考虑到城市网络中各个观测样本相互影响，违反了经典的计量方程中观测样本相互独立的假设，本书采用二次指派程序（Quadratic Assignment Procedure，QAP）回归分析对城市链接关系的影响因素进行识别。

QAP回归中城市属性向量数据均转换为城市属性关系矩阵。政治资源虚拟变量按照最小值方法直接转换为二值关系矩阵：如果城市 i 和城市 j 都位于相同类型，则虚拟变量矩阵的 i 行 j 列的值编码为 1，否则编码为 0。为了与属性变量相区别，政治资源转换的二值关系矩阵以 m. Capital 来表示。东部地区属性变量按照相同的方法转换为属性惯性矩阵，标记为 m. East。经济规模、知识资本厚度和航空客运量首先以平均值为截断值进行二值化处理（高于平均值的数值重新编码为 1，低于平均值的编码为 0），然后转换为属性关系邻接矩阵，转换后的属性矩阵分别标记为 m. GDP、m. Patent 和 m. Passe。城市间地理距离进行了最大值标准化处理，距离矩阵的最小值标准化为 1，最大值为 9。

在 QAP 回归分析中，被解释变量为多值有向关系矩阵。QAP 回归方程可以解释为线性模型，具体表达式为：

$$m.y = \beta + \sum_r \beta_r(m.x_r) + \sum_s \beta_s(\text{Distance}) + \varepsilon \qquad (8\text{-}5)$$

式（8-5）中，m.y 为位于发送关系和接收关系位置城市形成的网络关系矩阵，m.x_r 为城市在 r 维度的属性特征形成的属性关系矩阵；Distance 为城市之间欧氏距离所构成的网络关系协变量矩阵；β、β_r、β_s 为有待估计的参数；ε 为误差项。

二、分析结果

2005 年和 2019 年城市网络的 QAP 回归分析结果分别如表 8-5 和表 8-6 所示。在表 8-5 和表 8-6 中，括号中左边的数值为 "Proportion as Large" 统计值，即在随机重置检验中产生的判定系数绝对值大于实际观测值的概率；右边的数值为 "Proportion as Small" 统计值，即在随机重置检验中产生的判定系数绝对值小于实际观测值的概率。从分析结果可以看出，经济规模、政治资源、知识资本、东部地区虚拟变量和网络关系滞后项均为正值且通过显著性检验，加入时间滞后项后回归方程的拟合优度 R^2 超过了 90%。因此总体来看，回归方程取得了较好的拟合效果。

表 8-5　2005 年 QAP 矩阵回归结果

变量	方程（1）	方程（2）	方程（3）	方程（4）
Constant	0.037 *** （0.000）	0.004 *** （0.000）	0.005 *** （0.000）	0.004 *** （0.000）
m. GDP	0.222 *** （0.001，1.000）	0.018 *** （0.004，0.997）		0.017 *** （0.004，0.997）
m. Capital	1.279 *** （0.001，1.000）	0.033 *** （0.007，0.994）	0.018 ** （0.027，0.974）	0.026 ** （0.012，0.989）
m. Patent			0.044 *** （0.001，1.000）	
m. Passe				0.011 * （0.050，0.951）

续表

变量	方程（1）	方程（2）	方程（3）	方程（4）
Distance	−0.004** (0.971, 0.030)	−0.001** (0.953, 0.048)	−0.001** (0.972, 0.029)	−0.001** (0.963, 0.038)
m. East	0.084** (0.020, 0.981)	0.006* (0.074, 0.927)	0.006* (0.059, 0.942)	0.006* (0.059, 0.942)
Link_01		1.316*** (0.001, 1.000)	1.316*** (0.001, 1.000)	1.316*** (0.001, 1.000)
R^2	0.031*** (0.001)	0.967*** (0.001)	0.967*** (0.001)	0.967*** (0.001)

注：*、**和***分别代表系数在10%、5%和1%的水平上显著。

资料来源：笔者基于QAP模型利用《中国城市统计年鉴》、佰腾网（http://www.baiten.cn）等相关数据计算得出。

表8-6　2019年QAP矩阵回归结果

变量	方程（1）	方程（2）	方程（3）	方程（4）
Constant	0.124*** (0.000)	0.039*** (0.000)	0.041*** (0.000)	0.039*** (0.000)
m. GDP	0.703*** (0.002, 0.999)	0.178*** (0.001, 1.000)		0.168*** (0.004, 0.997)
m. Capital	3.934*** (0.001, 1.000)	0.368*** (0.003, 0.998)	0.302*** (0.003, 0.998)	0.283*** (0.004, 0.997)
m. Patent			0.340*** (0.001, 1.000)	
m. Passe				0.101* (0.069, 0.932)
Distance	−0.011* (0.915, 0.086)	−0.002 (0.769, 0.232)	−0.002 (0.798, 0.203)	−0.002 (0.778, 0.223)
m. East	0.313* (0.016, 0.985)	0.075** (0.031, 0.970)	0.060* (0.079, 0.922)	0.075** (0.037, 0.964)
Link_01		3.732*** (0.001, 1.000)	3.730*** (0.001, 1.000)	3.732*** (0.001, 1.000)

续表

变量	方程（1）	方程（2）	方程（3）	方程（4）
R^2	0.031 *** (0.001)	0.814 *** (0.001)	0.814 *** (0.001)	0.814 *** (0.001)

注：* 、** 和 *** 分别代表系数在10%、5%和1%的水平上显著。

资料来源：笔者基于 QAP 模型利用《中国城市统计年鉴》、佰腾网（http：//www. baiten. cn）等相关数据计算得出。

第一，经济规模、政治资源和知识资本是城市网络关系形成的重要影响因素。从表8-5可以看出，m. GDP 的拟合系数在方程（1）中为0.222，在随机重排实验中拟合系数大于实际观测值的概率（Proportion as Large）为0.001，而小于实际观测值的概率（Proportion as Small）为1.000；m. GDP 的拟合系数在方程（2）和方程（4）中也显著为正值。这意味着，如果两个城市的经济规模较高，则两个城市之间产生的网络联系越多。政治变量关系矩阵 m. Capital 的拟合系数在方程（1）至方程（4）中均为正值且显著，意味着如果两个城市均为副省级以上城市，则这两个城市之间产生的关系数量明显高于其他类型城市之间的关系数量。专利关系矩阵和航空客运量关系矩阵的拟合系数显著且为正值，表明城市之间创新能力和航空基础设施有效地促进了网络联系的发育。东部地区关系矩阵的拟合系数也为正值，表明东部地区城市间的网络联系明显高于中西部地区城市内部的网络联系。表8-6报告的回归结果与表8-5类似。经济规模关系矩阵在所有的方程中均为正值，且在1%的水平上显著。政治地位、知识存量、航空客运量也正向促进了城市之间网络关系的生长发育，东部地区城市之间的网络联系仍然明显高于中西部地区城市之间的网络联系。

第二，空间距离对城市间网络联系产生的影响大幅度降低。在2005年的回归方程中，距离矩阵的拟合系数为负值且显著，意味着两个城市之间的距离增加将降低这两个城市之间的关系数量。随着交通、通信基础设施的快速发展，城市之间的交易成本大幅度下降，距离对于各种"流动"的约束作用大幅度减小。距离矩阵的拟合系数在方程（2）至方程（4）中均没有通过显著性检验。这意味着，在2019年的城市网络发育过程中，距离不再是显著的制约因素。这进一步凸显了城市所拥有的关键资源对于网络关系发育的主导作用，因此近年来中国城市网络发育呈现出等级扩散、择优选择的演化特征，表现出在"流动空间"中生长发育的规律。

第三，路径依赖效应深刻地影响着凝聚子群的形成和发育。无论是在2005 年，还是在2019 年，2001 年网络关系变量（Link_01）的拟合系数都显著且为正值。特别是，当不加入网络时间滞后项时方程的拟合优度较低，如在表8-5的方程（1）中拟合优度仅为0.031，但是当加入时间滞后项时方程的拟合优度大幅度提升。这意味着，城市网络链接关系的生长发育，不仅受到同期相关变量的影响，而且还取决于历史上形成的链接关系格局。统计性特征也清晰地表明，那些在历史上存在较多链接关系的城市之间倾向于产生更多的链接关系，而那些历史上不存在或者仅存在较少链接关系的城市之间倾向于继续维持着较少的链接关系。2005 年城市间链接关系强度的最大值为北京→上海的113，2005~2015 年链接关系强度增长的最大值也出现在北京→上海，增长了142 条链接关系；北京→深圳的关系强度由2005 年的58 增长到2019 年的221，北京→天津的关系强度由2005 年的41 增长到2015 年的144。当然，2005 年链接强度的位序关系与2005~2015 年链接强度增长值的位序关系并不是严格对应的。例如，北京→武汉联系强度由2005 年的43 增长到了2019 年的90，仅增长了47 条链接关系，而北京→宁波联系强度由2005 年的15 增长到了2019 年的140，增长了125 条链接关系。这也说明了城市竞争力和城市间网络联系的动态性，以及城市网络关系演化动力机制的复杂性。总体来看，在城市网络的发育过程中，偏好依附是重要的驱动机制，规模经济、学习效应、协调效应以及适应性预期等因素发挥着积极作用，导致网络关系沿着既定的方向不断得以自我强化，使那些历史上具有较多链接关系的行动者倾向于产生更多的链接关系。

第三节　城市网络腹地的影响因素

一、基准模型分析

与城市链接关系影响因素的识别方法一样，城市网络腹地影响因素的识别方法也采用QAP 回归分析。这里的被解释变量为二值化的网络腹地矩阵，矩阵中1 代表行所在城市把列所在城市纳入到了网络腹地范围，0 代表行所在城市与列所在城市不存在腹地关系。解释变量依然是城市链接关系影响因素分析中选取的城市属性关系矩阵和网络关系协变量矩阵，城市属性关系矩阵是以平均值为截断值转换来的二值关系矩阵，网络关系协变量矩阵指的是城市之间的欧氏距离。表 8-7 和表 8-8 分别报告了 2005 年和 2019 年城市网络腹地影响因素的 QAP 分析结果。在 2019 年的回归方程中，2005 年的腹地关系 Hiland_05 被当作控制变量，用以检验路径依赖效应的影响。主要分析结果如下：

表 8-7　2005 年 QAP 分析结果

变量	绝对关联度方法			相对关联度方法		
	方程（1）	方程（2）	方程（3）	方程（4）	方程（5）	方程（6）
Constant	0.004 *** (0.000)	0.004 *** (0.000)	0.003 *** (0.000)	0.007 *** (0.000)	0.007 *** (0.000)	0.005 *** (0.000)
m. GDP	0.019 *** (0.000)	0.017 *** (0.000)	0.012 *** (0.000)	0.024 *** (0.000)	0.021 *** (0.000)	0.016 *** (0.000)
Distance	−0.001 *** (0.000)	−0.001 *** (0.000)	−0.001 *** (0.001)	−0.002 *** (0.000)	−0.002 *** (0.000)	−0.002 *** (0.000)
m. Passe	0.016 *** (0.000)	0.014 *** (0.000)	0.014 *** (0.000)	0.011 *** (0.000)	0.009 *** (0.000)	0.009 *** (0.000)
m. Capital		0.031 *** (0.000)	0.033 *** (0.000)		0.027 *** (0.000)	0.029 *** (0.000)
m. Nres			0.001 (0.548)			0.002 (0.196)
m. East			0.009 *** (0.000)			0.009 *** (0.000)
Adjusted R^2	0.108 *** (0.000)	0.110 *** (0.000)	0.112 *** (0.000)	0.052 *** (0.000)	0.053 *** (0.000)	0.055 *** (0.000)

注：标准化系数所对应括号中的数值为随机重排实验给出的显著性水平；*** 代表系数在 1% 的水平上显著。

资料来源：笔者基于 QAP 模型利用《中国城市统计年鉴》等相关数据计算得出。

表 8-8　2019 年 QAP 分析结果

变量	绝对关联度方法			相对关联度方法		
	方程（1）	方程（2）	方程（3）	方程（4）	方程（5）	方程（6）
Constant	0.014 *** (0.000)	0.014 *** (0.000)	0.008 *** (0.000)	0.017 *** (0.000)	0.014 *** (0.000)	0.014 *** (0.000)
m. GDP	0.056 *** (0.000)	0.047 *** (0.000)	0.040 *** (0.000)	0.044 *** (0.000)	0.047 *** (0.000)	0.032 *** (0.000)
Distance	−0.003 *** (0.000)	−0.003 *** (0.000)	−0.002 *** (0.000)	−0.003 *** (0.000)	−0.003 *** (0.000)	−0.003 *** (0.000)
m. Passe	0.012 *** (0.000)	0.010 *** (0.000)	0.009 *** (0.000)	0.007 *** (0.000)	0.010 *** (0.000)	0.005 *** (0.000)
m. Capital		0.053 *** (0.000)	0.054 *** (0.000)		0.052 *** (0.000)	0.038 *** (0.000)
m. Nres			0.004 ** (0.043)			0.005 *** (0.006)
m. East			0.017 *** (0.000)			0.010 *** (0.000)
Hiland_05	0.872 *** (0.000)	0.870 *** (0.000)	0.865 *** (0.000)	0.787 *** (0.000)	0.870 *** (0.000)	0.783 *** (0.000)
Adjusted R^2	0.355 *** (0.000)	0.357 *** (0.000)	0.360 *** (0.000)	0.270 *** (0.000)	0.271 *** (0.000)	0.272 *** (0.000)

注：标准化系数所对应括号中的数值为随机重排实验给出的显著性水平；** 、*** 分别代表系数在 5%、1%的水平上显著。

资料来源：笔者基于 QAP 模型利用《中国城市统计年鉴》等相关数据计算得出。

第一，经济规模、政治地位和地理距离对城市网络腹地格局具有稳健影响。经济规模变量的拟合系数在表 8-7 和表 8-8 的所有方程中均为正值且通过显著性检验。例如，表 8-7 方程（1）中 m. GDP 的拟合系数为 0.019，该系数在 1%的水平上显著高于随机重排实验中的拟合系数（随机重排实验中拟合系数大于实际观测值的概率仅为 0.000，而小于实际观测值的概率高达1.000）；方程（4）中 m. GDP 的拟合系数为 0.024，在 1%的水平上显著。这表明经济规模的提高能够明显提升（无论是在绝对关联度方法还是在相对关联度方法下）城市网络腹地发生的概率。政治地位变量在表 8-7 和表 8-8 的所有方程中拟合系数显著为正值，表明政治地位对城市网络腹地格局具有促进作用。城市间地理距离变量 Distance 的拟合系数均为负值，且在 1% 的水平上显著小于随机重排实验中的拟合系数。分析结果验证了引力模型的基本结论，即无论在绝对关联度方法下还是在相对关联度方法下，腹地关系更多发生在经济规模较大的城市之间、政治地位较高的城市之间以及地理距离相对较近的城市之间。这意味着，择优选择和"距离专制"（Tyranny of Distance）是城市网络腹地格局的生长发育的动力机制。

第二，历史基础也是塑造城市间网络腹地关系的重要因素。网络腹地关系基础的拟合系数在表 8-8 中的所有回归方程中都显著为正值，且在 1% 的水平上显著，这意味着路径依赖效应在城市网络腹地关系的发育过程中也发挥着重要作用。特别地，表 8-8 中回归方程的拟合优度相对于表 8-7 都大幅度提升，意味着网络滞后项对城市网络腹地关系具有较强的解释能力。非资源型城市关系矩阵在 2005 年的回归方程中没有通过显著性检验，表明在控制政治地位等其他变量的情况下，2005 年的资源型城市和非资源型城市间网络腹地关系发生的概率不存在显著区别。但是非资源型城市关系矩阵在 2019 年的回归方程中均显著且为正值，表明在 2019 年资源型城市和非资源型城市的网络关系出现了显著的差异，非资源型城市之间发生腹地关系的概率明显高于资源型城市。分析结果揭示了城市网络腹地关系的路径依赖特征，以及在产业基础维度的邻近性特征。

第三，地理区位和航空可达性也塑造着城市间网络腹地格局。东部地区虚拟变量的拟合系数在表 8-7 和表 8-8 的所有方程中均为正值且显著，表明无论是从绝对关联度方法还是从相对关联度方法来看，东部地区城市之间产生腹地关系的概率明显高于其他区位的城市。航空可达性矩阵的拟合系数具有相似的特征，在表 8-7 和表 8-8 的所有方程中均显著且为正值，表明航空设施较为完善的城市之间具有较高的腹地关系发生的概率。分析结果表明，无论是传统的地理区位还是现代的航空可达性，对于网络腹地关系发育都产生积极的影响，那些具有良好的区位条件和航空可达性的城市，更容易嵌入到网络腹地关系当中。

需要指出的是，表 8-7 和表 8-8 中方程的拟合程度相对较低。主要原因在于：①无法获取城市偏在性自然资源、独特竞争优势等属性数据。城市偏在性自然资源和独特竞争优势是影响企业网络发育的重要因素，例如，总部在北京的华能国际电力股份有限公司在吕梁、威海、葫芦岛、南通等风力资源丰富的城市建立分支；总部在济宁的兖州煤业股份有限公司在榆林、晋中、鄂尔多斯等煤炭资源丰富的城市以及日照等港口城市建立分支；总部在深圳的中国国际海运集装箱（集团）股份有限公司在大连、上海、青岛等港口城市或者江门、芜湖等具有特定优势的城市建立分支。②城市属性本身可能对网络关系的解释力度有限。这需要进一步引进内生结构变量，如发散性、聚敛性、互惠性、三方组关系等。

二、稳健性检验

下面采用引力模型进一步对城市网络腹地发育的影响因素进行稳健性检验。引力模型的优点在于同时考察发出关系城市和接收关系城市的属性特征对腹地关系生长发育的影响。本书将发送者和接收者分别标记为 s 和 r，在此基础上对不同位置的城市属性进行标记。例如，将位于 s、r 位置城市的经济规模分别标记为 s. GDP 和 r. GDP，将位于 s、r 位置城市的政治地位分别标记为 s. Capital 和 r. Capital，其他变量具有相同的含义。城市间欧氏距离和航班数量为关系变量，其中的数值本身就代表发出关系城市和接收关系城市之间的地理距离和航班数量。稳健性检验基于列表数据而不是矩阵数据开展分析，因此矩阵形式的数据通过 MATLAB 软件转换为了列表形式的数据。考虑到被解释变量为二值变量，引力模型采用混合 Logit 回归开展拟合。表 8-9 和表 8-10 分别报告了 2005 年和 2019 年引力模型的估计结果。表 8-9 中，为了消除潜在的异方差问题和比较解释变量的边际影响，连续型解释变量均采取对数形式。总体来看，回归分析取得了预期效果，主要分析结果如下：

表 8-9　2005 年引力模型估计结果

变量	绝对关联度方法			相对关联度方法		
	方程（1）	方程（2）	方程（3）	方程（4）	方程（5）	方程（6）
Constant	-25.96 *** (1.064)	-27.28 *** (1.202)	-19.82 *** (1.318)	-19.84 *** (0.759)	-20.66 *** (0.838)	-15.87 *** (0.946)
ln(s. GDP)	0.878 *** (0.0803)	0.997 *** (0.0989)	0.973 *** (0.124)	0.767 *** (0.0660)	0.838 *** (0.0811)	0.684 *** (0.0995)
ln(r. GDP)	2.247 *** (0.0946)	2.203 *** (0.111)	1.035 *** (0.139)	1.633 *** (0.0681)	1.591 *** (0.0817)	0.959 *** (0.105)
s. Capital			0.295 ** (0.116)			0.383 *** (0.0973)

续表

变量	绝对关联度方法			相对关联度方法		
	方程（1）	方程（2）	方程（3）	方程（4）	方程（5）	方程（6）
r. Capital			1.125 ***			0.719 ***
			(0.0863)			(0.0736)
ln(Distance)	−1.662 ***	−1.726 ***	−2.019 ***	−1.808 ***	−1.852 ***	−2.002 ***
	(0.146)	(0.149)	(0.165)	(0.120)	(0.122)	(0.127)
ln(Flight)	0.176 ***	0.165 ***	0.160 ***	0.120 ***	0.108 ***	0.0842 ***
	(0.0141)	(0.0149)	(0.0164)	(0.0135)	(0.0139)	(0.0147)
s. East		−0.341 **	−0.321 *		−0.233	−0.131
		(0.173)	(0.185)		(0.146)	(0.152)
r. East		−0.167	0.407 *		−0.226	0.105
		(0.202)	(0.214)		(0.157)	(0.163)
s. nres		−0.128	0.0924		0.0455	0.118
		(0.186)	(0.203)		(0.153)	(0.158)
r. nres		1.435 ***	1.342 **		1.098 ***	1.078 ***
		(0.520)	(0.526)		(0.269)	(0.272)
Observations	68906	68906	68906	68906	68906	68906

注：括号中的数值为估计系数所对应的稳健标准误，*、** 和 *** 分别代表系数在 10%、5% 和 1% 的水平上显著。

资料来源：笔者基于引力模型利用《中国城市统计年鉴》等相关数据计算得出。

表 8-10 2019 年引力模型估计结果

变量	绝对关联度方法			相对关联度方法		
	方程（1）	方程（2）	方程（3）	方程（4）	方程（5）	方程（6）
Constant	−20.99 ***	−20.74 ***	−15.51 ***	−14.88 ***	−14.80 ***	−12.39 ***
	(0.502)	(0.513)	(0.574)	(0.363)	(0.374)	(0.439)
ln(s. GDP)	0.785 ***	0.771 ***	0.644 ***	0.519 ***	0.532 ***	0.308 ***
	(0.0355)	(0.0408)	(0.0537)	(0.0298)	(0.0345)	(0.0442)
ln(r. GDP)	1.508 ***	1.394 ***	0.727 ***	1.064 ***	0.978 ***	0.826 ***
	(0.0380)	(0.0423)	(0.0550)	(0.0286)	(0.0326)	(0.0442)
s. Capital			0.502 ***			0.574 ***
			(0.0708)			(0.0647)

变量	绝对关联度方法			相对关联度方法		
	方程（1）	方程（2）	方程（3）	方程（4）	方程（5）	方程（6）
r. Capital			1. 091 ***			0. 311 ***
			(0. 0601)			(0. 0523)
ln(Distance)	−0. 450 ***	−0. 445 ***	−0. 524 ***	−0. 505 ***	−0. 509 ***	−0. 532 ***
	(0. 0307)	(0. 0310)	(0. 0338)	(0. 0284)	(0. 0286)	(0. 0290)
ln(Flight)	0. 133 ***	0. 144 ***	0. 124 ***	0. 0576 ***	0. 0575 ***	0. 0389 ***
	(0. 0138)	(0. 0144)	(0. 0145)	(0. 0100)	(0. 0101)	(0. 0100)
s. East		−0. 0699	0. 0221		−0. 162 **	−0. 0570
		(0. 0864)	(0. 0929)		(0. 0770)	(0. 0788)
r. East		0. 686 ***	0. 896 ***		0. 213 ***	0. 285 ***
		(0. 0954)	(0. 0990)		(0. 0776)	(0. 0792)
s. nres		0. 0757	0. 177		0. 0504	0. 0542
		(0. 101)	(0. 112)		(0. 0859)	(0. 0872)
r. nres		0. 365 **	0. 516 ***		0. 534 ***	0. 583 ***
		(0. 162)	(0. 166)		(0. 121)	(0. 122)
Observations	68906	68906	68906	68906	68906	68906

注：括号中的数值为估计系数所对应的稳健标准误，** 和 *** 分别代表系数在 5% 和 1% 的水平上显著。

资料来源：笔者基于引力模型利用《中国城市统计年鉴》等相关数据计算得出。

第一，经济规模和政治地位是城市间腹地关系发育的积极因素。在表 8-9 和表 8-10 的所有方程中 $\ln(s. GDP)$ 和 $\ln(r. GDP)$ 的拟合系数均为正值且显著，表明无论从绝对关联度方法还是相对关联度方法角度来看，经济规模的增加不仅显著提高了城市拥有网络腹地的概率，还提高了城市在网络腹地的共现频数。另一个显著特征是，大多数方程中 $\ln(r. GDP)$ 的系数均高于 $\ln(s. GDP)$ 的系数，表明相对于提高城市拥有网络腹地的能力而言，经济规模的提升能够更加显著地增强城市在网络环境下的吸引力。分析结果不仅验证了经济规模对城市间网络腹地关系发展具有稳健性影响，还表明经济规模对于不同位置城市（关系发送者和关系接收者）的影响存在明显差异。政治地位变量具有类似的分析结果：无论从关系发出者还是关系接收者的角度来看，政治地位的提升均能显著改善城市间腹地关系发生的概率。同时政治地位对不同位置城市嵌入腹地格局的影响存在差异，但是这种差异性随着时间的推移也在发生变化。2005

年，政治地位对于关系接收者位置城市嵌入网络腹地概率的影响明显高于对于关系发送位置的城市；到 2019 年，在绝对关联度方法下政治地位对于关系接收者位置城市仍然具有较高的影响，但是在相对关联度方法下政治地位对于关系发送者位置城市的影响明显高于关系接收者位置城市。另外需要指出的是，当加入政治地位变量后，$\ln(\text{r. GDP})$ 和 $\ln(\text{s. GDP})$ 的拟合系数均不同程度下降。这意味着经济规模不仅通过市场潜力发挥作用，还通过政治地位等中介机制作用于网络腹地的生长发育。

第二，城市间地理距离的降低和航空可达性的改善倾向于提升城市间腹地关系产生的概率。在 2005 年和 2019 年的所有方程中，地理距离变量 $\ln(\text{Distance})$ 的拟合系数均显著且为负值，表明城市间地理距离的提升显著降低了网络腹地关系产生的概率。与前文分析中地理距离对城市间链接关系的影响有些类似的是，尽管地理距离对于城市间网络腹地关系具有持续的负向影响，但是这种影响随时间的推移明显下降。例如，在绝对关联度方法下，$\ln(\text{Distance})$ 在表 8-9 中方程（1）的拟合系数为 -1.662，在表 8-10 相对应的方程（1）中的拟合系数变化为 -0.450。城市间航空联系的拟合系数在所有方程中均显著且为正值，表明城市间航空联系的增强显著促进了城市间腹地关系发生的概率。城市间航空联系对不同方法识别的腹地关系发生概率的影响具有异质性：在绝对关联度方法下，航空联系较强的城市之间更加倾向于形成网络腹地关系，而在相对关联度方法下，航空联系对城市之间形成腹地关系的概率明显降低。总体来看，分析结果意味着，在"流动空间"环境下区位的可达性仍然是城市外部影响能力的重要制约因素。

第三，地理区位和资源型产业基础也深刻地影响着城市网络腹地格局。地理区位主要是通过提升接收者位置城市嵌入腹地关系的概率来影响城市网络腹地的生长发育。在 2005 年的回归方程中，东部地区虚拟变量 r. East 的拟合系数在所有方程中均不显著，但是到了 2019 年，r. East 的拟合系数均显著且为正值。这表明，2005~2019 年，更多的东部地区城市嵌入到了城市网络腹地当中。非资源型城市变量的影响也具有多维度的特征。在 2005 年和 2019 年的所有方程中 s. nres 的拟合系数均不显著，而 r. nres 的拟合系数均显著且为正值，表明非资源型城市变量主要是通过影响关系接收者位置城市来提升城市间腹地关系发生的概率。总体来看，资源型产业的发展基础则是城市网络腹地关系发育的消极遗产：在绝对关联度方法下非资源型城市嵌入到腹地关系中的概率显著高于资源型城市，在相对关联度方法下非资源型城市也更多出现在其他城市的网络腹地中。

三、中介机制分析

为了分析经济规模对网络腹地关系的影响机理，本书进一步增加了专利规模和土地价格两个变量进行了重新分析。关系发送者和接收者位置城市的专利规模分别标记为 s. Patent 和 r. Patent，关系发送者和接收者位置城市的土地价格分别标记为 s. Rent 和 r. Rent。中介机制的分析仍然基于混合 Logit 模型和列表数据。表 8-11 报告了引力模型检验的回归结果。结合基准模型的基本结论，表 8-11 揭示了两个新的分析结果：

表 8-11　2019 年引力模型中介机制分析结果

变量	绝对关联度方法			相对关联度方法		
	方程（1）	方程（2）	方程（3）	方程（4）	方程（5）	方程（6）
Constant	−16.70 *** (0.641)	−16.89 *** (0.620)	−17.27 *** (0.657)	−12.41 *** (0.500)	−12.65 *** (0.462)	−12.51 *** (0.504)
ln(s. GDP)	0.655 *** (0.0637)	0.620 *** (0.0790)	0.642 *** (0.0806)	0.372 *** (0.0522)	0.345 *** (0.0644)	0.379 *** (0.0655)
ln(r. GDP)	0.457 *** (0.0663)	0.245 *** (0.0790)	0.160 * (0.0819)	0.717 *** (0.0547)	0.647 *** (0.0676)	0.609 *** (0.0697)
s. Capital	0.525 *** (0.0714)	0.509 *** (0.0733)	0.526 *** (0.0734)	0.611 *** (0.0659)	0.594 *** (0.0668)	0.617 *** (0.0672)
r. Capital	1.076 *** (0.0598)	0.937 *** (0.0629)	0.959 *** (0.0628)	0.291 *** (0.0524)	0.263 *** (0.0533)	0.259 *** (0.0535)
ln(s. Patent)		0.0240 (0.0630)	0.0270 (0.0668)		−0.0445 (0.0515)	−0.00971 (0.0544)
ln(r. Patent)		0.563 *** (0.0680)	0.445 *** (0.0731)		0.195 *** (0.0565)	0.149 ** (0.0605)
ln(s. Rent)	0.00892 (0.0678)		0.0397 (0.0721)	0.140 ** (0.0592)		0.142 ** (0.0626)
ln(r. Rent)	0.469 *** (0.0658)		0.316 *** (0.0718)	0.196 *** (0.0568)		0.144 ** (0.0610)

续表

变量	绝对关联度方法			相对关联度方法		
	方程（1）	方程（2）	方程（3）	方程（4）	方程（5）	方程（6）
ln(Distance)	-0.526 ***	-0.518 ***	-0.520 ***	-0.537 ***	-0.531 ***	-0.535 ***
	(0.0342)	(0.0347)	(0.0348)	(0.0291)	(0.0293)	(0.0293)
ln(Passe)	0.120 ***	0.126 ***	0.123 ***	0.0391 ***	0.0391 ***	0.0396 ***
	(0.0145)	(0.0146)	(0.0147)	(0.0101)	(0.0100)	(0.0101)
s. East	0.0283	0.0257	0.0339	-0.0253	-0.0408	-0.0212
	(0.0950)	(0.0960)	(0.0967)	(0.0794)	(0.0805)	(0.0804)
r. East	0.674 ***	0.693 ***	0.588 ***	0.207 **	0.213 ***	0.173 **
	(0.105)	(0.103)	(0.106)	(0.0831)	(0.0821)	(0.0841)
s. nres	0.162	0.145	0.147	0.0742	0.0664	0.0767
	(0.114)	(0.117)	(0.117)	(0.0878)	(0.0894)	(0.0894)
r. nres	0.343 **	0.255	0.197	0.526 ***	0.493 ***	0.475 ***
	(0.170)	(0.170)	(0.172)	(0.124)	(0.125)	(0.126)
Observations	68906	68906	68906	68906	68906	68906

注：括号中的数值为估计系数所对应的稳健标准误，*、** 和 *** 分别代表系数在 10%、5% 和 1% 的水平上显著。

资料来源：笔者基于引力模型利用《中国城市统计年鉴》、佰腾网（http：//www. baiten. cn）、《中国国土资源统计年鉴》等相关数据计算得出。

第一，经济规模对网络腹地关系的影响存在中介效应。表 8-11 中，关系接收者位置城市的专利规模 ln(r. Patent) 的拟合系数均为正值且在 1% 的水平上通过显著性检验，而关系发送者位置城市的专利规模 ln(s. Patent) 没有通过显著性检验，表明知识存量主要是通过影响接收者位置城市嵌入腹地关系的概率来影响着城市网络腹地格局的变化。在绝对关联度方法界定的城市腹地格局当中，只有接收者位置的土地租金 ln(r. Rent) 正向影响着城市腹地关系产生的概率，而在相对关联度方法界定的城市腹地格局当中，发送者位置和接收者位置的土地租金都正向影响着城市腹地关系产生的概率。当加入专利数量和土地租金两个变量之后，经济规模变量的拟合系数依然显著且为正值，这表明市场潜力、经济效率和知识厚度均正向影响着城市网络腹地关系发生的概率。特别需要指出的是，当加入城市专利规模和土地租金后，经济规模的拟合系数相对于表 8-10 明显下降。

第二，知识厚度和经济效率对城市网络腹地具有差异化影响。关系发送者位置城市的专利规模 ln(r. Patent) 在绝对关联度方法识别的城市网络腹地格局中的拟合系数明显高于相对应的相对关联度方法下城市网络腹地格局中的拟合系数。城市土地租金的分析结果也具有相似的特征，表明相对于相对关联度方法界定的城市网络腹地格局，绝对关联度方法下的城市腹地关系更多受到经济效率的影响。

结合基准模型中分析结论，这意味着经济规模是通过市场潜力、知识厚度、经济效率等中介机制影响着城市网络腹地的空间格局。这与中心地体系下，城市经济规模对城市影响能力的途径存在显著差异。在中心地体系中，城市规模主要是通过商品服务能力对周边地区产生影响，规模越大的城市拥有更大的腹地范围。但是城市网络腹地关系格局中，城市规模主要是通过研发资源、市场潜力等中介机制发挥作用。市场潜力尽管仍然具有正向影响，但对网络腹地的影响力明显弱化。重庆、天津、东莞、西安、沈阳、淄博、南宁等在网络腹地规模等级体系中的地位明显低于在城市规模等级体系中的地位，这些城市的规模优势并没有转化为对网络资源的控制能力。而一些规模较小的城市，如云浮、廊坊、绵阳、南通、珠海、嘉兴等，在网络腹地规模等级体系中的地位明显提升，从而在网络资源竞争中则占据了更好的位置。另一个重要的区别表现在城市规模影响的区域差异方面。在中心地体系环境下，中国西部地区城市由于面临的竞争较弱，相同规模的城市倾向于拥有更大的腹地范围。但是在"流动空间"环境下，城市的外部影响力已经穿透了地理邻近和行政边界的约束，西部地区城市由于关键资源的缺少在网络腹地竞争中处于明显的劣势。这意味着，在网络发展环境下，城市的权力地位将发生重大的变化。

第四节　城市职能分工的影响因素

一、估计方法

本书首先采用计数模型对功能区块在城市间分布的影响因素进行识别。由于功能区块空间分布的离散度较高，7 种功能类型区块数量的均值明显小于方差，导致数据存在"过度分散"（Overdispersion）的特征。这样的计数过程一般服从负二项分布，因此本书选择负二项模型（Negative Binomial Model）进行回归分析。对于特定类型功能区块来说，负二项回归模型的表达式为：

$$P(Y_i = y_i | x_i) = \int_0^\infty \frac{e^{-u_i v_i}(-u_i v_i)^{y_i}}{y_i!} f(v_i) dv_i \tag{8-6}$$

式（8-6）中，y_i 为城市 i 中该种类型功能区块数量；x_i 为城市 i 的解释变量向量；$u_i = \exp(x'_i \beta)$ 为条件期望值；β 为待估计参数；v_i 为个体的异质性特征；$f(v_i)$ 为 v_i 的概率密度函数。回归过程采用最大似然法进行估计，拟合优度采用 Pseudo R^2 进行判断。

接着采用定序 Logit 模型（Ordered Logistic Model）对城市功能类型的影响因素进行识别。在定序 Logit 模型中，将 SOFM 聚类分析得到的 9 种功能类型按照类型 I 至类型 IX 的顺序依次编码为 1~9，作为被解释变量纳入回归分析。假设 $y^* = x'\beta + \varepsilon$，j = 1，2，…，J 为可供城市个体选择的功能类型，选择规则为：

$$y = \begin{cases} 0, & \text{若 } y^* \leq r_0 \\ 1, & \text{若 } r_0 < y^* \leq r_1 \\ 2, & \text{若 } r_1 < y^* \leq r_2 \\ \dots \\ J, & \text{若 } r_{J-1} < y^* \leq r_J \end{cases} \tag{8-7}$$

假设误差扰动项服从逻辑分布，则：

$$P(y = 0 | x) = P(y \leq r_0 | x) = P(\varepsilon \leq r_0 - x'\beta | x) = \Phi(r_0 - x'\beta)$$

$$P(y = 1 | x) = P(r_0 < y \leq r_1 | x) = \Phi(r_1 - x'\beta) - \Phi(r_0 - x'\beta)$$

$$\dots \tag{8-8}$$

$$P(y = J | x) = 1 - \Phi(r_{J-1} - x'\beta)$$

式（8-8）中，x 为城市解释变量构成的向量；β 为带估计的参数，表示解释变量增加一个单位时机会比率（Odds Ratio）变化的百分比。这样可写出样本似然函数，并得到最大似然法估计量，拟合优度采用 Pseudo R^2 进行判断。

二、结果分析

（一）功能区块分布的影响因素

表 8-12 报告了城市中不同类型功能区块数量影响因素的负二项模型估计

结果。分析结果提供了市场规模、关键资源、区位条件、营商环境等因素影响产品价值功能区块区位选择的直接证据。总体来看，回归分析取得了预期的效果，基本结论如下：

表 8-12　功能区块数量影响因素的负二项回归结果

变量	方程（1）公司总部	方程（2）商务服务	方程（3）研究开发	方程（4）传统制造	方程（5）现代制造	方程（6）物流仓储	方程（7）批发零售
Constant	−7.096 *** (0.986)	−4.806 *** (0.632)	−7.646 *** (1.066)	−0.731 (0.526)	−5.423 *** (0.803)	−5.117 *** (0.896)	−4.289 *** (0.553)
ln(GDP)	0.361 ** (0.141)	0.344 *** (0.0953)	0.544 *** (0.173)	0.268 *** (0.0814)	0.459 *** (0.118)	0.280 * (0.154)	0.464 *** (0.117)
Capital	0.399 *** (0.119)	0.481 * (0.251)	0.666 ** (0.313)	0.199 * (0.111)	−0.120 (0.141)	0.661 ** (0.321)	0.722 *** (0.245)
ln(Rent)	0.294 ** (0.133)	0.479 *** (0.0947)	0.476 *** (0.156)	−0.0268 (0.0973)	0.271 ** (0.121)	0.103 (0.133)	0.151 (0.113)
ln(FDI)	0.0945 (0.0802)	−0.0180 (0.0429)	−0.0245 (0.0669)	0.0598 * (0.0306)	0.123 ** (0.0559)	0.0738 (0.0662)	0.0300 (0.0483)
East	0.265 (0.172)	−0.0543 (0.151)	0.0506 (0.267)	0.0151 (0.0972)	0.0359 (0.158)	0.392 * (0.201)	0.236 * (0.125)
BuEnvir	1.804 * (0.990)	2.552 *** (0.604)	1.777 ** (0.780)	1.426 *** (0.552)	1.785 ** (0.809)	3.087 *** (0.882)	1.831 *** (0.620)
样本量	256	256	256	256	256	256	256

注：括号中的数值为估计系数所对应的稳健标准误，*、** 和 *** 分别代表系数在 10%、5% 和 1% 的水平上显著。

资料来源：笔者基于面板模型利用《中国城市统计年鉴》《中国国土资源统计年鉴》《中国城市竞争力报告（No.14）》等相关数据计算得出。

第一，城市经济规模、政治地位和经济效率是促进产业价值链空间集聚的重要影响因素。表 8-12 中 ln(GDP) 的拟合系数在 7 个回归方程中都为正值且显著，表明市场规模的扩大倾向于显著提高城市中各种类型功能区块的绝对数量。政治地位 Capital 的拟合系数在现代制造以外的回归方程中均显著且为正值，意味着权力中心城市相对于一般地级城市，集聚了更多的价值链功能区块。城市经济效率也正向影响着公司总部、商务服务、研究开发和现代制造价值链环节的分布特征，推动着价值链不同类型功能区块在不同城市集聚。这意味着，在中国城市体系中，城市关键资源的差异构成了产业价值链空间分布差异的基础，市场潜力较大的城市总体来看也是高级生产要素（信息、研发等）较为丰富的城市，从而导致这些城市不仅承载了大量的制造和商贸环节，还吸引了价值链中高级功能区块的集聚。

第二，外资水平、地理区位和营商环境对产业价值链功能区块空间分异也具有不同的影响。城市的外资利用规模 ln（FDI）的拟合系数在方程（4）和方程（5）中显著且为正值，表明外资利用水平提高了现代制造和传统制造两种类型功能区块的集聚程度。东部地区变量在方程（6）和方程（7）中显著且为正值，表明相对于中西部地区城市来说，东部地区城市拥有更多的物流仓储和批发零售功能区块数量。营商环境 BuEnvir 的拟合系数在所有方程中均为正值且通过显著性检验，表明营商环境的改善提升了城市对产品价值链区位选择的影响力。

（二）城市功能类型分化的影响因素

表 8-13 报告了城市功能类型影响因素的定序逻辑回归分析结果，给出了影响城市功能专业化类型分化影响因素的直接证据。但是也应该看到，表 8-13 中这些方程的拟合系数都还相对较低，表明价值生产的空间组织和城市功能分工的空间格局还受到其他很多因素（如偏在性的自然资源、历史上的偶然因素等）的影响，这意味着未来城市功能分异发育机理的研究有待加强。

表 8-13　城市功能类型影响因素的定序逻辑回归分析结果

变量	方程（1）	方程（2）	方程（3）	方程（4）	方程（5）
ln（GDP）	1. 191 *** (0. 186)	0. 682 *** (0. 213)			
ln（Resear）				0. 718 *** (0. 190)	
ln（Popu）			0. 420 * (0. 230)		
ln（Rent）					0. 355 * (0. 214)
Capital	1. 330 *** (0. 393)	1. 181 *** (0. 433)	1. 468 *** (0. 441)	0. 942 ** (0. 448)	1. 617 *** (0. 421)

续表

变量	方程（1）	方程（2）	方程（3）	方程（4）	方程（5）
ln(FDI)	0.186 ** (0.0795)	0.157 ** (0.0727)	0.209 *** (0.0743)	0.176 ** (0.0728)	0.215 *** (0.0741)
East		0.297 (0.278)	0.498 * (0.268)	0.623 ** (0.265)	0.460 * (0.275)
BusEnvir		6.715 *** (1.468)	8.217 *** (1.407)	6.804 *** (1.438)	7.985 *** (1.458)
Pseudo R²	0.243 *** (0.000)	0.274 *** (0.000)	0.262 *** (0.000)	0.278 *** (0.000)	0.262 *** (0.000)
样本量	256	256	256	256	256

注：括号中的数值为估计系数所对应的稳健标准误，*、** 和 *** 分别代表系数在 10%、5% 和 1% 的水平上显著。

资料来源：笔者基于面板模型利用《中国城市统计年鉴》《中国国土资源统计年鉴》《中国城市竞争力报告（No.14）》等相关数据计算得出。

第一，城市所拥有的关键资源是城市功能专业化分化的直接驱动力。城市经济规模 ln(GDP) 拟合系数均显著且为正值，表明市场潜力的提高倾向于提升城市位于"类型Ⅰ→类型Ⅸ"排序中右侧一端可能性的概率。研发人员数量 ln(Resear)、人口规模 ln(Popu)、经济效率 ln(Rent) 和政治地位 Capital 的回归结果也具有相似的特征。这意味着，市场潜力和关键资源空间分布的异质性和对价值链功能区块区位选择影响的异质性构成了城市功能空间分异的基本动力，市场潜力较大、关键资源丰富的城市倾向于发展成为总部基地或功能多样化城市，而市场潜力较小、关键资源贫乏的城市则分化为传统制造基地型城市。从这个意义上说，"流动空间"并不是平滑的，而是根植于传统"场所空间"中城市的资源禀赋。城市间贸易的发展并不会降低城市经济间的发展差距，而是放大城市资源禀赋优势，倾向于扩大不同类型城市间的发展差距。

第二，外商直接投资、地理区位和营商环境也推动着城市功能专业化的类型分化。外商直接投资的拟合系数在所有方程中均为正值，表明外商直接投资的增加倾向于提高城市位于"类型Ⅰ→类型Ⅸ"排序中右侧一端的可能性。地理区位变量在方程（2）中没有通过显著性检验，但是在方程（3）至方程（5）中为正值，总体来看区位条件的改善将提高城市在价值链分工中的地位。这表明相对于"场所空间"环境，"流动空间"环境下地理区位的影响已经大幅度地下降。营商环境变量的拟合系数显著且为正值，表明营商环境的改善将提高城市承担高级别和多样化功能的概率，而降低城市成为传统制造基地的概率。

第五节　结构依赖对城市网络演化的影响

一、估计方法

城市网络结构不仅受到城市属性特征的影响，可能还会受到网络自组织所产生的内生结构的影响。网络自组织网络关系可以自我组织形成模式，因为一些关系的出现促进其他关系的形成。这些模式被称为内生"纯结构"效应，因为它们并不涉及行动者属性或其他外生因素。本节采用随机行动者模型（Statistic Actor Oriented Models，SAOMs）考察城市网络中的自组织效应对城市网络结构的潜在影响。随机行动者模型由 Snijders 等（2010）提出并发展。在随机行动者模型中，网络演化过程被目标方程（Objective Function）和速度方程（Rate Function）两个函数所刻画。演化目标方程（Objective Function）是一系列效应的线性组合，表达式为：

$$f_i(\beta,\ x) = \sum_k [\beta_k s_{ki}(x)] \tag{8-9}$$

式（8-9）中，$f_i(\beta,\ x)$ 为行动者 i 的目标函数值，目标函数值越高意味着行动者 i 改变自身网络状态的概率越高；x 为行动者的网络状态，即是否发送或接收链接关系；$s_{ki}(x)$ 为依赖于状态和节点属性的各种效应，表征行动者发送或接收关系的倾向；β_k 为有待估计的参数。演化速度方程依赖于行动者的网络地位、行动者自身（Ego）和潜在伙伴（Alter）的属性特征等因素，用以定量测度不同时期网络关系的演变速度以及不同变量对网络关系变动频率的影响。本书基于 R 程序扩展包 RSiena（3.2）实现 SAOMs 的计量分析。

在演化目标方程中，解释变量包括网络基本效应、度中心性效应、三方关系效应、地理区位效应和行动者关系效应 5 种类型。表 8-14 汇总了这 5 种类型解释变量代表的网络效应及其假设检验：

表 8–14 SAOMs 中的网络效应和假设检验

网络效应［RSiena 代码］	公式	假设检验
密度效应［density］	$\sum_j (x_{ij})$	城市网络关系是否为随机过程的结果？
互惠链接［recip］	$\sum_j (x_{ij}\,x_{ji})$	城市 i 和城市 j 之间是否存在互惠性链接关系？
出度扩张效应［outActSqrt］	$x_{i+}\sqrt{x_{i+}}$	是否出度值较高的城市倾向于发送更多的关系？
入度聚敛效应［inPopSqrt］	$\sum_j (x_{ij}\sqrt{x_{+j}})$	是否入度值较高的城市倾向于接收更多的关系？
2—路径［transTies］	$\sum_h [x_{ih}\,\max_j(x_{ij}\,x_{jh})]$	城市网络中是否具有较多传递性链接关系？
传递三方组［transTrip］	$\sum_{j,\,h}(x_{ih}\,x_{ij}\,x_{jh})$	城市网络链接关系是否具有传递性闭合倾向？
循环三方组［cycle3］	$\sum_{j,\,h}(x_{ij}\,x_{jh}\,x_{hi})$	城市网络链接关系是否具有循环闭合倾向？
地理距离协关系变量［X］	$\sum_j (x_{ij}\,w_{ij})$	地理距离是否制约着城市之间发送关系的倾向？
发送者效应［egoX］	$\sum_j (x_{ij}\,v_i)$	是否属性值 X 较高的城市倾向于发送更多关系？
接收者效应［altX］	$\sum_j (x_{ij}\,v_j)$	是否属性值 X 较高的城市倾向于发送接收关系？
趋同性（连续变量）［simX］	$\sum_j [x_{ij}(sim_{ij} - \overline{sim})]$	是否属性值 X 相似的城市间会建立更多联系？
趋同性（分类变量）［sameX］	$\sum_j [x_{ij}I(v_i = v_j)]$	是否类型 X 相同的城市间倾向于建立更多联系？

注：x 表示城市的网络关系状态，i 和 j 表示城市节点，$x_{ij}=1$ 表示城市 i 向城市 j 发出链接关系，$x_{ij}=0$ 表示不存在城市 i 向城市 j 的链接关系；v 和 w 分别代表属性变量和地理距离协关系变量（Dyadic Covariates）；sim_{ij} 的表达式为 $(1-\mid v_i - v_j \mid / \Delta)$，其中 $\Delta = \max_{ij}\mid v_i - v_j \mid$。

资料来源：笔者基于随机行动者模型利用《中国城市统计年鉴》等相关数据计算得出。

（1）网络基本效应，包括密度效应（Density）和互惠效应（Reciprocity）2 个变量。随机行动者模型中最基本的效应是由城市的出度（Outdegree）来定义的，这个效应包含在所有的模型中。出度代表了有联系的基本趋势，它的参数可以看作是利益和结构的平衡。大多数网络是稀疏的（也就是说，它们的密度远低于 0.5），这意味着对于任意一条链接关系来说，成本通常会超过收益。实际上，在大多数情况下，出度效应会获得一个负的拟合系数。另一个相当基本的影响是互惠的趋势，表现为行动者之间的互惠关系的数量。互惠链接是大量社会网络关系的重要特征，这种效应来源于城市之间的资源依赖性，预计互惠链接效应对城市网络关系生长具有正向影响。

（2）度中心性效应，包括出度扩张效应（Outdegree Activity）、入度聚敛效应（Indegree Popularity）两个变量，用以检验偏好依附机制对城市网络中心性演化特征的影响。出度和入度是城市节点的主要特征，并且可以是网络动力学中的重要驱动因素。出度扩张效应测度的是网络权力的自我强化趋势：当该参数的拟合系数显著为正时，意味着出度在城市体系分布的集中度倾向于提升，或者持续维持在较高的水平。入度聚敛性效应测度的是入度自我强化的趋势，即如果度中心性效应的影响是积极的，那么具有更高的入度的节点对其他行动者来说更有吸引力。这种自我强化的过程被 Price（1976）称为累积网络优势（Cumulative Advantage），也被 Barabási 等（1999）称为偏好依附。度中心性效应代表了网络结构中的等级趋势，但是它们的作用方式与三方关系效应如传递性、3—环等存在差异：前者刻画的是城市网络整体上的层级分化趋势，后者刻画的是网络中局部关系的层级分化趋势。

（3）三方关系效应，包括 2—路径、传递三方组和循环三方组 3 个变量，用以检验三方关系特别是网络闭合机制、作为行动者共享网络资源和应对不确定性环境的结果、对城市网络演化可能产生的影响。2—路径测度的是城市发送更多关系的同时也接收更多关系的倾向。如果 2—路径这个参数显著且为正值，这表明最受欢迎的行动者在扩张关系方面也是最活跃的（即入度和出度分部之间存在正相关关系）。大多数社会网络的一个基本特征是传递性或传递闭合（有时称为集群）：朋友的朋友成为朋友，或者用图形理论术语来说，两条路径往往是封闭的。与 2—路径效应不同的是，传递性三方组效应假设，中介地位的城市的增多，将显著增加传递性闭合的趋势。循环三方组效应是基于广义的交换，这是一种不涉及直接需求互惠性的网络关系的三方组模式。在循环三方组中，资源的任何特定交换或者转让都是在其他交换和转让的情境中发生的，涉及两个以上成员的交换模式规则提供了一种可能的方式，通过这种方式特定交换可以融入到更广泛的合作中。传递三方组和循环三方组效应都代表封闭结构，但传递三方组符合层次顺序，循环三方组则与这种顺序相反。如果网络具有很强的层次化倾向，则传递性参数为正，三个循环参数为负。

（4）地理区位效应，仅包括作为协关系变量（Dyadic Covariate）的城市欧式距离矩阵（Distance），用以检验流动空间环境下地理距离对城市网络关系的影响。城市欧式距离矩阵进行了最大值标准化处理，并划分为0~9共10个等级。

（5）行动者—关系效应，包括发送者效应（Covariate Ego）、接收者效应（Covariate Alter）和趋同效应（连续属性变量的 Covariate Similarity 以及分类属性变量的 Same Covariate）3个变量，用以考察城市属性特征对城市发出、接收关系的倾向或者城市间链接关系格局的影响。发送者效应，衡量具有较高属性V的城市是否倾向于发出更多的关系，从而具有更高的出度（也可以称为协变量相关的扩张性效应或发送者效应）；接收者效应，衡量具有较高 V 值的城市是否会更多接收来自其他城市发出的关系，从而具有更高的入度（协变量相关的聚敛性效应，接收者效应）；趋同效应，衡量在 V 上具有相似价值观的城市之间是否更倾向于出现联系（同质化效应）。城市属性变量选取了经济规模（GDP）和政治资源（Capital），经济规模进行了最大值标准化处理，政治资源为定序变量：政治级别为副省级以上的城市编码为1，其他城市编码为0。

在演化目标方程中，除了包括网络整体演化速度的测度指标以外，还主要考虑了经济规模（GDP）、政治资源（Capital）和地理区位（East）对城市关系演化速度的影响，其中地理区位为二值变量：东部地区城市编码为1，其他城市编码为0。

二、分析结果

在 SAOMs 模型中，被解释变量为2005年、2010年、2015年和2019年四个时期的城市网络矩阵。①综合考虑 SAOMs 的收敛性和简洁性要求，本书选取了度中心性分布体系中上截尾部分城市构成的子网络作为分析样本。在多次试验后，上截尾部分城市最终确定为2005年城市度数高于11的115个城市。②由于 RSiena 模型中被解释变量只能是二值关系邻接矩阵，本书以1为截断值对作为权重矩阵的子网络进行了二值化处理，高于1的值重新编码为1，低于1的值编码为0。最终，SAOMs 模型中的被解释变量是规模为115×115的二值网络关系矩阵。表8-15报告了中国城市网络演化机理的 SAOMs 分析结果。其中，S.E. 为估计参数的标准误，如果参数估计值的绝对值大于两倍的标准误，则表明该效应是显著的；t-ratio 指的是参数的收敛性程度，t-ratio 绝对值小于 0.1 表明该参数是收敛的，t-ratio 小于 0.25 也认为收敛是合理的。基本结论如下：

表 8-15　中国城市网络演化机理的 SAOMs 分析结果

变量	方程（1）			方程（2）		
	Estimate	S. E.	t-ratio	Estimate	S. E.	t-ratio
Objective Function						
Outdegree	31.754	30.116	0.232	10.801	13.848	0.132
Reciprocity	0.562*	0.183	0.005	1.595*	0.312	0.050
Indegree Popularity（sqrt）				0.341*	0.162	−0.030
Outdegree Activity（sqrt）				0.815*	0.267	0.053
Transitive Ties	3.015*	0.555	0.093			
Transitive Triplets	0.724*	0.117	−0.062	1.533*	0.642	−0.002
3-cycles	−0.689*	0.096	0.005	−0.469*	0.181	0.037
Distance（Centered）	−0.213*	0.056	0.027	−0.172*	0.080	−0.020
Capital Alter				−0.003	0.055	−0.006
Capital Ego				−3.068	4.309	0.006
Same Capital				−0.040	0.374	−0.011
GDP Alter	0.901*	0.011	−0.006	0.041*	0.001	0.019
GDP Ego	1.865	1.615	0.058	0.757	0.906	−0.004
GDP Similarity	−0.646	1.363	−0.076	−0.514	2.801	−0.020
Rate Function						
Effect GDP on Rate	0.012*	0.001	0.046	0.004*	0.002	−0.020
Effect Capital on Rate	−0.058	0.046	−0.008	−0.107*	0.049	−0.008
Effect East on Rate	−0.136	0.118	0.013			
Rate Period 1	2.063*	0.128		1.409*	0.089	
Rate Period 2	1.993*	0.109		2.730*	0.106	

　　注：Estimate 为网络效应参数估计值；S. E. 为参数估计值的标准误，参数估计值的绝对值大于两倍的标准误代表相应的网络效应具有显著影响；t-ratio 为模型收敛性指标，t-ratio 的绝对值小于 0.1 代表参数收敛。

　　资料来源：笔者基于随机行动者模型利用《中国城市统计年鉴》等相关数据计算得出。

　　第一，路径依赖机制构成了中国城市网络权力地位、链接强度等级分化的基本动力。入度聚敛效应的拟合参数为 0.341，超过两倍的标准差；t-ratio 统计值为-0.030，绝对值小于0.1。这意味着入度聚敛效应是中国城市网络生长发育的动力机制，表明那些入度较高的城市倾向于继续保持更高的入度。出度扩张效应的拟合参数为正值且显著，表明与随机网络相比，中国城市网络呈现层级分化的演化特征。分析结果提供了城市度中心性体系发育过程中存在偏好依附机制的经验证据，即历史上行动者在度中心性体系中位置深刻影响着当前行动者的度中心性特征。城市网络发育过程中的路径依赖机制可以理解为企业价值链区位选择过程中循环累积机制的宏观表现形式：企业生产链某个环节、区段一旦在特定城市布局，在知识外溢、中间产品共享、生活指数成本降低等因素的作用下，循环累积的因果关系就开始发挥作用，会吸引更多的产业链环节的集聚，这个过程不仅导致了那些历史上具有较高出度或入度的城市获得了更高的权力或声誉，还进一步强化了城市之间原有的链接关系。

第二，互惠链接和网络闭合机制深刻影响着中国城市网络关联格局的演化过程。互惠效应和2—路径效应均为正值且显著，这说明与随机网络相比，中国城市网络拥有更多的互惠性链接关系和传递性链接关系。分析结果与前面出度聚敛效应的拟合结果相一致，这说明城市网络不仅存在全局的等级分化趋势，而且也存在着局部等级分化趋势。传递三方组的拟合系数显著且为正值，而循环三方组的拟合系数显著且为负值，表明与随机网络相比，中国城市网络存在更多的传递性闭合结构，而循环闭合结构较少。这种传递性闭合结构也构成了中国城市网络等级分化或者说前面观测到的核心—外围结构的微观基础。互惠链接和网络闭合机制可以理解为企业网络共享稀缺资源的可观测结果：企业价值链区块与城市资源的空间匹配是生产分割过程中城市网络生长发育的微观基础，由于关键资源集中分布在少数城市，这意味着更多的链接关系将发生在这些城市之间，这些城市之间形成了越来越多的三方关系。互惠链接和网络闭合机制构成了前面所观察到的城市网络凝聚子群生长发育的动力机制，也是中国城市网络复杂性和有序性的基础。

第三，择优链接机制是中国城市网络关联格局生长发育的内在动力。经济规模的接收者效应以及演化速度效应（Effect on Rate）为正值且显著，表明在不考虑链接强度的情况下，经济规模较大的城市倾向于在更大的地理范围内接收关系。与前面的分析不同的是，经济规模的发送者效应、趋同效应，表明仅从中国城市体系上截尾部分的链接广度来看，与随机网络相比，经济规模的扩大并没有显著提升城市发送关系的概率，而且经济规模较大城市之间的链接关系格局与其他类型城市之间也不存显著差异。政治地位的发送者、接收者和趋

135

同效应均未通过显著性检验，这意味着在控制其他变量的情况下，政治地位对城市体系上截尾部分的链接关系格局不存在显著影响。总体来看，在中国城市体系上截尾部分形成的二值关系网络格局中，择优选择机制主要是通过影响经济规模较大城市接收关系的概率来发挥作用。择优链接机制可以理解为企业价值链区位选择对关键资源依赖性的可观测结果：经济规模较大的城市拥有较大的市场规模、高素质的劳动力、更好信息和政策优势，将吸引更多的企业价值链区块、环节的集聚，这不仅导致了城市网络权力地位、城市间链接关系强度的等级分化，也导致了城市经济的职能分工，即少数城市发展为网络中的命令和控制中心，另一些城市则发展成为制造业基地。这也意味着传统城市体系中的资源优势将进一步转化为网络竞争优势，在流动性空间里城市之间的发展差距倾向于进一步扩大。

第四，网络邻近影响着中国城市网络关系的演化格局。在方程（1）中地理距离变量的拟合系数为-0.213，标准差为0.056，t-ratio统计值为0.027。方程（2）中地理距离变量的拟合系数具有相似的分析结果。这表明相对于随机网络而言，中国城市网络链接关系具有更近的地理距离。这意味着，在"流动空间"环境下，地理学第一定律即空间距离相近的事物关联更紧密仍然在发挥着作用。那些地理距离更近的城市在网络环境下将得到更多的关注，传统城市体系中的区位优势将进一步转化为城市网络竞争力，这使中国城市网络发育呈现出等级扩散、择优链接的特征。正如区域在国际贸易中的地位会影响区域间发展差距一样（张红霞，2018），城市网络在给那些具有区位优势的城市带来更多发展机会的同时，也倾向于扩大城市间经济的发展差距。

第九章　城市网络发育的机理解析

第一节　城市属性特征的影响机理

生产分割环境下企业网络区位选择行为是理解城市网络空间结构的逻辑起点。任何一个城市都不可能提供一个企业集团经营所需要的全部资产（规章信息、知识资本、自然资源、环境容量、人力资本、政治资源等）和市场空间，而资产和市场的空间分布是非常不均匀的，这意味着企业必须将产业链中不同环节、区段布局在不同城市，以便实现经济活动和当地资源、市场空间更好的匹配。企业价值链功能区块的区位选择呈现"择优选择"特征，企业对关键资源（例如知识资本、政治权力等）的获取以及对更大市场空间（如地区生产总值）、更高的经济效率（如专利规模）的追求构成城市网络生长发育的原始动力。"场所空间"中的城市属性是塑造"流动空间"中城市网络地位和城市间网络关系的重要因素，城市在网络中的地位从根本上来说是城市关键资源在城市体系分布格局的反映。

"择优选择"机制是城市网络发育的基本动力过程，主要体现在两个方面：

（1）城市经济规模、知识资本等关键资源是城市网络权力和城市间链接关系发育的基础。经济规模越大的城市，具有越大的市场潜力，从而对那些市场寻求型投资活动（批发零售、传统制造、现代制造等）具有强烈的吸引力。同时经济规模越大的城市，往往具有越多的知识资本存量，也能够充分释放规模经济的优势，从而吸引着那些效率寻求型投资（研究开发等功能区块）的集聚。与"中心地"体系中经济规模对城市影响力作用不同的是，在城市网络中经济规模不仅通过市场潜力影响着城市的网络地位，还通过知识资本、经济效率等中介机制塑造着城市网络空间格局。经济规模的提升倾向于提高城市的网络权力，并改善城市在价值链分工中的地位。总体来看，经济规模不是中性的，而是在更多维度上影响着城市网络的发育。

（2）城市政治等级的差异也推动着城市网络的等级分化。一方面，政治中心城市是各种决策、政策的发源地，是各种规章信息最为集中的地方。上市公司500强中国有企业众多，靠近政治中心从而最大限度地获取各种政策信息成为这些企业的公司总部区位选择最重要的影响因素。很多没有完全走出审批制的垄断行业、半开放行业，都依赖城市权力体系。政治地位越高的城市，对公司总部的吸引力越大，在网络中的出度和影响力越大，在价值链分工中的地位越高。另一方面，中国城市的公共资源是按照权力等级排序的，权力体系决定了城市公共资源的多寡。例如，北京是全国的首都，也是全国学校、医院、创新基础设施较为集中的地方，其中有些资源是国内其他城市无法替代的。公共资源越多的地方，对于各种高层次人才的吸引力越强，因而对于那些战略资产寻求型或效率寻求型的投资活动具有较强的吸引力。总体来看，城市的网络地位在很大程度上是城市政治等级体系的映射。

分析结果表明，在"流动空间"中区位优势对于城市竞争力的提升是重要的。分析结果呼应了Porter（1990）的竞争优势钻石模型。Porter认为，位于一个特定国家的公司竞争性优势是由特定因素决定的。这些因素或区位优势对那些国家很独特。Porter确定了这些因素中的四种：自然资源和创造的能力（特别是创造性资本、创新基础设施）；本国消费者要求的产出的等级、种类、成分和质量；供应商或支持产业集群的出现；公司间竞争的程度和类型以及对当地企业创造力和竞争策略的影响。本书表明，钻石模型中强调的资源禀赋、市场规模等因素也深刻地影响着城市间的网络关系：城市可能会优先被具有互补能力和资源的特定合作伙伴，或者是在那些特定维度上相似的合作伙伴，也或者在地理上更加接近的合作伙伴所吸引。这意味着，由于在"流动空间"环境下城市之间存在着激烈的竞争，钻石模型也适用于国家尺度上城市网络竞争力的分析。

研究结果也呼应了Dunning等（2008）国际生产折中理论中区位优势的研究。Dunning等（2008）认为，不同投资类型区位选择的影响因素存在差异：市场寻求型投资主要取决于市场规模和人均收入、特定国家的消费者偏好、市场结构，地区和全球市场的可获得性；资源寻求型投资取决于土地租金、原材料和零部件成本、廉价的非熟练的劳动力和熟练劳动力的可获得性和成本；效率寻求型投资取决于资源成本、知识资本、交通和通信成本以及市场促进制度的质量；资本寻求/增资型投资取决于技术资产、管理资产、关系资产以及实体基础设施（港口、道路、能源和通信）和创新环境。本书的解释变量重点强调了市场型寻求投资的决定因素（市场规模、地理区位等）、效率型寻求投资的决定因素（知识资本、经济效率等）和资本寻求型投资的决定因素（政治地位、航空联系等），发现这些因素是塑造国家尺度城市网络格局的重要基础。分析结果表明城市网络联系存在"同配性"（Homophily）特征，这一特性涉及组织更多倾向于和自己相似的组织建立关系。本书聚焦于不同投资类型在城市层面的集成特征，并没有单独区分每种类型投资形成的网络联系。由于自然资源的偏在性，缺乏完整的测度指标，本书并没有考虑资源寻求型投资，导致了部分模型的拟合优度较低。

与此同时，城市网络发育的"择优选择"机制受到交易成本的约束。城市网络化进程还有一个基本要求，即能够降低交易成本、克服时空障碍的交通（如航空网络）和通信技术的发展。这两种技术都不能被视为城市网络发育的起因，但是如果没有它们，今天复杂的中国城市网络体系就可能不存在。地理区位仍然是重要的，良好的区位条件可以降低经济活动的交易成本，并放大城市在网络联系"择优选择"中的优势。城市在航空网络中的可达性深刻影响着对各种资源的吸引力，城市间航空联系的加强倾向于提升城市间的网络联系。城市间地理距离也约束着城市网络联系，地理距离的增加也伴随着城市网络联系的下降。地理并没有"死亡"，而是在更大的空间尺度影响着城市网络的成长。

总体来看，城市网络的择优选择过程，使以城市属性表征的传统意义上的城市优势转化为了城市网络环境下的权力优势。在流动性日益增强的空间里，传统城市权力优势将进一步放大，即那些具有更多政治权力、更大市场规模、更好基础设施的城市将集聚更多的产业链区块（公司总部、研发环节等），这使相对于其他类型的城市而言，这些城市既具有较高的出度、入度和中介度，也具有更高的、互惠性的联系强度。而那些关键资源稀缺、经济规模较小的城市，在网络中的权力、地位将进一步地边缘化，要么处于依附者位置，只能接收核心城市发出的关系；要么无法融入网络，仍然处于孤立状态。正是这种择优连接作用的结果造就了前面所观察到的城市网络权力和地位的景观格局：少数城市发出和接收大量的关系并形成凝聚子群，从而占据首位者位置，成为城市网络的核心，而大量节点往往只有很少的链接关系，位于网络的外围位置。

"流动空间"并不是平滑的世界，它只是表明各种要素的流动性日益增强，但并不意味着空间是中性的。事实上，产品价值链的空间布局受到城市属性特征和交易成本等因素的约束。城市的属性特征决定了城市的区位优势和网络竞争力，从而决定了对产品价值链不同环节的吸引力。微观层面上的企业区位选择行为在宏观层面上表现为择优选择、互惠链接等各种各样的城市连接过程，这个过程导致形成了日益复杂的城市网络空间结构，如网络权力的等级结构、地位分异、职能分工等。城市网络的发展又通过要素匹配、技术外溢、研发共享、市场扩大等途径提高了经济运行效率，将进一步推动企业网络的发展，从而形成了企业网络与城市网络的互动过程。分析结果意味着，城市网络的发展也将放大城市之间（特别是总部基地型城市和分支机构型城市之间）的经济发展差距，这对网络化发展环境下的城市治理体系和政策设计提出了新的要求。

第二节　内生结构效应的影响机理

本书不仅揭示了城市资源优势导致的"择优选择"机制的影响，还揭示了内生的"纯结构"效应在中国城市网络生长发育过程中的推动作用。主要包括偏好依附（扩张性和聚敛性）、互惠链接、闭合机制等类型。这为已有城市网络研究的实证分析做出了补充，说明传统研究网络关系的实证模型仅纳入外生机制是不完整和存在偏差的，因此将内生机制和外生机制同时考虑并纳入实证分析来探索城市网络关系形成和演化是必要的。

一、出度扩张效应

出度扩张效应是指具有较强影响力的城市倾向于发送更多的网络关系，这也是中国城市网络权力等级分化的重要推动力量。基于生产分割的视角，出度扩张效应的主要来源如下：

第一，历史上集中了较多公司总部的城市倾向于吸引更多的公司总部集聚，从而导致城市发送了更多的关系。一方面，公司总部需要法律、广告和金融专家的信息、建议和服务，获取此类信息和服务需要买方和卖方之间反复面对面地互动和紧密的空间邻近，因此公司总部倾向于选择位于由各种商业服务供应商组成的大都市地区。Henderson 等（2008）使用 1977～1997 年美国公司总部的微观数据实证研究了总部集聚的决定因素，结果表明，当地中间业务服务提供商数量增加 10%，公司总部的数量将增加 3.6%。这意味着，广泛多样的本地服务使总部能够更好地将它们的各种需求与特定的专家相匹配，这些总部从那里获得高质量、多样化的服务投入，从而提高它们的生产力。另一方面，公司总部聚集在一起，可以相互交换信息，获取有关市场状况的信息。这种交流，无论是涉及有意的"交易"还是"溢出"，都会让总部了解它们工厂的生产、投入和技术选择。例如，Lovely 等（2005）发现出口商总部活动比其他总部活动更集中，因为出口相关信息很难获得。Henderson 等（2008）的研究也表明，总部也从其他邻近总部那里受益，尽管这种边际规模效益似乎随着当地规模的增加而减少。

在这种情况下，公司总部的地理集聚存在自我加强的趋势。当公司总部在特定城市集中时，该城市的生产性服务业（金融、保险、会计、研发、咨询、法律等）将会得到快速的发展，城市的知识存量和溢出也会增强，这会使该区域对其他总部的吸引力进一步提升。事实上，公司总部的地理迁移是经济地理格局的重要现象。Strauss-Kahn 等（2009）分析了 1996～2001 年美国公司总部的区位决策，研究发现：公司总部的搬迁率很高（每年 5%），特别是较大的（就销售而言）和较年轻的总部往往会更频繁地搬迁，同样，较大的（就总部规模而言）和外国公司以及合并后的公司也是如此；较低的公司税和平均工资、高水平的商业服务、相同的行业专业化以及总部在同一活动部门的集聚，所有这些因素都具有显著的影响。因此，这种"循环累积"的因果关系会使公司总部越来越多地集中在服务型大都市地区，从而会导致这些大城市的出度进一步提升。

第二，在公司总部不变的情况下，历史上发送关系较多的企业发送了更多的网络关系。这种"滚雪球"过程之所以存在，主要是因为企业的区位战略存在路径依赖，因为企业的行为和成功（可能）主要取决于企业过去建立的惯例（如区位战略）。随着时间的推移，大公司倾向于建立更大的企业网络，创建"星形"网络结构。这些大公司倾向于充当 Bathelt 等（2004）"本地蜂鸣—全球管道"知识生产框架中的"守门人"，因为它们在将通过其广泛的网络获得的非本地知识传播到本地公司。此外，企业的行业特征可能会影响其路径依赖行为。例如，金融服务和会计师事务所往往比咨询和律师事务所扩张得更广泛（Taylor，2004）。即使在同一个行业，公司也可能采用广泛的组织结构：一些公司采用更加模块化和异质的组织结构，依赖于遍布全球的广泛的办公网络，而其他公司选择从总部紧密协调它们的业务，并在不同的市场保持选定的立足点。

企业所有权优势与公司网络格局是协同演化的。过去几十年里，实体资产所有权的重要性弱化了，而知识资产的重要性增强了，高价值的、难以模仿的知识资产是企业竞争优势的来源。企业不仅要拥有，更要增加和获取更多的这类资产，以保证与其他企业相比，能够维持一个持续性的竞争优势。企业的所有权优势是企业在外地建立分支机构的基础：一个城市的企业相对于其他城市的企业拥有的所有权优势越多，那么它们内部化而不是外部化使用这些优势的动机就越强烈，它们越是发现在其他城市可得到或者开发的所有权优势符合自身利益，它们就越有可能建设企业网络。反过来，一个城市的企业在其他城市从事产品生产的能力和意愿，取决于它们获得或者能否获得其他企业不能得到或者不能以如此便利的条件得到的特定资产，因此企业网络的建设也是维持或者升级企业所有权优势的重要途径。例如，战略资产寻求型投资可以通过整合收购方企业的实体资产和人力资源升级自身的资产组合，这一资产组合将会维持或加强其所有权优势。这种循环因果关系的存在也将导致企业网络不断发育，从而推动着城市网络呈现出等级分化的趋势。

因此，城市网络持续的等级化趋势，不仅在于关键资源在城市体系的分布不均衡，也受到城市网络内部的自组织因素即出度扩张性效应的影响。关键资源通常是外生的，例如城市的政治地位和地理区位通常是不会发生变化的，城市的知识资本、市场规模等会随着时间的推移发生变化。出度扩张性效应是内生的，来源于公司总部和商务服务之间的区位共聚以及所有权优势和公司网络的协同演化。这种循环累积因果关系的结果是，历史上形成的出度在很大程度上塑造着未来城市在出度体系中的地位，导致城市网络演化呈现出偏好依附或者路径依赖的显著特征。

二、网络聚敛效应

网络聚敛效应是指拥有较大入度的城市倾向于获得更多的链接关系，网络聚敛效应也是推动中国城市网络等级分化的动力机制。网络聚敛效应是"内生"效应，因为网络模式的出现仅来源于网络关系系统的内部过程。在这种情况下，我们期望行动者之间的聚敛性具有多样性，转化为度分布中的更大程度的分散，或等价地转化为具有网络关系指向少数几个高度核心节点的更大的网络中心势。网络聚敛效应来源于集聚经济：

第一个来源是中间产品的投入共享。相关企业在地理上集中于某一特定地区，可以为中间产品企业的生长提供市场，并通过共同利用这些辅助企业大幅度降低经营成本。这些辅助企业主要包括：提供零部件或某些中间产品的辅助企业，提供生产性服务的辅助企业。中间投入品或者支持性产业的发展对于提升企业的竞争力是至关重要的。例如，日本机床产业能够在国际上称雄，是因为日本的数字控制器、马达、相关零组件产业也是世界一流的；瑞士制药行业的成功与它的发酵工业在早期就取得国际竞争优势有关。这种支持性产业的发展又能够进一步吸引更多相关企业的集聚，形成一个自我强化的过程。因此，如果城市在早期吸引了大量产品价值链功能区块的集聚，那么城市将进一步提升在网络中的入度，或者继续保持在网络中较高的入度。

第二个来源是产业内企业间的知识分享。当不同类型企业，特别是技术相关的企业在地理上集聚的时候，企业家通过正式的或者非正式的面对面的交流来分享彼此的知识，由此提高了它们的生产力，同时还创造了对大家都有利的新知识。更多经济主体分享了这些知识，这使它们能够使用更复杂和有效的技术，这反过来又会吸引更多企业的集聚。Marshall（1890）认为，如果一个产业选址于某一地区，那么它可能会在那里停留很长时间，这样产业内的工人之间可以频繁地接触，并从相同技能的互换中获得巨大的利益。好的工作要给予极高的重视，在机器的发明和改进过程中，一般性商业组织起到了一定的作用，这一点已经被讨论了很多次。如果某个人自己有了一个新的想法，它可能会被其他人占有，并将他们自己的意见融入其中，这样它又成为新思想的来源。

第三个来源是企业和劳动力更好地匹配。企业和劳动力市场在地理上的集聚无论对于企业的正常生产还是对于劳动力的稳定就业，都是有好处的。群落中的员工有着相对较低的搜寻成本，因为职位空缺的信息通过非正式渠道得以传播（餐馆里面的随意交谈等）。并且未来的雇主就在附近，员工的流动成本也相对较低。所以企业集群能够促进员工的流动，实现员工技能和工作岗位更好的匹配。对于企业来说，也正是因为搜寻成本和流动成本相对较低，集群中的企业能够从劳动力市场中找到合适的人选，迅速填补其空缺的岗位，迅速增加生产。这也是一个自我强化的过程，企业的地理集聚会吸引更多的劳动力，而一个成熟的劳动力市场反过来又会导致更多企业的集聚。在城市网络层面上，这也表现为入度的偏好依附趋势。

偏好依附机制描述了企业网络的成长过程，在这个过程中，新进入/建立的分支机构往往位于有许多现有企业的城市。这在地理上会形成一个相互联系的公司和机构组成的产业集群，包括产品生产商、服务提供商、供应商、大学和商业协会。从城市网络的尺度来看，这种偏好依附的结果是一系列拥有许多公司的核心城市日益成为城市网络的中心，而不是有着很少联系的外围城市。这种偏好依附过程可以解释为各个城市的集聚经济水平的函数，因为相互靠近并享受外部效应是企业区位选择的关键因素，这意味着这种集聚经济是一个自我加速的过程。

三、互惠链接效应

在基于企业网络的城市网络关系中，互惠性主要有两个潜在的来源。一方面，生产的空间分割伴随着价值链的空间重构，这会进一步提升城市之间的资源依赖性。前面的分析已经表明，由于资源的共同依赖，城市之间往往存在着双向投资关系：大城市之间的投资关系取决于规模经济环境下，产品差异化分工带来的潜在收益；大城市投资中小城市主要是获取 Dunning（2008）OLI 理论中的自然资源，而小城市投资大城市的目的是获取 OLI 理论中的战略资产。互惠性反映了生产分割过程中这种相互依赖的进一步加强趋势。随着生产分割的加深，每个城市会越来越多地聚焦在特定的价值链区段，其他的价值链区块会被转移到合作伙伴城市。与此同时，合作伙伴也会越来越多地聚焦具有比较优势的价值链区段，对合作伙伴城市的依赖性也会进一步提升。也就是说，城市对合作伙伴投资的提高会伴随着合作伙伴依赖关系的进一步增强。

这种基于资源依赖的城市间互惠投资倾向于随时间进一步增强。随着本地公司开始形成它们自己的所有权优势，即它们将非常依赖于教育和政府制定的创新激励结构，它们有可能首先通过向其他城市输出产品，然后通过对外投资的方式，在其他市场的销售量也随之增加。在这个阶段，除了资源寻求型和市场寻求型投资，公司也可能开始参与效率寻求型和战略资产获取型的投资活动。这样的公司会通过参与企业并购或建立战略联盟的方式寻求外面技术、品牌名称、管理技能和新市场。因此，随着价值链分割的进一步发展，城市间的互惠性投资可能变得更加具有连续性，且效率寻求型和资产寻求型投资越来越多。最终将形成更多的多区位企业和互惠性的链接关系（既有基于合作的也有基于股权的），城市在资产集聚上的成功越来越依赖于公司在地区和更大空间尺度上协调其资产和才能的能力。

另一方面，城市间投资关系的发展伴随着企业家社会网络的成长，社会网络的嵌入会促进稳定的双边投资关系的发育。Granovetter（1973）反对经济学对行动者做出"原子化"的假定，认为经济行为嵌入在社会关系网络之中。社会网络主要通过三种机制影响企业的合作行为：社会网络影响着信息的流动和质量；它是奖励和惩罚的重要来源；它促进了信任的形成。

Carroll（2007）在世界经济组织间重叠的董事会席位研究中指出，通过董事席位所产生的连接已经成为精英跨组织联系的一个主要形式。Carroll（2007）的研究表明，"这些连锁在资本积累的过程中能够起到控制、协调和/或分配的作用，且通常出现在那些在某一连锁公司属于内部人员（高管或主要股东）的董事们身上。除了作为经济力量的重要性外，连锁董事也能够发展出文化联系，这有利于主要的企业董事之间建立团结互信的氛围。"

企业家社会网络是降低市场约束、提高公司效益的一种手段。城市 i 向城市 j 的投资关系，会使两个城市的企业家之间更好地沟通和互动，推动着企业家社会网络关系的发展。社会关系的产生使企业家彼此了解，同时社会网络作为"可实施的"或"基于威慑的"信任的重要基础还促进了彼此之间的信任。随着企业家之间在不断的交易和互动中变得越来越熟悉，企业之间的信任也越来越高，这又反过来推动了城市 j 向城市 i 的投资关系。

四、网络闭合效应

网络闭合倾向可以解释为凭借组织间以（可能的多重）2—路径形成的间接联系导致一种直接关系的缩短路径为"结果"。社会网络领域的研究表明，从汽车业的生产关系，到多种工业部门间的战略联盟，再到属于同一"企业集团"的股权关系，闭合机制在形成与维护组织间网络关系中都发挥着重要作用。组织间关系的实证研究积累形成了一般性期待，即伙伴的伙伴更可能成为合作伙伴。

城市网络中的闭合关系同样也可以用资源依赖和企业家社会网络的理论来解释。从资源依赖的角度来看，一个组织可能会和多个组织合作，以便获得补充性资产，弥补其自身资源上的不足。随着生产分割的日益加深，一个更加复杂的生产网络得以形成，城市之间的依赖性不仅出现在两个城市之间，也越来越多地出现在多个城市之间。城市之间的网络闭合关系不仅因为它们选择相同的其他城市作为它们的合作者，或是因为它们依赖的资源由相同的其他城市所控制，也因为它们被相同的其他城市选作交流伙伴。这就形成了一种广义上的资源交换，就像在社会网络中出现的那样，"利益的接收者不会直接回馈给利益给予者，但是会给社会圈中的另一个行动者。利益给予者最终会获得一些利益作为回报，但是是从其他的行动者那里获得的"。

从企业家社会网络的角度来看，组织间网络的传递性闭合趋势框架已经形成，且这种趋势可以解释为与其品质、能力和可信赖性不完全可观测的合作伙伴在形成和维护网络关系过程中固有的成本和风险的直接后果。生产网络的发展促进了更多城市企业家的相互交流。为了管理各种不确定性资源，减少合作伙伴的机会主义行为，企业家倾向于基于推荐和信息共享与他们合作伙伴的伙伴形成一种新的关系。与共同第三方的关系通过提升信任、促进社会监督和制裁机会主义行为也可以促使网络成员遵守规则。事实上，基本的第三方效应，如声誉和地位，影响网络关系的形成，恰恰是因为不容易获得关于潜在合作伙伴品质的直接信息。Colman（1988）指出，"声誉不能出现在一个开放的结构中"。

城市网络中闭合结构形成的另一种方式是通过企业模仿。由于信息不对称性或者取决于市场竞争的需要（Liberman 等，2006），企业经常模仿其他企业的区位选择。在信息不对称的市场环境下，公司对外投资的区位选择跟随它们的竞争对手或者合作伙伴，因为它们认为它们的竞争对手具有信息和市场知识的优势。这一战略在企业面临不确定的市场环境时尤为明显。例如，20 世纪80 年代服务公司向亚太发展中国家的扩张被描述为一个"跟风"的过程。同样，20 世纪90 年代韩国企业在中国的商业模仿对韩国投资的地理分布产生了深远的影响。与此同时，基于竞争的理论表明，企业可能会相互模仿，以排挤竞争对手或限制竞争。这方面的证据是，法国工业在欧洲的区位选择大量"模仿"了竞争对手和合作伙伴的经济行为。企业网络的区位战略似乎也是相互作用和"复制"的，这种企业网络的"4—环"和"替代路径"是宏观层面城市网络闭合特征的重要动力过程。

网络闭合可能会受到邻近性和互补性的影响。地理上邻近的城市更有可能获得密集的经济联系，这同样适用于城市内的其他社会、经济和文化邻近。在生产分割的企业网络中，两个城市之间的密切经济关系往往伴随着两个城市中许多公司的同地办公，从而促进了城市间的经济交流。在城市网络中，城市经济规模和政治地位的相似性对于城市间联系发展的重要性明显增强。这一特点在世界城市网络关联格局中也表现得非常明显，如 Sassen（2001）发现，"纽约市中心与圣保罗市中心的联系非常紧密，远远超过圣保罗市中心与其周边的联系"。另外，城市发展路径的差异性对于网络闭合也是重要的。Lai（2012）研究了为什么许多服务公司采取了在中国所有三个主要城市（北京、香港和上海）设立办事处的策略。他的研究表明，差异化市场导致上海作为商业中心、北京作为政治中心、香港作为离岸金融中心的独特发展路径，所有三个金融中心在外资银行的区域性银行战略中扮演着独特和互补的角色。这三个城市的城际关系表现出竞争与合作的复杂组合，将它们嵌入到不断演变的相互依存网络当中。

第四篇

城市网络的核心——外围
结构演化模式

第十章 城市网络核心——
外围结构的演化特征

第一节 国家城市网络的核心—外围结构及演化

前面的分析从不同侧面揭示出中国城市网络的等级结构特征。下面进一步通过分析城市网络的核心—外围结构，去识别哪些城市处于紧密联系的核心区块当中，哪些城市处于相对松散的外围结构之中。网络中的核心区块不仅是紧密相连的凝聚子群，而且还处于网络的中心地位（如具有最小的路径距离）。通过核心—外围结构演化特征的总结，为提炼城市网络空间结构的演化模式奠定基础。

一、核心—外围结构的划分方法

本书基于 Everett 等（1999）提出的离散数据的核心—外围方法来划分中国城市的网络地位。该方法根据节点联系的紧密程度将网络划分为两个区域：核心是存在密切关联格局的城市节点的聚类，代表着高度结构化的凝聚子群；外围是存在稀疏关系的城市节点聚类，因而不能构成凝聚子群。

离散模型建立在二值矩阵的基础上，为此本书以 6 作为截断值对多值网络矩阵进行二值化处理。多值矩阵中高于 6 的关系值重新编码为 1，低于 6 的关系值重新编码为 0。离散模型的基本思路是寻找一个二值的模式矩阵，使二值的观测矩阵 A 和模式矩阵（Pattern Matrix）Δ 的相关系数达到最大，其中的模式矩阵指的是核心块全部由 1 元素构成而外围块全部由 0 元素构成的理想矩阵。式（10-1）和式（10-2）给出了估计观测矩阵与模式矩阵相关性的方法：

$$\rho = \sum_{i,\,j} a_{ij}\delta_{ij} \tag{10-1}$$

$$\delta_{ij} = \begin{cases} 1, & \text{如果 } c_i \text{ 位于核心或者 } c_j \text{ 位于核心} \\ 0, & \text{其他情况} \end{cases} \tag{10-2}$$

式（10-1）和式（10-2）中，a_{ij} 表示在观测矩阵中城市 i 和城市 j 之间是否存在联系，如果存在联系则 $a_{ij}=1$，否则 $a_{ij}=0$；δ_{ij} 表示模式矩阵中城市之间是否存在联系，如果存在联系则 $\delta_{ij}=1$，否则 $\delta_{ij}=0$；$c_i(c_j)$ 表示城市 $i(j)$ 被分配到的区块（核心或外围）。如果各个值有固定的分布，那么，当且仅当由各个 a_{ij} 组成的观测矩阵和各个 δ_{ij} 组成的模式矩阵相等时，ρ 这个测度值才会达到最大值。这样，就 ρ 达到最大化而言，就可以识别出城市的网络地位，从而将网络结构划分为核心和外围两部分。

基于 Everett 等（1999）提出基于连续数据的核心—外围模型求出每个城市的核心度（Coreness）。核心度是网络权力的另一个测度指标，核心度的优点在于能够评估每个城市到核心相对距离。通过计算每个年份的核心度，可以评估不同时期城市网络相对权力的变化态势。核心度的分布变得集中，表明城市网络权力的等级化趋势加强；核心度的分布变得分散，表明城市网络权力的去中心化变得更强。

利用连续模型计算核心度的基本思路是寻找一个向量，使这个向量与它的转置的乘积与观测矩阵的相关系数达到最大化。在连续模型中，模式矩阵重新改写为：

$$\delta_{ij} = c_i c_j \tag{10-3}$$

式（10-3）中，i 和 j 代表两个城市的节点，δ_{ij} 代表模式矩阵中的关系强度；c 是非负向量，代表每个城市的核心度。对于核心度都比较高的城市对来说，它们在模式矩阵中的关系强度也比较高；对于一个城市的核心度较高，而另一个城市的核心度不高的点对来说，它们在模式矩阵中的值居中；对于都属于外围群体的城市节点，它们在模式矩阵中的值也较低。当观测数据矩阵 A 和模式矩阵 Δ 的相关系数 ρ 达到最大时，就确定了每个城市的核心度。

考虑到中国作为一个大型的经济体，城市体系规模庞大，单纯地将城市划分为核心和外围两种类型无法准确地反映数量较多的外围城市的网络地位分异特征，因此本书综合利用城市的出度和二值矩阵核心—外围划分结果，将中国城市的网络地位划分为了核心、半核心和外围三种类型。之所以采用出度而不是核心度作为辅助指标，原因是出度和核心度存在着显著的差别：出度反映了城市的绝对权力，且随着网络联系程度的加深在不断发生变化；核心度仅反映了每个时间段面上城市与核心的接近程度，无法反映不同时期核心城市规模的变化情况。经过多次试验，最终将 2005 年出度的平均值 14 为截断值，出度高于 14 但是未进入核心地位的城市定义为半核心城市，将其他城市定义为外围城市。

二、核心—外围模型分析结果

中国城市网络结构演化呈现集中化和分散化并存的趋势：集中化指的是重要功能越来越多地集中在少数城市，分散化指的是生产分割的日益深化带动了城市网络向更广的地理空间拓展。在这两个过程的驱动下，中国城市网络的核心—外围结构日益显现。

（一）日益显现的核心—半核心—外围地位分化

中国城市网络结构演化的基本特征是，核心区块城市规模不断扩大（见表 10-1）。2005~2019 年，核心地位的城市数量由 10 个扩张到 22 个。2005 年位于核心地位的城市是北京、天津、大连、上海、南京、杭州、武汉、广州、香港和深圳，到 2019 年另外 12 个城市进入核心位置，这些城市是廊坊、保定、无锡、苏州、南通、宁波、嘉兴、福州、厦门、济南、青岛和烟台。总体来看，那些历史上处于核心地位的城市倾向于一直保持着核心地位，这意味着企业网络的发展强化了现有中心的地位，并且开始向外逐步扩张，凸显了核心区块发展的路径依赖特征。但是也有一些城市退出核心区块。例如，鄂尔多斯位于 2010 年的核心区块，到 2019 年从核心区块退出；保定在 2015 年出现在核心区块，但是在 2019 年退出。从功能分工的角度来看，核心城市承担着中国城市体系中总部基地、研发中心的功能。核心城市正在接近经济成熟，它们的收入水平和经济结构变得与发达国家相似。核心城市公司的竞争力开始较少地依赖于自然资源，而是更多地依赖于它们的管理和组织上的竞争力以及企业精神的品质。除了资源寻求型和市场寻求型投资，公司开始更多地参与效率寻求型和战略资产获取型的投资活动，通过参与企业并购、战略合作等方式寻求外部技术、品牌名称、管理技能和新市场。这意味着，城市之间存在着激烈的竞争，"流动空间"环境下城市的等级结构相对于"场所空间"具有更大的动态性。

表 10-1　2005 年、2010 年、2015 年、2019 年中国网络核心地位城市的演化

年份	核心城市
2005	北京、天津、大连、上海、南京、杭州、武汉、广州、香港、深圳
2010	北京、天津、鄂尔多斯、大连、上海、南京、苏州、杭州、宁波、济南、武汉、广州、香港、深圳
2015	北京、天津、保定、廊坊、鄂尔多斯、大连、上海、南京、苏州、南通、杭州、宁波、福州、厦门、济南、烟台、武汉、长沙、广州、香港、深圳
2019	北京、天津、廊坊、保定、大连、上海、南京、苏州、南通、杭州、宁波、嘉兴、福州、厦门、济南、青岛、烟台、武汉、重庆、深圳、广州、香港

资料来源：城市网络数据根据城市网络 2020 年财富中文网（https：//www.fortunechina.com/）、启信宝网站（https：//www.qixin.com/）和上市公司年度报告中采集的企业网络数据整理。

　　与此同时，半核心地位的城市规模和组成也在不断增加（见表 10-2）。从表 10-2 可以看出，半核心地位的城市从 2005 年的 31 个增加到 2019 年的 53 个。2005 年，半核心地位的城市为石家庄、唐山、太原、呼和浩特、沈阳、鞍山、宁波、嘉兴、合肥等，到 2019 年，半核心地位的一些城市如宁波、青岛、烟台等进入了核心区块，还有一些原本位于外围地位的城市如哈尔滨、扬州、宿迁、温州、绍兴、无锡等进入了半核心地位。半核心地位的城市承担了一些公司总部的功能，以及大量的现代制造基地的功能。这些城市是以与日俱增的增值活动投资资本的重要性为标志的。通过升级当地资源的能力和生产力以及通过激励竞争，外来投资可能会对城市的改革起到重要的辅助作用，尤其是当这个城市正在追求的是外向型发展战略时。在投资导向型发展阶段，城市的比较优势有可能向转移到中等范围到大范围的资本集约型的部门如基础制药、钢铁以及造船，一些较小范围和专门机械工程活动，以及劳动密集型但中等的知识密集型消费品的生产（比如电子产品、服装、皮制品、加工食品等）。这个阶段经济结构的转型伴随着地方政府对中等教育、公共健康事业、交通和通信的关注度的急剧增加。

表 10-2　2005 年、2010 年、2015 年、2019 年中国网络半核心地位城市的演化

年份	半核心城市
2005	石家庄、唐山、太原、呼和浩特、沈阳、鞍山、宁波、嘉兴、合肥、芜湖、福州、厦门、龙岩、南昌、鹰潭、济南、青岛、烟台、潍坊、郑州、黄石、湘潭、佛山、云浮、重庆、成都、绵阳、昆明、西安、乌鲁木齐、昌吉回族自治州

年份	半核心城市
2010	石家庄、唐山、廊坊、太原、阳泉、呼和浩特、沈阳、鞍山、长春、哈尔滨、南通、嘉兴、绍兴、合肥、芜湖、马鞍山、福州、厦门、龙岩、南昌、鹰潭、上饶、青岛、烟台、潍坊、郑州、黄石、宜昌、长沙、湘潭、珠海、佛山、惠州、揭阳、云浮、海口、重庆、成都、绵阳、昆明、曲靖、西安、嘉峪关、西宁、乌鲁木齐、昌吉回族自治州
2015	石家庄、唐山、邯郸、太原、阳泉、长治、呼和浩特、沈阳、鞍山、本溪、长春、哈尔滨、扬州、宿迁、嘉兴、合肥、芜湖、马鞍山、三明、龙岩、南昌、鹰潭、上饶、青岛、潍坊、济宁、临沂、郑州、商丘、黄石、宜昌、湘潭、珠海、佛山、惠州、揭阳、云浮、玉林、海口、重庆、成都、绵阳、宜宾、昆明、曲靖、西安、嘉峪关、西宁、乌鲁木齐、昌吉回族自治州
2019	石家庄、唐山、邯郸、太原、阳泉、长治、呼和浩特、沈阳、鞍山、本溪、长春、哈尔滨、扬州、宿迁、温州、绍兴、无锡、合肥、芜湖、蚌埠、马鞍山、三明、泉州、龙岩、南昌、鹰潭、上饶、潍坊、济宁、临沂、郑州、商丘、黄石、宜昌、长沙、湘潭、珠海、佛山、惠州、揭阳、云浮、玉林、海口、成都、绵阳、宜宾、昆明、曲靖、西安、嘉峪关、西宁、乌鲁木齐、昌吉回族自治州

资料来源：城市网络数据根据城市网络 2020 年财富中文网（https：//www.fortunechina.com/）、启信宝网站（https：//www.qixin.com/）和上市公司年度报告中采集的企业网络数据整理。

大量的城市位于外围地位。这些城市不仅包括一些中小城市，还包括中西部地区的部分省会城市如兰州。外围地位城市的竞争优势主要取决于它拥有的自然资源和传统制造价值链环节，这些城市在功能专业化分工中绝大多数是传统制造业基地。外围城市吸引的外来资本投入，通常会被导向初级产品部门（提供相对简单的消费性商品）和劳动密集型制造部门，产品要么流向当地市场，要么流向其他城市。外围地位城市创造能力或其他竞争力较低，这些能力主要来自传统部门以及专业化的采矿、农产品加工活动。外围城市倾向于参与资源基础型部门的、中低端创造型资产密集型部门的产品生产，对外来投资经营要求施加的约束较低。资产的累积会受限并且非常依赖于发送关系城市的供给能力或市场能否足以导致主要活动的提前处理。如果缺乏这样的能力，外来投资就可能有导致飞地经济活动的出现以及催生"二元经济"的危险。

（二）权力的空间结构与传统经济格局相匹配

从空间的视角来看，核心—外围结构的空间格局与现有的不平等结构相对吻合。一方面，占据中国城市网络有利地位的城市以大城市为主，如京津冀城市群的北京、天津，山东半岛城市群的济南、青岛和烟台，长三角城市群的上海、南京、宁波和南通，珠江三角洲城市群的深圳、广州和香港。核心城市的经济联系主要集中在以京津冀、长三角、粤港澳大湾区、成渝地区四大核心区域为顶点菱形区域内。长距离的经济联系是主要的构成部分：2005 年，核心区块中链接强度超过 2000 的城市对的平均距离为 1242 千米，其中超过 500 千米的城市对占比为 82.06%；到 2019 年，核心区块中链接强度超过 2000 的城市对的平均距离为 1006 千米，其中超过 500 千米的城市对占比为 78.51%。这表明城市的网络权力来源于它们在场所空间中的影响力或权力。

当然也必须看到，中国城市网络的权力结构相对于传统城市的政治地位也发生了重要的变化，一些政治地位较高的城市，如昆明、西宁、石家庄、太原、呼和浩特、西安等，在城市网络中具有较低的权力地位，而一些政治地位相对较低的城市，如扬州、宿迁、惠州、揭阳、绵阳、宜宾等，在城市网络中占据了较高的地位。与此同时，核心城市的经济增长从强调投资驱动转向强调创新驱动，就像急速的城镇化和急剧增加的创新活动的支出所表现的那样。这些城市已经或者将要成为中国区域创新体系的核心，为以创新为内核、以城市群为载体的创新型综合经济区域的建设奠定了良好的基础。

另一方面，核心区块以凝聚子群的方式存在，而外围地区的经济联系稀少。本书使用 Krackhardt 等（1988）提出的 E-I 指数来评估城市网络的闭合程度。给定网络中核心和外围两个功能区块，E-I 指数定义为区块成员外部联系数量与内部联系数量的差额除以总的联系数量。E-I 指数可以用于评估每一个区块的闭合程度，也可以用于评估整个网络的嵌入程度。E-I 指数的取值范围是 -1~1，-1 代表所有的联系都是区块内部的，1 代表所有的联系都是区块外部的。当网络存在核心—外围的结构时，整个网络的 E-I 指数通常为负值。为了评估一个给定的 E-I 指数值是否与随机排列的期望值显著不同，需要进行置换检验。

表 10-3 报告了 2005 年和 2019 年 E-I 指数分析结果，其中 Internal Density、External Density、Group E-I 和 Whole E-I 分别指的是区块内部联系、区块外部联系密度、群体 E-I 指数和整体 E-I 指数。E-I 指数分析进一步证实了一个不断深化的核心—外围结构。核心区块的密度大于外围区块的密度（2005 年核心和外围密度分别为 239.218 和 2.557，2019 年分别为 245.385 和 15.862），这证实了核心区块是一个联系紧密的子群而外围区块是一个联系稀疏的子群这一事实。也就是说，核心区块由地理上分散但功能上互相联系的城市组成，这与传统"场所空间"背景下的核心—外围结构模型相背离（Friedmann，1966）。

核心区块的 E-I 指数均为正数，而外围区块的 E-I 指数均为负数。这表明，核心区块的城市往往是发送联系的一方，并且更倾向于成为网络的中心。与此同时，核心区块的 E-I 指数由 2005 年的 0.876 下降为 2019 年的 0.558，整体网络的 E-I 指数从 2005 年的 -0.412 变化为 2019 年的 -0.153。这些结果表明，随着中国城市网络在规模和空间上在不断拓展，越来越多的城市被嵌入到网络当中，核心区块与外围区块的联系得到加强，并且在网络的演化过程中表现为群体间的凝聚。

表 10-3　2005 年和 2019 年 E-I 指数

	2005 年				2019 年			
	Internal Density	External Density	Group E-I	Whole E-I	Internal Density	External Density	Group E-I	Whole E-I
核心	239.218	35.162	0.876	-0.412	245.385	99.973	0.558	-0.153
外围	2.557	35.162	-0.651		15.862	99.973	-0.419	

资料来源：城市网络数据根据城市网络 2020 年财富中文网（https://www.fortunechina.com/）、启信宝网站（https://www.qixin.com/）和上市公司年度报告中采集的企业网络数据整理。

（三）城市网络权力的分布变得平缓

过去 20 多年来，中国城市核心度的集中度趋于下降（见图 10-1）。总体来看，城市核心度的 HHI 指数从 2005 年的 0.0208 下降为 2019 年的 0.0167。具体来看，核心区块的城市中，北京持续保持着最大的核心度，深圳、广州、香港的核心度基本保持不变，但是许多城市如上海、武汉、天津、大连等经历了核心度的下降。外围区块的城市中，尽管韶关、新余、四平、攀枝花、济源、河源、湘潭等城市的地位进一步下降，但是大量的城市如扬州、安顺、泉州、枣庄、昭通、日喀则等的核心度得到了明显的改善。该结论与区域研究中发现的多中心发展模式相一致（Zhao 等，2017），这意味着城市网络权力的分布转向功能性的多中心格局。

虽然城市的网络权力在近几十年的发展中倾向于分散化，但是这种分散化的趋势并没有明显改变城市网络结构的等级特征（见表 10-4）。2005 年首位城市北京的核心度占城市体系核心度总和的比重为 10.84%，2019 年这一占比或者说首位度仍然维持在 9.78%；2005 年前 10 位核心度最大城市核心度之和

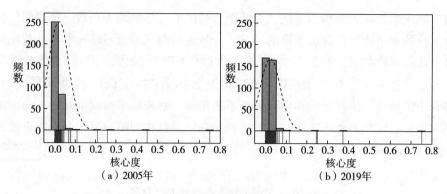

图 10-1　2005 年和 2019 年中国城市核心度的分布特征

资料来源：城市核心度数据根据城市网络 2020 年财富中文网（https：//www. fortunechina. com/）、启信宝网站（https：//www. qixin. com/）和上市公司年度报告中采集的企业网络数据整理。

的占比为 30. 55%，2019 年这一占比或者说首位度仍然维持在 26. 62%。[①]　总体来看，中国城市核心度的等级体系反映了政治地位、知识资本、航空可达性等关键资源在城市体系分布的差异。与欧美国家相比，中国国有企业数量众多，这些企业的公司总部也主要集中在权力中心城市，导致权力中心城市放大了对公司的吸引力（Pan 等，2017）。城市收集信息的能力很大程度上取决于城市的区位条件，包括早期形成的河流交叉点和经济航线，后来建成的铁路、地下电缆和高速公路枢纽，以及现在先进的航空设施和卫星通信，航空可达性是城市网络地位的重要影响因素。由于城市的属性特征倾向于保持稳定，分析结果也意味着中国城市网络的核心—外围结构将会长期持续下去。

表 10-4　2005 年、2010 年、2015 年、2019 年中国城市核心度的演化

序号	城市	2005 年	2010 年	2015 年	2019 年
1	北京	0. 750	0. 775	0. 751	0. 752
2	上海	0. 451	0. 363	0. 277	0. 249
3	香港	0. 258	0. 302	0. 355	0. 373
4	深圳	0. 210	0. 234	0. 252	0. 245
5	广州	0. 108	0. 123	0. 108	0. 115

①　基于 Everett 等（1999）的模型利用城市网络数据计算得出，城市网络数据根据城市网络 2020 年财富中文网（https：//www. fortunechina. com/）、启信宝网站（https：//www. qixin. com/）和上市公司年度报告中采集的企业网络数据整理。

续表

序号	城市	2005 年	2010 年	2015 年	2019 年
6	武汉	0.078	0.074	0.062	0.06
7	天津	0.076	0.071	0.075	0.052
8	南京	0.070	0.083	0.064	0.066
9	杭州	0.067	0.078	0.073	0.083
10	大连	0.047	0.051	0.042	0.037

资料来源：城市核心度数据根据城市网络 2020 年财富中文网（https：//www. fortunechina. com/）、启信宝网站（https：//www. qixin. com/）和上市公司年度报告中采集的企业网络数据整理。

第二节　"流动空间"中的城市群

城市群是一个处于动态发展中的开放性的有机系统，任何一个城市的生长和发育都必须与其他区域发生经济联系。随着城市向"流动空间"中的节点和价值链分工中的载体转型，城市群也相应地发生了深刻的变化。本书选取了位于中国城市网络"菱形区域"顶点的京津冀、长三角、粤港澳大湾区和成渝四大城市群，以及"菱形区域"中间的长江中游城市群，开展典型城市群的案例剖析。

一、京津冀城市群

京津冀城市群的概念由首都经济圈发展而来，范围包括北京、天津两大直辖市，河北省的张家口、承德、秦皇岛、唐山、沧州、衡水、廊坊、保定、石家庄、邢台、邯郸等 13 个地级市。京津冀城市群总面积约 21.5 万平方千米，2019 年常住人口 1.1 亿，GDP 占中国 GDP 的 10%。京津冀城市群是中国的政治、文化中心，也是环渤海大湾区的核心区①。

---

① 京津冀城市群的范围来自 2015 年 6 月中共中央、国务院印发实施的《京津冀协同发展规划纲要》，统计数据根据 2020 年《中国城市统计年鉴》整理。

（一）网络结构特征

表 10-5 报告了 2005 年和 2019 年京津冀城市群在国家城市体系中的度数中心性，括号中的数据为城市在京津冀城市群的度数；图 10-2 报告了 2005 年和 2019 年京津冀城市群内部的网络联系。2005 年的京津冀城市群出度和入度之和分别为 1383 和 607，分别占到国家城市体系出度和入度总和的 28.85% 和 12.56%；2019 年京津冀城市群出度和入度之和分别提高到 4882 和 2018，占比分别保持在 27.48% 和 11.36%。京津冀城市群与中国主要城市群如长三角城市群、粤港澳大湾区、成渝城市群、山东半岛城市群等都保持着密切的网络联系，不仅向这些城市群发送了大量的链接关系，也大量地接受了来自这些城市群的链接关系。因此，京津冀城市群网络结构的核心特征是，它是中国国家城市体系的权力核心。

表 10-5　2005 年和 2019 年京津冀城市群的度数中心性

城市	2005 年出度	2005 年入度	2019 年出度	2019 年入度
北京	1293（108）	324（11）	4454（374）	898（47）
天津	35（7）	125（42）	91（19）	519（162）
石家庄	20（19）	31（14）	45（41）	113（58）
唐山	19（6）	37（24）	83（22）	109（59）
秦皇岛	0（0）	12（4）	0（0）	30（14）
邯郸	3（0）	9（9）	31（11）	36（24）
邢台	6（5）	6（3）	13（11）	28（13）
保定	1（1）	15（7）	58（28）	59（35）
张家口	0（0）	9（6）	0（0）	70（39）
承德	0（0）	10（9）	0（0）	35（29）
沧州	1（0）	9（8）	1（0）	49（27）
廊坊	5（0）	17（7）	106（40）	55（27）
衡水	0（0）	3（2）	0（0）	17（12）

注：括号中的数据为城市在京津冀城市群的度数。

资料来源：城市度数根据城市网络 2020 年财富中文网（https：//www.fortunechina.com/）、启信宝网站（https：//www.qixin.com/）和上市公司年度报告中采集的企业网络数据整理。

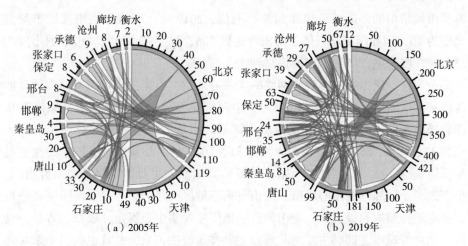

图 10-2　2005 年和 2019 年京津冀地区城市间的网络联系

资料来源：城市网络矩阵根据城市网络 2020 年财富中文网（https：//www.fortunechina.com/）、启信宝网站（https：//www.qixin.com/）和上市公司年度报告中采集的企业网络数据整理。

　　北京是国家的政治中心，也是事实上的网络核心城市。北京不仅向京津冀城市群的其他城市发出了大量链接关系，而且也接收了大量来自京津冀城市群其他城市发出的链接关系。2005 年，北京在京津冀城市群的出度和入度分别为 108 和 11，到 2019 年，北京在京津冀城市群的出度和入度分别提高到 374 和 47。但是北京的影响力远远超出了京津冀的地理范围，它把全国主要城市都纳入自己的腹地范围，同时也被大量城市作为链接关系的目的地。2019 年，北京在国家城市体系中的出度高达 4454，发出关系城市中链接强度超过 6 的有上海、深圳、天津、宁波、成都、重庆、广州等 122 个；北京在国家城市体系中的入度为 898，接收关系城市中链接强度超过 6 的有香港、深圳、上海、广州、南京、大连等 23 个。因此，北京城市功能的发育取决于国家城市体系赋予它的作用。

　　天津、廊坊和保定也位于国家城市体系的核心地位。天津与京津冀城市群其他城市的联系相对较弱，它的影响主要体现在对京津冀城市群以外地区的控制力和吸引力。2005 年，天津在京津冀城市群的出度为 7，在国家城市体系的出度为 35；天津在京津冀城市群的入度为 42，在国家城市体系的入度为 125。2019 年，这一个格局得到进一步强化：天津在京津冀城市群的出度为 19，但是在国家城市体系的出度提高到 91；在京津冀城市群的入度为 162，但是在国家城市体系的入度提高到 519。2005～2019 年，廊坊和保定的地位大幅度提升，由网络中的外围地位提高到核心地位。2019 年，廊坊在京津冀城市群的出度为 40，而在国家城市体系的出度达到 106；保定在京津冀城市群的出度为 28，而在国家城市体系的出度提高到 58。

石家庄、唐山和邯郸位于网络的半核心地位。石家庄嵌入国家城市体系的深度和广度有限，使它不足以成为一个网络核心城市。2005 年，石家庄在京津冀城市群的出度为 19，在国家城市体系的出度为 20；在京津冀城市群的入度为 14，而在国家城市体系的入度为 31。2019 年，石家庄的度数中心性也基本保持着这一格局。因此，石家庄的城市影响能力主要在京津冀城市群内部，更多是一个区域性的中心城市。唐山是冀东地区的经济中心，在网络中也呈现出一定的控制力和吸引力。唐山的影响范围主要集中在保定、成都、吉林、辽阳、烟台等城市。邯郸主要向北京和芜湖发送链接关系，并且也吸引了来自北京、石家庄的链接关系。秦皇岛、邢台等其他 6 个城市则处于外围地位，它们被整合进入其他城市主导的网络联系当中。

（二）价值链地位特征

表 10-6 报告了 2019 年京津冀城市价值链功能区块数量。京津冀城市群共集聚了 119 家中国上市公司 500 强企业总部，占比为 23.80%；商务服务企业数量为 858 家，占比为 15.20%；研究开发型企业 345 家，占比为 21.72%；传统制造企业 334 家，占比为 11.16%；现代制造企业 171 家，占比为 9.77%；仓储物流企业 118 家，占比为 18.21%；批发零售企业 461 家，占比为 13.23%。总体来看，京津冀城市群在国家城市体系中承担的功能主要为公司总部、研究开发、仓储物流和商务服务。

北京是国家城市体系的重要经济中心，也是功能综合型城市。在中国上市公司 500 强价值链中，北京集聚了 105 家公司总部、655 家商务服务企业、105 个研究开发中心、98 家现代制造企业、41 家仓储物流企业和 311 家批发零售企业。以传统制造功能作为参照，其他 6 种功能的区位商均高于 1。特别是公司总部、研究开发和商务服务的区位商高达 6.04、5.47 和 3.34，表明北京是上市公司 500 强企业网络中的命令控制节点、创新热点和高级生产性服务业基地。

表 10-6　2019 年京津冀城市价值链功能区块数量

城市	公司总部	商务服务	研究开发	传统制造	现代制造	仓储物流	批发零售
北京	105	655	302	104	98	41	311

续表

城市	公司总部	商务服务	研究开发	传统制造	现代制造	仓储物流	批发零售
天津	3	137	20	56	23	48	85
石家庄	1	14	8	15	8	5	20
唐山	3	11	4	57	7	12	14
秦皇岛	0	1	0	4	3	3	6
邯郸	1	2	2	17	4	3	1
邢台	1	6	0	12	6	0	1
保定	2	15	3	28	12	4	10
张家口	0	4	2	9	3	0	2
承德	0	2	0	10	2	0	1
沧州	0	0	2	10	3	0	1
廊坊	3	11	2	9	1	1	9
衡水	0	0	0	3	1	1	0

资料来源：根据城市网络 2020 年财富中文网（https：//www.fortunechina.com/）、启信宝网站（https：//www.qixin.com/）和上市公司年度报告中采集的企业网络数据整理。

另外三个核心城市中，天津的仓储物流、商务服务和批发零售的区位商高于 1，特别是仓储物流功能的区位商达到 3.96，分析结果响应了天津作为北方国际航运中心、金融创新运营示范区的功能定位。天津的现代制造和研究开发功能的区位商分别为 0.70 和 0.67，即相对于传统制造环节，现代制造环节的功能强度相对较低，这意味着天津作为全国先进制造研发基地建设还有很长的一段路要走。廊坊是 3 家中国上市公司 500 强的总部所在地，公司总部的区位商高达 1.99，因此廊坊拥有较高的价值链地位。保定是城市网络的核心城市，但是以传统制造为参照，其他 6 种功能的区位商均小于 1，表明保定价值链升级任务较重。

其他半核心和外围地位城市中高级别价值链功能区块的区位商基本都小于 1。石家庄只是 1 家中国上市公司 500 强的总部所在地，商务服务功能也较弱，这与省会地位不相称。秦皇岛仓储物流功能的区位商为 3.46，显示出作为重要港口城市的比较优势。其他城市经济规模都相对较弱，在价值链中的地位也相对较弱，主要是以传统制造的比较优势嵌入到其他城市的腹地范围。

总体来看，在国家城市体系层面，北京、天津、廊坊、保定已经成为全国城市体系的枢纽城市，是国家城市体系中的各种"流动"在京津冀城市群的节点，将京津冀城市群与国家城市体系联系在一起。京津冀城市群是一个全国意义上的城市群，它的职能和未来的发展前景取决于中国国家城市体系赋予它的作用。在京津冀城市群层面，各个城市的功能也具有较强的互补性。北京要立足建设全球城市的战略高度，向周边地区分散非首都功能，努力协调好与周边的关系。天津的总体趋势是建成我国北方商贸金融中心、现代制造基地和国际化的港口城市。石家庄、廊坊、保定、邯郸、唐山等城市要着力提升功能，发展成为区域经济的增长极。秦皇岛、沧州等其他城市要积极对接北京、天津等核心城市，发挥比较优势，通过更多的嵌入网络寻找发展机会。

二、长三角城市群

长三角城市群包括：上海，江苏省的南京、无锡、常州、苏州、南通、盐城、扬州、镇江、泰州，浙江省的杭州、宁波、嘉兴、湖州、绍兴、金华、舟山、台州，安徽省的合肥、芜湖、马鞍山、铜陵、安庆、滁州、池州、宣城共26个城市。长三角城市群面积仅占全国总面积的 2.3%，2019 年人口规模为2.25 亿，GDP 占全国产出的 25% 左右，发明专利数占全国 1/3 左右[①]。

（一）网络结构特征

表 10-7 报告了 2005 年和 2019 年长三角城市群在国家城市体系中的度数中心性，括号中的数据为城市在长三角城市群的度数。长三角城市群不仅深深嵌入到国家城市体系当中，而且内部也建立起密切的经济联系。总体来看，长三角地区城市网络呈现以下三个特征：

表 10-7　2005 年和 2019 年长三角城市群的度数中心性

城市	2005 年出度	2005 年入度	2019 年出度	2019 年入度
上海	345（86）	385（44）	883（240）	1180（170）
南京	102（28）	87（17）	261（111）	329（60）
无锡	1（1）	40（9）	7（3）	143（38）
常州	0（0）	20（7）	9（1）	86（24）

---

① 长三角城市群的范围来自 2016 年 5 月国务院印发实施的《长江三角洲城市群发展规划》，统计数据根据 2020 年《中国城市统计年鉴》整理。

续表

城市	2005 年出度	2005 年入度	2019 年出度	2019 年入度
苏州	11 (5)	54 (19)	151 (45)	320 (74)
南通	6 (4)	24 (7)	123 (76)	96 (26)
盐城	0 (0)	9 (4)	2 (0)	70 (22)
扬州	3 (1)	15 (7)	17 (9)	62 (18)
镇江	0 (0)	10 (4)	0 (0)	40 (18)
泰州	3 (3)	7 (3)	6 (6)	37 (16)
杭州	97 (58)	98 (19)	317 (160)	455 (71)
宁波	19 (14)	67 (24)	166 (66)	357 (69)
嘉兴	28 (14)	20 (11)	64 (34)	115 (27)
湖州	1 (1)	19 (5)	4 (4)	90 (22)
绍兴	3 (1)	30 (23)	23 (10)	89 (52)
金华	0 (0)	18 (12)	0 (0)	47 (22)
舟山	0 (0)	6 (5)	3 (3)	35 (18)
台州	0 (0)	19 (6)	0 (0)	61 (20)
合肥	16 (7)	48 (9)	59 (22)	194 (27)
芜湖	54 (25)	18 (7)	135 (38)	164 (22)
马鞍山	13 (5)	7 (3)	27 (14)	26 (12)
铜陵	4 (2)	6 (4)	13 (10)	12 (5)
安庆	0 (0)	5 (1)	0 (0)	28 (8)
滁州	0 (0)	5 (1)	0 (0)	33 (6)
池州	0 (0)	1 (1)	0 (0)	13 (3)
宣城	0 (0)	4 (3)	0 (0)	25 (9)

注：括号中的数据为城市在长三角城市群的度数。

资料来源：城市度数根据城市网络 2020 年财富中文网（https://www.fortunechina.com/）、启信宝网站（https://www.qixin.com/）和上市公司年度报告中采集的企业网络数据整理。

一是核心城市的数量在全国所有城市群中是最多的。2005 年，长三角地区共有 3 个城市出现在网络的核心地位，包括上海、南京、杭州。到 2019 年，核心城市的数量增长到 7 个，包括上海、南京、苏州、南通、杭州、宁波和嘉兴。以 6 为截断值的二值矩阵中，上海与北京、深圳、天津、宁波、重庆、青岛等 42 个城市相邻，南京与北京、上海、深圳、苏州、盐城等 15 个城市相邻，南通与南京、上海、苏州、杭州、武汉、深圳 6 个城市相邻。总体来看，长三角城市群也深深地镶嵌在全国城市体系当中，它的命运与国家城市体系的发展前景息息相关。与此同时，在核心城市的带动下，城市群内部建立起相对密集的经济联系。图 10-3 报告了 2005 年和 2019 年长三角城市群内部的网络联系格局。2019 年城市群内部网络密度为 1.3215，高于全国城市体系的网络度 0.1524，表明长三角地区经济一体化程度较高。

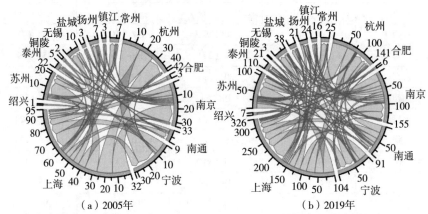

（a）2005年　　　　　　　（b）2019年

图 10-3　2005 年和 2019 年长三角地区代表性城市间的网络联系

资料来源：城市网络矩阵根据城市网络 2020 年财富中文网（https：//www.fortunechina.com/）、启信宝网站（https：//www.qixin.com/）和上市公司年度报告中采集的企业网络数据整理。

二是城市的出度中心性小于入度中心性。2005 年长三角城市群的出度和入度分别为 706 和 1022，占到国家城市体系出度和入度的比重分别为 14.73% 和 21.32%；2019 年长三角城市群的出度和入度分别提高到 2270 和 4107，在国家城市体系的占比分别为 12.85% 和 23.25%。这与京津冀城市群出度中心性明显高于入度形成鲜明的对比。考虑到北京是全国的政治中心，这意味着城市的出度中心性更多受到政治权力等信息腹地的影响，而入度中心性则更多受到市场因素的影响。分析结果表明，长三角城市群在向其他地区发送关系、寻找发展空间的同时，也更多地凭借自身的资源、区位优势，被其他地区的城市整合进入它们的腹地范围。

三是长三角城市群与全国其他城市存在密切的经济联系。一方面，核心城市不仅与长三角地区其他城市存在密切的经济联系，而且它的影响力也远远超过了长三角地理范围。2005 年，上海在全国城市体系的出度和入度分别是 345

和 385，但是在长三角城市群的出度和入度分别仅有 86 和 44。南京在全国城市体系的出度和入度分别是 102 和 87，但是在长三角城市群的出度和入度分别仅有 28 和 17。其他核心城市的出度和入度也表现出相似的格局特征。到 2019 年这一趋势得到进一步加强。例如，上海在全国城市体系的出度增长到 883，而在长三角城市群的出度增长到 240；上海在全国城市体系的入度增长到 1180，而在长三角城市群的入度为 170。另一方面，外围地位城市也接收了大量来自其他城市的链接关系。例如，2019 年无锡在全国城市体系的入度为 143，在城市群内部的入度仅为 38。其他外围地位城市如盐城、扬州、镇江等的入度格局也具有相似的特征。

(二) 价值链地位特征

表 10-8 报告了 2019 年长三角城市价值链功能区块数量。总体来看，长三角城市群除公司总部以外低于京津冀城市群以外，其他功能区块的数量在所有城市群当中都是最高的；长三角城市群各种功能相对均衡，表明这个区域内部价值链分工和上下游配套相对完善。

表 10-8　2019 年长三角城市价值链功能区块数量

城市	公司总部	商务服务	研究开发	传统制造	现代制造	仓储物流	批发零售
上海	44	620	158	95	135	76	398
南京	12	91	48	26	27	8	75
无锡	3	23	14	19	29	4	36
常州	1	16	4	5	13	1	6
苏州	8	90	49	32	77	9	48
南通	2	21	4	20	17	2	9
盐城	0	5	2	12	8	0	4
扬州	1	4	2	8	14	0	9
镇江	0	4	0	5	2	2	3
泰州	1	8	1	8	3	0	5
杭州	15	169	77	24	31	6	74
宁波	5	143	13	30	34	29	63
嘉兴	3	37	4	8	20	5	9
湖州	1	10	3	7	18	2	16

续表

城市	公司总部	商务服务	研究开发	传统制造	现代制造	仓储物流	批发零售
绍兴	3	12	5	26	10	1	21
金华	0	7	2	8	3	1	7
舟山	1	7	2	1	0	6	7
台州	0	7	3	5	6	4	5
合肥	3	38	9	35	37	6	39
芜湖	1	69	1	15	20	6	17
马鞍山	1	8	1	16	2	3	6
铜陵	1	3	4	14	3	1	3
安庆	0	5	0	10	3	0	2
滁州	0	9	3	4	5	0	2
池州	0	1	0	5	2	0	0
宣城	0	12	0	5	0	0	2

资料来源：根据城市网络 2020 年财富中文网（https：//www.fortunechina.com/）、启信宝网站（ht-tps：//www.qixin.com/）和上市公司年度报告中采集的企业网络数据整理。

上海的公司总部、商务服务、研究开发、现代制造、仓储物流和批发零售6 种功能区块的数量均明显高于其他城市，例如，公司总部的数量为 44 个，是第二位的杭州的近 3 倍。这 6 种功能区块的区位商均明显高于 1 且相对均衡，都在 3 左右。这表明上海的各项功能较为完善，不仅是国家城市体系的总部基地、研发中心、商务中心，也是现代制造业基地、现代物流基地和商业中心。

南京和杭州在国家城市网络中的地位处于第二层次。南京和杭州的公司总部、商务服务、研究开发等高级功能区块的区位商明显高于 1，表明这两个城市在产品价值链中占据了较高的地位。另外一个显著特征是，杭州的商务服务、研究开发功能强于南京，显示出杭州在信息经济、国家自主创新示范区和跨境电子商务综合试验区方面的优势。

苏州、南通、宁波、嘉兴、合肥 5 个城市位于第三层次。这 5 个城市集聚的高级别功能区块的数量相对于南京和杭州而言进一步下降。苏州的公司总部、商务服务等 6 种功能区块的区位商均高于 1，特别是现代制造功能的区位商高达 4.11，表明苏州的经济功能相对完善且占据了较高的价值链地位。南通的现代制造功能较强，宁波和嘉兴的商务服务和现代物流功能突出。合肥作为半核心城市出现在城市网络，它承载的公司总部、商务服务和研究开发功能的区位商均小于1。这意味着合肥承担了过多的传统制造功能，提升合肥的功能层次是未来合肥都市圈建设过程中迫切需要解决的问题。

无锡、常州、盐城、扬州等18个城市位于边缘地位，这些城市中价值链高端区块的数量和区位商均较低。特别是安徽的边缘城市相对较多，除了合肥以外，其他7个城市均处于边缘地位。这意味着，这些城市主要承担着城市网络中传统制造基地的功能，也有一些城市体现出了自身的特色。无锡、常州、扬州、湖州等城市的现代制造功能区块具有较高的区位商，这为苏锡常都市圈强化与上海的对接和互动以及加快建设现代制造基地奠定基础；舟山、镇江、台州的现代物流功能较为突出，宁波都市圈打造全球一流的现代化综合枢纽港、国际航运服务基地和国际贸易物流中心。

总体来看，长三角城市群中各个城市的功能和发展方向具有较强的互补性。上海要强化核心城市地位，推动非核心功能疏解，推进与苏州、无锡、南通、宁波、嘉兴、舟山等周边城市协同发展，引领长三角城市群一体化发展，提升服务长江经济带等国家战略的能力。南京和杭州要充分发挥自身的优势，进一步拓展网络腹地范围，提升价值链地位，带动南京都市圈和杭州都市圈的发展。苏州、无锡、常州要全面强化与上海的功能对接与互动，加快推进沪苏通、锡常泰跨江融合发展。合肥都市圈的经济相对较弱，未来应发挥在推进长江经济带建设中承东启西的区位优势和创新资源富集优势，加快建设承接产业转移示范区，提升合肥辐射带动功能，打造区域增长新引擎。宁波、舟山和台州要高效整合三地海港资源和平台，打造全球一流的现代化综合枢纽港、国际航运服务基地和国际贸易物流中心。

三、粤港澳大湾区

粤港澳大湾区包括香港、澳门和广东省的广州、深圳、珠海、佛山、惠州、东莞、中山、江门、肇庆。粤港澳大湾区总面积约5.6万平方千米，2019年人口为0.7亿，珠江三角洲城市群是有全球影响力的先进制造业基地和现代服务业基地，南方地区对外开放的门户，中国参与经济全球化的主体区域，全国科技创新与技术研发基地和全国经济发展的重要引擎①。

---

① 粤港澳大湾区的范围来自2019年2月中共中央、国务院印发实施的《粤港澳大湾区发展规划纲要》，统计数据根据2020年《中国城市统计年鉴》整理。

（一）网络结构特征

表10-9报告了2005年和2019年粤港澳大湾区在国家城市体系中的度数中心性，括号中的数据为城市在粤港澳大湾区的度数。2005年的粤港澳大湾区城市出度和入度之和分别为1605和582，分别占到国家城市体系出度和入度总和的33.19%和12.03%；2019年粤港澳大湾区城市出度和入度之和分别提高到6435和2065，占比分别保持在36.21%和11.62%。粤港澳大湾区与京津冀城市群相似，也是中国城市网络的权力核心地区。

表10-9　2005年和2019年粤港澳大湾区的度数中心性

城市	2005年出度	2005年入度	2019年出度	2019年入度
广州	164（45）	200（149）	494（140）	560（365）
香港	1070（238）	3（0）	4472（846）	23（6）
澳门	0（0）	0（0）	0（0）	0（0）
深圳	330（61）	220（90）	1271（199）	765（275）
珠海	11（3）	34（16）	54（8）	163（100）
佛山	23（5）	33（23）	83（15）	189（139）
江门	0（0）	20（12）	6（4）	74（49）
肇庆	0（0）	9（7）	0（0）	43（31）
惠州	7（3）	29（22）	53（34）	82（62）
东莞	0（0）	25（21）	2（0）	96（70）
中山	0（0）	9（7）	0（0）	58（53）

注：括号中的数据为城市在粤港澳大湾区的度数。

资料来源：城市度数根据城市网络2020年财富中文网（https：//www.fortunechina.com/）、启信宝网站（https：//www.qixin.com/）和上市公司年度报告中采集的企业网络数据整理。

粤港澳大湾区有广州、香港和深圳3个核心城市，这3个城市在2005～2019年一直处于国家城市体系的核心地位。无论是从出度还是入度来测度，这3个城市在国家城市体系中的度数都明显高于在粤港澳大湾区内部的度数。这意味着广州、香港和深圳的影响力和吸引力也远远超出了粤港澳大湾区的地理范围。另外一个显著的特征是，香港和深圳的出度明显高于入度。例如2019年香港在国家城市体系的出度为4472，而它在国家城市体系的入度为23。这种权力格局与长三角地区核心城市入度高于出度的特征形成鲜明的对比。可能的原因在于：一是香港作为中国内地与外界联系的窗口，吸引了大量企业在此建立总部基地，这提升了香港在国家城市体系中的权力地位；二是香港和深圳的资源环境承载力有限，无法承载大量的价值链功能区块集聚，这制约了香港和深圳的入度中心性。

粤港澳大湾区的发展差距相对较大。珠海、佛山和惠州处于半核心地位。这些城市投资环境优越，吸引了大量的企业在此建立分支机构。与广州、香港和深圳网络权力的强劲表现形成鲜明对比的是，澳门、肇庆、中山 3 个城市处于边缘地位。这些城市大多数出度为 0，通过吸引链接关系被纳入其他城市的影响范围。

与京津冀城市群和长三角城市群相比，粤港澳大湾区一体化发展程度相对较高（见图 10-4）。核心城市中表现最突出的为广州，它在 2005 年的入度为200，来自粤港澳大湾区的链接关系为 149 条，其中来自香港的链接关系数量达 113。到 2019 年，广州接收香港的链接关系数量提高到了 261。边缘城市接收的链接关系当中有较高的比重来自粤港澳大湾区内部。例如，佛山在国家城市体系的入度为 189，其中有 139 条链接关系来自粤港澳大湾区内部其他城市。这表明在粤港澳大湾区城市网络联系发育过程中，地理邻近性发挥着重要作用。

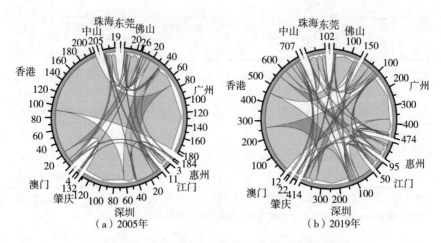

图 10-4　粤港澳大湾区代表性城市间的网络联系

资料来源：城市网络矩阵根据城市网络 2020 年财富中文网（https：//www.fortunechina.com/）、启信宝网站（https：//www.qixin.com/）和上市公司年度报告中采集的企业网络数据整理。

（二）价值链地位特征

表10-10报告了2019年粤港澳大湾区城市承载的价值链功能区块数量及其区位商。从城市价值链分工的角度来看，粤港澳大湾区共集聚了122家中国上市公司500强企业总部，占比为24.40%；商务服务企业数量为1668家，占比为29.55%；研究开发型企业351家，占比为22.09%；传统制造企业201家，占比为6.72%；现代制造企业251家，占比为15.08%；仓储物流企业71家，占比为10.96%；批发零售企业438家，占比为12.56%。总体来看，①粤港澳大湾区各种类型功能区块的数量占比均明显高于城市数量占比4.97%，表明该区域是我国经济活动的主要集聚区；②公司总部、商务服务和研究开发的功能强度明显高于传统制造、现代制造和仓储物流，表明该区域占据着较高的价值链地位。

表 10-10　2019 年粤港澳大湾区城市承载的价值链功能区块数量

城市	公司总部	商务服务	研究开发	传统制造	现代制造	物流仓储	批发零售
广州	10	163	46	46	52	19	103
香港	72	46	3	8	3	1	8
澳门	0	0	0	0	0	0	0
深圳	31	1297	230	42	95	36	215
珠海	3	80	20	15	15	9	35
佛山	3	25	11	28	36	3	27
江门	1	11	8	22	13	0	9
肇庆	0	8	0	14	2	0	3
惠州	1	19	12	7	11	1	9
东莞	1	13	18	14	19	1	25
中山	0	6	3	5	5	1	4

资料来源：根据城市网络2020年财富中文网（https://www.fortunechina.com/）、启信宝网站（https://www.qixin.com/）和上市公司年度报告中采集的企业网络数据整理。

香港、深圳和广州三个城市位于国家城市体系的核心地位。香港是全球最具有竞争力的航运中心和内地企业走出去的"跳板"。改革开放以后，香港将大量的劳动密集型产业转移到粤港澳大湾区，并吸引了大量的内地企业建立公司总部。香港已经转变成为国家城市体系中的总部基地和商务服务中心，公司总部的区位商高达 53.86，商务服务的区位商也达到 3.05。深圳承载的各种类型功能区块的数量均高于广州，是粤港澳大湾区中第二位的经济核心。深圳的商务服务和研究开发功能突出，区位商分别高达 16.37 和 10.31，这为深圳打造成为国家级经济中心城市和创新热点型城市奠定了良好的基础。深圳的其他各种类型功能相对均衡，区位商均高于 3，表明深圳正在日益发展成为一个综合型城市。广州公司总部、商务服务等各种类型功能的区位商均高于 1 且相对均衡，表明广州已经由重化工业基地转化为一个综合型的门户城市。

珠海、佛山和惠州四个城市位于国家城市体系的半核心地位。珠海是功能多样化城市，它承载的各种类型功能区块的区位商均高于 1，但是功能区块的数量相对广州等核心城市有明显下降。佛山和惠州的现代制造功能区位商分别为 2.20 和 2.26，而其他类型功能的强度较弱，表明这两个城市是粤港澳大湾区的现代制造基地。澳门、肇庆和中山 3 个城市位于外围地位。澳门更多地发挥着中外文化交流的功能，在国家城市体系中的经济地位较弱，因此未来应更多承担文化功能而不是经济功能。肇庆和中山主要承担着传统制造基地的功能，在网络中的嵌入程度也较低，未来应该着力促进这些城市的协调发展。

分析结果意味着，粤港澳大湾区的功能结构具有较强的互补性。粤港澳大湾区既有总部基地和商务中心这样的高等级中心城市，又有制造基地城市，也有大量经济层次较低的边缘城市。未来应按照"优势互补、互惠互利、合作共生"的思路，依托香港、广州、深圳三大中心城市，充分发挥不同类型城市的优势，在基础设施、价值链分工、人才流动等领域开展合作，将这一区域建成世界新兴产业、先进制造业和现代服务业基地，建设世界级城市群和国际一流湾区。

四、成渝城市群

成渝城市群的地理范围包括重庆市，四川省的成都、自贡、泸州、德阳、绵阳、遂宁、内江、乐山、南充、眉山、宜宾、广安、达州、雅安、资阳 15 个市。成渝城市群处于四川盆地，总面积 18.5 万平方千米，这是我国西部地区人口密度最高、城市分布最稠密的地区，2018 年常住人口 9500 万、占全国 6.8%，地区生产总值 5.7 万亿元、占全国 6.4%[1]。

---

[1]　成渝城市群的范围来自 2016 年 4 月国务院批复的《成渝城市群发展规划》，统计数据根据 2020 年《中国城市统计年鉴》整理。

（一）网络结构特征

表 10-11 报告了 2005 年和 2019 年成渝城市群在国家城市体系中的度数中心性，括号中的数据为城市在长三角城市群的度数。成渝城市群的出度明显小于入度，表明成渝城市群在国家城市网络中的影响力小于吸引力。无论从发出关系的角度还是接受关系的角度来看，成渝城市群的主要经济联系也是京津冀、长三角和粤港澳大湾区等经济区域。总体来看，成渝城市群的网络结构呈现两个显著的特征。

表 10-11 2005 年和 2019 年成渝城市群的度数中心性

城市	2005 年出度	2005 年入度	2019 年出度	2019 年入度
重庆	70 (1)	84 (2)	155 (5)	376 (6)
成都	32 (9)	96 (4)	102 (15)	360 (11)
泸州	0 (0)	6 (1)	0 (0)	18 (1)
德阳	0 (0)	13 (4)	0 (0)	26 (6)
绵阳	30 (8)	9 (0)	87 (18)	23 (0)
广元	0 (0)	1 (0)	0 (0)	12 (3)
内江	0 (0)	1 (0)	0 (0)	5 (0)
乐山	0 (0)	5 (2)	0 (0)	15 (5)
南充	0 (0)	3 (0)	0 (0)	23 (0)
眉山	0 (0)	5 (2)	0 (0)	20 (4)
宜宾	3 (0)	6 (3)	18 (2)	20 (3)
广安	0 (0)	2 (0)	0 (0)	6 (0)
达州	0 (0)	1 (0)	0 (0)	10 (1)
雅安	0 (0)	3 (0)	0 (0)	4 (0)
资阳	0 (0)	0 (0)	0 (0)	6 (0)

注：括号中的数据为城市在成渝城市群的度数。

资料来源：城市度数根据城市网络 2020 年财富中文网（https：//www.fortunechina.com/）、启信宝网站（https：//www.qixin.com/）和上市公司年度报告中采集的企业网络数据整理。

第一个显著特征是，与京津冀、长三角和粤港澳大湾区三大城市群相比，成渝城市群的网络地位明显降低。2005 年的成渝城市群出度和入度之和分别为 135 和 235，分别占到国家城市体系出度和入度总和的 2.81% 和 4.90%；2019 年成渝城市群出度和入度之和分别提高到 362 和 924，占比依然保持在 2.05% 和 5.23%。成渝城市群中只有重庆位于网络的核心地位，另外一个传统城市群的核心城市成都则位于网络的半核心地位。在以联系强度 6 为截断值的二值网络中，重庆与北京、南京、深圳、香港、福州、上海 6 个城市相连，成都只与昆明存在经济联系。处于半核心地位的城市还有绵阳和宜宾，这两个城市在国家城市体系当中也形成了一定的影响力。其他 11 个城市均处于边缘地位，它们通过比较优势吸引了一些城市与之建立链接关系。因此，成渝城市群在国家城市体系的网络嵌入程度，无论是影响力还是吸引力，都明显低于京津冀城市群、粤港澳大湾区和长三角城市群。

第二个显著特征是，成渝城市群的外向度非常高，相对而言内部的经济联系非常稀疏。2019 年重庆在全国城市体系的出度和入度分别为 155 和 376，而在成渝城市群内部的出度和入度仅分别为 5 和 6，成都、绵阳和宜宾的度数中心性格局也呈现类似的特征。从城市群内部来看，重庆、成都、绵阳、德阳、宜宾等少数城市之间存在着一定程度的价值链分工。除此之外，大部分城市之间并没有建立起经济联系（见图 10-5）。2019 年成渝城市群的网络密度仅为 0.1905，远低于同时期粤港澳大湾区的 4.7059。这表明，从上市公司 500 强企业网络的视角，成渝城市群在功能上的一体化发展程度较低，相对于成熟的城市群还有一段很长的路要走。因此，成渝城市群一方面要健全开放平台，改善在全国城市体系中的网络地位，另一方面要推动城市群内部的经济联系，推动区域经济的一体化进程。

（二）价值链地位特征

表 10-12 报告了 2019 年成渝城市群 15 个城市承载的价值链功能区块数量。从城市价值链分工的角度来看，成渝城市群共集聚了 15 家中国上市公司 500 强企业总部，占比为 3.01%；商务服务企业数量为 217 家，占比为 3.84%；研究开发型企业 77 家，占比为 4.85%；传统制造企业 184 家，占比为 6.15%；现代制造企业 105 家，占比为 6.00%；仓储物流企业 33 家，占比为 5.09%；批发零售企业 165 家，占比为 4.73%。总体来看，成渝城市群各种类型功能区块的数量均小于京津冀城市群、长三角城市群和粤港澳大湾区。

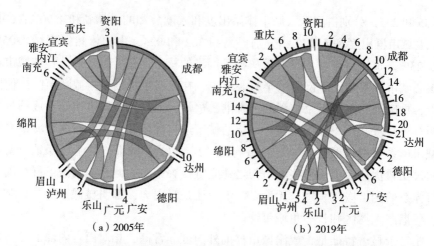

（a）2005年　　　　　　（b）2019年

图10-5　2005年和2019年成渝地区代表性城市间的网络联系

资料来源：城市网络矩阵根据城市网络2020年财富中文网（https：//www.fortunechina.com/）、启信宝网站（https：//www.qixin.com/）和上市公司年度报告中采集的企业网络数据整理。

表10-12　2019年成渝地区城市价值链功能区块数量

城市	公司总部	商务服务	研究开发	传统制造	现代制造	物流仓储	批发零售
重庆	7	88	24	61	43	20	77
成都	4	79	32	52	24	7	66
泸州	0	1	0	5	2	0	2
德阳	0	4	1	6	9	1	1
绵阳	2	18	17	7	16	2	5
广元	0	1	2	4	2	1	1
内江	0	0	0	1	0	0	0
乐山	0	2	1	7	0	0	2
南充	0	3	0	5	4	0	4
眉山	0	2	0	7	2	0	1
宜宾	2	10	0	24	2	2	5
广安	0	4	0	0	0	0	1
达州	0	2	0	3	0	0	0
雅安	0	1	0	1	0	0	0
资阳	0	2	0	1	1	0	0

资料来源：根据城市网络2020年财富中文网（https：//www.fortunechina.com/）、启信宝网站（ht-tps：//www.qixin.com/）和上市公司年度报告中采集的企业网络数据整理。

重庆和成都承载的各种类型功能区块的数量在成渝城市群中都位于第一层次，无论是公司总部、研究开发等的区块数量，还是传统制造、现代制造等其他类型功能区块的规模，都明显高于其他城市。重庆和成都均为功能多样化城市，但是这两个城市的公司总部、商务服务等高级别功能的区位商均小于1，表明这两个城市承载了过多传统制造等位于价值链低端的经济活动，这也意味着未来重庆和成都功能升级的任务较重。与此同时，这两个城市在价值链中的地位也呈现出一定的分化：重庆是中国西南地区最大的工业基地，重庆的现代制造和仓储物流的功能强度高于成都；而成都作为四川的省会城市，在研究开发领域表现出更多的竞争优势。

绵阳和宜宾也表现出一定的网络竞争力。绵阳是两家500强公司的总部所在地，也承载了一定数量的商务服务、研究开发和现代制造功能。宜宾也是两家中国上市公司500强企业的公司总部所在地，但是宜宾的传统制造功能区块为24个，这降低了宜宾在价值链分工当中的地位。因此绵阳表现为功能多样化城市，而宜宾则发展成为传统制造基地。泸州、德阳等其他11个城市则更多承载了传统制造的功能，被成渝城市群以外的城市整合进入价值链分工当中。

总体来看，成渝城市群距离建设成为全国重要的现代产业基地、西南创新驱动先导区的目标差距较大。作为西南地区重要的工业基地和经济中心的重庆和成都必须尽快提升自身的功能层次，改善在国家城市网络和价值链分工中的地位，增强对城市群地区的辐射带动作用。绵阳、宜宾等城市应发挥良好的建设条件和经济实力，尽快发展成为区域的经济中心。南充、内江、德阳等工矿城市，必须在提高资源利用效率的基础上，提升城市基础设施发展和经济实力，走出老工矿城市的新路子。

五、长江中游城市群

长江中游城市群是以武汉城市圈、环长株潭城市群、环鄱阳湖城市群为主体的特大型国家级城市群。长江中游城市群面积约31.7万平方千米，2019年GDP和年末总人口分别约占全国的8.76%和8.79%。长江中游城市群是实施促进中部地区崛起战略、全方位深化改革开放和推进新型城镇化的重点区域，在我国区域发展格局中占有重要地位①。

（一）网络结构特征

表 10-13 报告了 2005 年和 2019 年长江中游城市群在国家城市体系中的度数中心性，括号中的数据为城市在长江中游城市群的度数。2005 年至 2019 年，长江中游城市群在中国城市体系的嵌入程度明显提高：2005 年的长江中游城市群出度和入度之和分别为 209 和 414，分别占到国家城市体系出度和入度总和的 4.32% 和 8.56%；2019 年长江中游城市群出度和入度之和分别提高到 648 和 1289，占比分别保持在 3.65% 和 7.25%。但是总体来看，长江中游城市群的度数比重，特别是出度的占比，明显低于城市数量在国家城市体系的占比 8.18%。

表 10-13 2005 年和 2019 年长江中游城市群的度数中心性

城市	2005 年出度	2005 年入度	2019 年出度	2019 年入度
南昌	15 (2)	40 (18)	58 (11)	148 (35)
景德镇	0 (0)	6 (0)	0 (0)	11 (0)
萍乡	0 (0)	1 (0)	0 (0)	4 (1)
九江	0 (0)	8 (2)	0 (0)	43 (7)
新余	0 (0)	3 (0)	8 (4)	9 (0)
鹰潭	21 (13)	3 (0)	43 (23)	12 (2)
吉安	0 (0)	7 (1)	0 (0)	21 (1)
宜春	0 (0)	2 (1)	0 (0)	18 (1)
抚州	0 (0)	4 (2)	0 (0)	11 (3)
上饶	13 (13)	9 (6)	37 (23)	25 (11)
武汉	94 (25)	116 (12)	235 (60)	332 (24)
黄石	19 (8)	14 (0)	55 (26)	38 (4)
宜昌	6 (2)	28 (16)	39 (6)	46 (25)
襄阳	10 (4)	18 (6)	13 (4)	40 (12)
鄂州	0 (0)	2 (1)	0 (0)	7 (2)
荆门	0 (0)	4 (1)	11 (2)	32 (8)

① 长江中游城市群的范围来自 2015 年 4 月国务院批复的《长江中游城市群发展规划》，统计数据根据 2020 年《中国城市统计年鉴》整理。

续表

城市	2005 年出度	2005 年入度	2019 年出度	2019 年入度
孝感	0 (0)	15 (1)	0 (0)	33 (6)
荆州	0 (0)	9 (1)	2 (1)	34 (7)
黄冈	0 (0)	1 (0)	0 (0)	17 (3)
咸宁	0 (0)	3 (1)	0 (0)	13 (4)
长沙	11 (4)	68 (2)	92 (15)	245 (21)
株洲	6 (0)	18 (0)	10 (0)	32 (2)
湘潭	14 (9)	3 (0)	45 (30)	21 (4)
衡阳	0 (0)	7 (1)	0 (0)	18 (1)
岳阳	0 (0)	8 (2)	0 (0)	23 (4)
常德	0 (0)	7 (3)	0 (0)	20 (10)
益阳	0 (0)	5 (2)	0 (0)	17 (3)
娄底	0 (0)	5 (1)	0 (0)	19 (4)

注：括号中的数据为城市在成渝城市群的度数。

资料来源：城市度数根据城市网络 2020 年财富中文网（https://www.fortunechina.com/）、启信宝网站（https://www.qixin.com/）和上市公司年度报告中采集的企业网络数据整理。

在长江中游城市群中，只有武汉位于国家城市体系的网络核心。2019 年，武汉在国家城市体系的出度为 235，发出关系中链接强度超过 6 的城市有北京、宜昌、十堰、上海、襄阳、南京、杭州、荆门、成都和深圳 10 个城市；在国家城市体系的入度为 332，接收关系中链接强度超过 6 的城市有北京、香港、深圳、上海、黄石和广州 6 个城市。南昌和长沙均处于半核心地位：南昌发出关系中没有链接强度超过 6 的城市，接收关系中链接强度超过 6 的城市有北京、上饶、深圳、香港和鹰潭；长沙发出关系中链接强度超过 6 的城市只有北京和常德，接受关系中链接强度超过 6 的城市有北京、香港、杭州、湘潭、深圳、上海和广州。鹰潭、上饶、黄石、宜昌、襄阳和湘潭也处于半核心地位，其他 19 个城市均处于边缘地位。总体来看，长江中游城市群多中心空间格局的发育程度相对较低。

长江中游城市群的链接关系，与其他城市群一样，也是大量地穿透了城市群的地域范围。从地理位置来看，长江中游城市群位于中国"菱形"区域的中间区位，不仅向京津冀地区、长三角地区、粤港澳大湾区和成渝地区发送了大量的链接关系，也大量地接收了来自这些经济发达地区发送的关系。2005

年，南昌在国家城市体系的出度和入度分别为 15 和 40，但是它在长江中游城市群的出度和入度分别为 2 和 18。2019 年，这种度数中心性格局得到进一步强化：它在国家城市体系的出度和入度分别提高到 58 和 148，而在长江中游城市群的出度和入度仅为 11 和 35。其他城市的度数中心性格局也呈现出类似的特征。分析结果意味着，长江中游城市群已经成为国家城市体系的重要组成部分，它的发展前景与国家城市体系的命运紧紧地联系在一起。

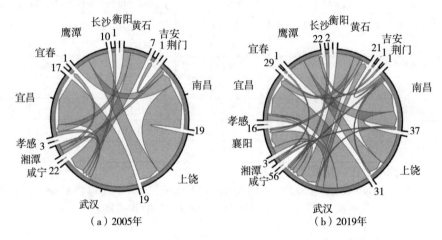

图 10-6　2005 年和 2019 年长江中游地区代表性城市间的网络联系

资料来源：城市网络矩阵根据城市网络 2020 年财富中文网（https：//www.fortunechina.com/）、启信宝网站（https：//www.qixin.com/）和上市公司年度报告中采集的企业网络数据整理。

城市群内部的网络密度为 0.2712，高于国家城市体系的网络密度 0.1524（见图 10-6）。长江中游城市群内部联系呈现出两个显著特征：一是地理邻近性。2019 年鹰潭与环鄱阳湖城市群的南昌、上饶的联系强度为 10，而与武汉城市圈、环长株潭城市群缺乏经济联系；上饶的经济联系也呈现出类似的特征，它向南昌发出 20 条链接关系，而在其他城市并没有分支机构；黄石与武汉的联系强度为 15（黄石向武汉发出 11 条链接关系，而接受来自武汉的 4 条链接关系），远高于黄石与其他城市的经济联系；长沙和湘潭的链接关系高达 17，远远高于这两个城市与武汉都市圈、环鄱阳湖城市群的经济联系。二是择优选择。城市之间的链接关系还发生在南昌、武汉和长沙三个城市群的核心城市之间。2019 年，南昌向武汉和长沙分别发出 1 条和 2 条链接关系，武汉向南昌和长沙分别发出 1 条和 2 条链接关系，长沙向武汉发出 1 条链接关系。但是对比地理邻近性和择优选择效应的影响，可以发现基于地理邻近性形成链接关系强度明显高于核心城市之间的链接关系。分析结果表明，省份的行政边界深刻塑造着长江中游城市群的网络联系格局。

（二）价值链地位特征

表 10-14 报告了 2019 年长江中游城市群 28 个城市承载的价值链功能区块数量。2019 年长江中游城市群承载的公司总部、商务服务、研究开发、传统制造、现代制造、物流仓储和批发零售的区块数量分别为 20、294、92、268、143、35 和 254，占比分别为 4.02%、5.21%、5.79%、8.96%、8.17%、5.40% 和 7.29%。除了传统制造功能区块的数量占比超过城市数量在国家城市体系的占比 8.18%，公司总部、商务服务、研究开发等功能区块的数量占比均低于城市数量占比。分析结果意味着，长江中游城市群的经济实力相对较弱，并且在价值链分工中的地位相对较低。

表 10-14　2019 年长江中游地区城市价值链功能区块数量

城市	公司总部	商务服务	研究开发	传统制造	现代制造	物流仓储	批发零售
南昌	4	20	21	24	20	3	29
景德镇	0	1	0	1	3	0	3
萍乡	0	1	0	1	0	0	1
九江	0	10	1	10	2	1	0
新余	1	5	0	13	2	1	4
鹰潭	0	7	0	5	1	1	3
吉安	0	4	5	8	6	1	0
宜春	0	2	0	3	2	0	1
抚州	0	1	0	4	1	0	1
上饶	1	5	1	9	4	0	5
武汉	7	108	31	39	41	13	92
黄石	0	17	2	13	0	1	4
宜昌	1	8	1	16	6	0	12
襄阳	0	7	1	7	3	3	4
鄂州	0	1	0	2	1	0	2
荆门	1	7	0	4	4	0	3
孝感	0	4	0	9	2	2	5
荆州	1	7	2	19	1	0	7

续表

城市	公司总部	商务服务	研究开发	传统制造	现代制造	物流仓储	批发零售
黄冈	0	11	0	12	0	1	4
咸宁	0	2	0	5	1	0	2
长沙	3	51	22	25	23	5	53
株洲	0	5	3	4	9	0	6
湘潭	1	1	2	4	4	1	3
衡阳	0	3	0	4	1	1	2
岳阳	0	2	0	6	0	1	3
常德	0	1	0	8	3	0	1
益阳	0	3	0	6	2	0	0
娄底	0	0	0	7	1	0	4

资料来源：根据城市网络 2020 年财富中文网（https：//www.fortunechina.com/）、启信宝网站（https：//www.qixin.com/）和上市公司年度报告中采集的企业网络数据整理。

武汉是功能综合型的城市。武汉的公司总部、商务服务和研究开发的功能区块数量在长江中游城市群都是最高的，区位商也均高于 1，显示出它在价值链分工中占据了较高的地位；现代制造功能区块的数量为 41 个（是南昌的 2 倍多，也是长沙的近 2 倍），区位商也大于 1，表明武汉承担着现代制造基地的功能；物流仓储功能区块的数量为 13 个，显示出武汉在我国"黄金水道"的长江中游的区位优势；批发零售的功能区块数量为 92 个，显示出武汉作为区域经济"中心地"的经济优势。

在半核心地位的城市中，南昌、长沙承载的价值链功能区块的数量位于第二位，现代制造功能的区位商高于 1，表明这两个城市在国家城市体系价值链分工中承担着现代制造基地的功能；鹰潭、上饶、黄石、宜昌和襄阳承载的价值链功能区块的数量位于第三位，主要承担着传统制造基地的功能。景德镇、萍乡等其他 19 个城市经济较弱，主要以传统制造领域的比较优势嵌入到国家城市体系，在价值链分工中处于较低的地位。

分析结果表明，长江中游城市群具备发展成为多中心网络结构的优势。未来应强化武汉、长沙、南昌的中心城市地位，进一步增强要素集聚、科技创新和服务功能，提升现代化、国际化水平，完善合作工作推进制度和利益协调机制，引领带动武汉城市圈、环长株潭城市群、环鄱阳湖城市群协调互动发展。

第十一章 城市网络的
核心—外围结构演化模式

第一节 城市网络核心—外围结构演化的一般模式

根据城市网络"行为—结构—绩效"分析框架,择优选择、同类相吸、网络邻近、偏好依附、互惠链接、网络闭合等城市网络发育机理,反映了企业网络发育过程中的资源依赖和交易成本的相互冲突。在这些演化机理中,择优选择是城市网络发育的第一推动力,这是企业价值链将不同环节与不同资源禀赋进行匹配的内在要求,它决定了城市网络关联格局的潜在规模;网络邻近和闭合机制效应源于交易成本的约束,它决定着城市网络的现实格局,网络可达性的增强将提高城市的网络地位和链接关系数量;偏好依附机制源于技术外溢、中间产品共享等集聚经济,城市网络趋于自我强化,即那些拥有较高网络中心性的城市将形成更大的权力和声誉,拥有较高链接强度的城市点对之间将形成更多的链接关系。这四种机制相互作用,共同导致了中国城市网络空间结构的演化特征:城市网络随着时间的推移在不断扩张,越来越多的城市将凭借关键资源融入网络;那些拥有关键资源、优势区位的城市形成较高的网络中心性以及更加密集的链接关系,城市网络呈现持续的分层结构和空间指向性;城市网络地位不断分化,少数城市成为总部基地型城市并位于核心位置,另一些城市则成为制造业基地型城市并位于外围地区。

结合中国城市网络空间结构演化的特征事实,本书尝试着演绎出生产分割环境下城市网络上截尾部分空间结构演化的一般模式。这个过程呈现出核心—外围演化模式特征,可以划分为四个发展阶段(见图11-1)。

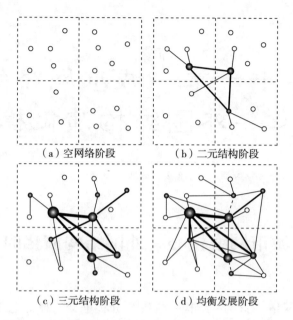

（a）空网络阶段　　　　　　　　（b）二元结构阶段

（c）三元结构阶段　　　　　　　　（d）均衡发展阶段

图 11-1　城市网络空间结构的"核心—外围"演化模式

注：实心圆圈代表存在公司总部的城市；空心圆圈代表不存在公司总部的城市；圆圈大小代表中心度的高低；线条代表链接关系；线条粗细代表连接强度的大小。

资料来源：笔者绘制。

（1）空网络阶段（见图 11-1（a））。在这个发展阶段，经济活动以农业为主体，城镇中的工业生产链条很短，高昂的交易成本使得生产上下游活动均集中在城镇内部。城镇主要作为 Christaller（1933）式的"中心地"而存在，城镇规模小、职能单一、腹地范围小。城镇之间缺乏经济联系，区域经济以若干分散孤立的小城镇为中心形成小范围经济活动的封闭式循环。

（2）二元结构阶段（见图 11-1（b））。在这个发展阶段，工业化进程开始启动并快速发展，在规模经济的驱动下大型企业成为产业组织的主体。与此同时，交易成本的大幅度下降使大型企业的生产分割开始出现，基于产品生产链条分工的城市网络日益浮现。这个阶段城市网络空间结构的显著特征是形成了"核心—外围"二元结构：少数拥有关键资源、优势区位的城市成为公司总部、研究中心和商务服务的集聚地，这些城市之间建立起大量的互惠性链接关系，形成凝聚子群并位于网络的核心位置；另一些城市则凭借特定优势吸引了众多的分支机构，发展成为网络的外围节点；但是仍然有大量的城市置身于网络体系之外，处于封闭的发展状态。

（3）三元结构阶段（见图 11-1（c））。随着工业化进程的深入推进，高加工组装化制造业成为工业经济的主体，生产分割成为越来越普遍的现象。城市之间的经济联系进一步增强，城市网络的链接强度和链接广度向纵深发展，城市网络权力和地位进一步分化。这个阶段的显著特征是形成了"核心—半核心—外围"三元网络结构：核心地位城市的数量进一步增加，这些城市的网络权力和声誉得到提升，对于区域创新发展的带动能力明显增强；中介人地位的城市大量出现，这些城市承载了许多的公司总部和分支机构，挤入网络权力的半核心位置；越来越多的城市通过承接了分支机构融入网络体系，外围地区的城市数量大量增加，孤立者地位的城市大量减少。

（4）均衡发展阶段（见图 11-1（d））。在这个发展阶段，经济发展进入后工业化时期，所有的城市都融入经济网络。这一阶段城市网络空间格局趋于稳定，但是由于关键资源、区位优势的差异，城市的点度中心性、城市之间的链接关系强度仍然存在着明显的等级结构，城市网络地位和功能呈现持续的层级分化。这个阶段的显著特征是，与服务于国家经济体系高质量均衡发展的战略目标相适应，核心城市的数量和等级进一步提升，空间布局相对均衡，有效承担起国家城市体系的控制中心、研发中心和区域经济组织中心的功能，成为构建创新型区域经济综合体的支柱。与此同时，半核心地位城市作为区域性命令中心、创新中心的功能进一步优化，外围地位的城市则主要承担着制造业基地的功能。

第二节　城市网络核心—外围结构演化的基本特征

一、从块状经济到凝聚子群

传统的"场所空间"由建立在地理邻近性基础上的"块状经济"组成。这种"块状经济"深层次的含义是经济变量在空间上的不连续，表现为经济变量在不同块状体之间发生间断和突变。

"场所空间"中块状经济的形成基础主要有四个：一是生产要素的不完全流动性。作为生产要素的自然资源是不可流动的，其分布也是不均匀的，与这些生产要素相关的生产活动只能出现在这些生产要素富集的地方。二是经济活动的不完全可分割性。生产活动的不可分割性主要来源于集聚经济，主要来源包括：经济活动在空间的聚集，使各个厂商共享当地的各种基础设施和辅助行业所提供的专门的服务；由于技术的溢出效应，厂商之间可以模仿和学习，降低学习成本；厂商和人口的集中，可以形成较高效率的劳动力市场。三是知识溢出的本地化地理局限性。在大多数情况下，区域间的信息传递会产生高昂的成本，导致产生信息的空间"黏性"。由于知识溢出的这种空间局限性，创新活动在地理空间上是高度集聚的，地理环境为创新活动提供了平台。四是商品交易和提供服务的空间障碍。商业服务、公共产品都存在着服务半径，超过一定的服务半径，就需要建立其他的商业中心或者公共服务中心来提供相同的产品。这种性质被 Taylor 等（2010）称为"城镇性"，也是 Christaller（1933）中心地理论的基础。

但是在"流动空间"环境下，经济发展已越来越不依赖于与环境（资源）的关系，而越来越依赖于跨越空间的关系。虽然资源仍然是经济活动的基础，但经济商品化已与各种物质流动的较高水平联系在一起。随之而来的是，资源、资本、知识甚至劳动力都显示出越来越高的流动性。块状经济的形成基础正在发生着深刻的变化。

一是生产分割已经成为现代产业组织的普遍形态。在信息化和全球化时代，通信成本的下降使企业各个生产工序更加容易协调，交通成本的下降使中间产品的高效运输成为可能。同时，由于不同地区生产要素差异，把一些活动转移到成本较低的地区，企业能够通过利用低成本生产要素以更低成本从事至少一个环节的生产活动。在这种发展环境下，企业的生产布局更加具有弹性。企业开始将产品研发、制造和营销等连续活动分解成若干个可以相对独立进行的阶段，并根据生产要素消耗结构和价格以及不同场所的生产协调、质量控制、产品运输条件等因素将这些生产阶段的分布到不同的区位，同时又通过现代通信技术将其重新整合为一体，并在零配件制作上保持着微电子层面的准确性和弹性。

生产分割导致了新产业空间的形成（见图 11-2）。与传统马歇尔式产业区相比较，新产业空间指的是柔性生产网络，是由分散在各地的生产环节连接起来的功能空间，是在流动空间背景下的生产组织方式。新产业空间的逻辑特征是物理空间上的非连续性，确切地说，它是围绕信息、技术、人员流动，由分散在不同区位的创新和生产的层级组织起来的。同时，受到企业和地区之间不断变化的竞争和合作行为影响，新产业空间的网络格局也会处于持续变化当中。网络格局变动方向有时具有路径依赖的特征，呈现历史延续性；有时则由于刻意的制度安排，呈现完全相反的方向。

二是远距离的知识流动成为区域知识创造的重要组成部分（Bathelt 等，2004；Huggins，2007）。现代交通、通信基础设施的迅猛发展，使知识的跨地区流动障碍逐渐削弱，一个城市的知识生产不仅取决自身的研发资本、研发人员等控制变量，还越来越多地受到周边和它相联系的那些城市的知识溢出效应影响。这使当代技术机会来源不仅在数量上出现了增长，其形式和内容在本质上也发生了变化，突出表现在：企业获取知识的地理范围更广，企业利用跨学科的知识更加频繁。如今，地理邻近性并不是知识溢出的唯一来源。

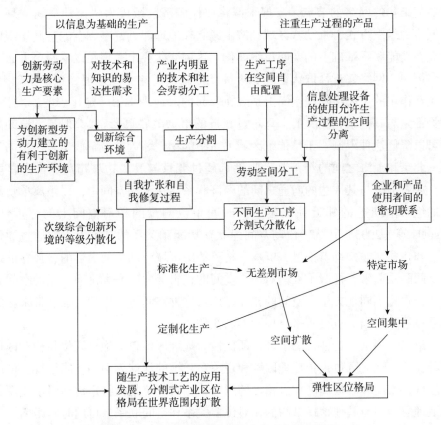

图 11-2　知识密集型产业生产分割与空间格局

资料来源：Castells M. The rise of the network society［M］. Cambridge，MA：Blackwell，1996.

知识外部性通过组织层面的互动和人际或专业层面的网络，成为推动创新传播的力量。这些组织和专业联系可能由于地理上的接近而变得更加紧密，但后者并不是它们存在的必要条件。远距离组织层面的互动，例如，全球价值链或国际科学网络之间的互动，降低了企业和研究组织内部的交易成本。这些有组织的结构可以促进深层次的知识交互，而无须在地理上邻近。因此，创新不再取决于经济主体所在的区位，而是取决于它所在网络的地位，过度依赖当地知识网络和资源可能对创新有害。越来越多的学者也认为，非近邻行为者往往同样能够跨越空间边界转移战略相关和有价值的知识，前提是有一个高效率的网络结构。

本书表明，"场所空间"环境下的城市或者区域已经被整合进网络，成为日益复杂化的网络的节点。凝聚子群将取代经济区域成为"流动空间"环境下城市的组织方式，推动着区域经济由建立在地理邻近性基础上的空间组织向建立在功能联系基础上的空间组织演化。这种变化突出表现在以下两个方面：

第一，网络邻近性取代地理邻近性。传统空间建立在地理邻近性基础上，即相互作用的主体在物理空间上是聚在一起的。地理学第一定律表明，"任何事物都是与其他事物相关的，只不过相近的事物关联更紧密"。但是，流动空间可以降低这种限制，于是传统区域关系中的物理邻近性被解放出来。本书表明，北京和上海之间的经济联系强度远超过北京与其周边城市唐山的经济联系，或者上海与其周边的南通之间的经济联系。在流动空间中，以距离单位测量的绝对空间上的邻近性让位于以时间单位测量的相对空间上的邻近性。Castells 等（2003）认为，流动空间建立在功能和关系的基础上，它通过通信系统和便捷交通推动着信息、资本、精英的跨区域流动，使遥远的、孤立的地方空间联系起来，征服了人们对地方空间的逻辑经验。毫无疑问，流动空间将进一步强化不同地方生产空间的相互作用。这种空间可达性的增强会带来新的发展机遇，但同时也会带来更加激烈的竞争。

第二，网络可达性代替了区位便捷性。地理区位包括绝对区位和相对区位两种类型：绝对区位是指地理因素和现象在三维的地球表面的空间位置，可以由经度、维度和海拔高度加以精确的测定；相对区位是指特定地理因素或现象在地理空间中与其他地理事物的相对位置关系和空间联系，可用时间距离、交通运输的难易程度以及经济、政治和社会联系来衡量。在流动空间下，产业选择的区位自由度发生重大变化，这将重塑不同地区和不同城市的可达性。在网络社会中，城市是在沟通基础上形成的主要权力中心，它们的权力反映了其可达性，即城市与其他区域的联系范围、质量与关系，城市是通过网络可达性来行使权力的。通过复杂的网络产生的互动与交流等形式，都是由城市的权力构成的。在像纽约和东京这样的城市中，银行、海外金融公司、律师事务所等高端专业服务业通过金融和商业服务网络来组织其经济权力。这种共存的互动能够缩小城市之间的时空距离，从而建立更加紧密的、完整的连接和关系。

二、从城市群到国家城市体系

城市群的形成与发展是区域经济一体化的客观规律（姚士谋等，2006；方创琳等，2015）。城市群是指在特定地域范围内，以 1 个超大或特大城市为核心，由至少 3 个以上都市圈（区）或大城市为基本构成单元，依托发达的交通、通信等基础设施网络，所形成的空间组织紧凑、经济联系紧密并最终实现同城化和高度一体化的城市群体。城市之间的经济联系对于任何城市群体的空间作用都是至关重要的，它表明不同地点或区域的人及其活动在空间上是相互作用的。正是这种流动使各不相同的地点或区域的各种经济、社会活动互相关联，从而构成一个庞大而复杂的区域城市空间联系。

中国的城市化实践仍然建立在城市群的基础上。《国家"十一五"规划纲要》首次提出"把城市群作为推进城镇化的主体形态"，《国家新型城镇化规划》最终明确"把城市群作为主体形态"，"十三五"时期提出了"19+2"的城市群总体框架。"19+2"城市群指的是京津冀、长三角、粤港澳大湾区、山东半岛、海峡西岸、哈长、辽中南、中原地区、长江中游、成渝地区、关中平原、北部湾、晋中、呼包鄂榆、黔中、滇中、兰州—西宁、宁夏沿黄和天山北坡 19 个城市群，以及以拉萨、喀什为中心的两个城市圈。这一连串的顶层设计推动，使城市群迅速发展，其引领区域发展的作用也日益明显。

城市地理视角下的国家城市体系是在一个大系统中讨论城市之间的相互关系。Bourne 等（1978）详细讨论了国家城市体系的本质。他们认为，从一系列相互依赖的城市组成国家的基本定义出发，仅关注一个特别的城市很难理解普适性的城市发展规律，即如何增长、停滞进而衰落，因此需要从更大的体系中去观察城市。例如，19 世纪后期快速增长的芝加哥必须在美国城市体系向西扩张的背景下进行理解。城镇是相互依存的，任何一个城镇的规模、经济特征和发展趋势都受到与其他城镇内在联系的性质和强度的影响。如果忽视整个城市体系发展趋势的影响，就不能很好地理解发生在一个城市中的各种事件。

国家城市体系的形成是区域经济一体化发展到高级阶段的产物。本书发现，随着企业经济分支机构在全国范围内的布局，城市群中主要城市的经济联系已经超出了城市群本身的范围。城市群的核心城市不再仅作用于区域，而是国家城市体系的网络节点，特别是城市群核心城市的影响力和吸引力远超过了城市群地理范围。Gottmann（1987）认为，大都市带是国家和国际交往的连接点，它的命运取决于整个世界广阔而多重的经济联系。这意味着从城市群尺度去研究城市的功能和发展定位，已经面临着越来越大的局限性。事实上，城市群之间相互成为网络腹地，它们之间不再具有清晰的地理界限，而是通过相互联系整合起来，成为一个整体，即国家城市体系。

第一，经济网络和区际分工是国家城市体系形成的根本动力。网络中将城市连接在一起的经济联系是由特定的经济主体创造的，历史上，是商人通过商品贸易构建了城市之间的网络。一般来说，经济变化的主体是资本持有者，他们的决策对经济的增长或停滞至关重要。这种国家范围的区际分工的成因主要有：①绝对成本。每个区域都有适于生产某些特定商品的绝对有利的生产条件，每个区域都应该选择生产绝对成本最低的商品，然后彼此通过贸易进行交换。②相对成本。每个区域应该把资本和劳动用于具有相对优势的功能部门，生产本区域最有利的产品，利用区际分工和贸易实现相互之间的互补，从而在使用和消耗等量资源的情况下，提高资源的利用效率，实现区域经济的快速发展。③资源禀赋。每个区域生产要素禀赋各不相同，各地区应专门生产要素禀赋多的商品，以发挥各自所拥有的生产要素优势。④规模经济。由于规模经济的存在，即使是两个技术水平和资源条件完全相同的区域，也同样可以发生专业化分工和贸易。

第二，交通与能源技术的革新是国家城市体系形成与演化的推动力量。Borchert（1967）根据交通与能源技术的变化，将美国的国家城市体系演化划分为5个阶段：①轮船马车时期（1790~1830年）。这一时期大部分城市是位于大西洋沿岸的港口城市，或是与港口城市联系紧密的河口城镇。正如波士顿、费城和纽约人口规模几乎相等所暗示的那样，这一时刻没有一个城市在国家内占据支配地位。②火车时期（1831~1870年）。基于铁路联系的城市在城市体系中上升到较高的位次，如纽约市的人口已经远远超过了费城和波士顿。铁路的发展加速了煤矿的开采，结果像匹兹堡这样的城市在城市体系中迅速增加。③钢轨时期（1871~1920年）。这时期城市的发展主要由全国范围内的铁路线系统所引起，中西部和东北部主要的工业城市的中心保持或者提升了它们在城市体系中的位次，同时像圣路易斯、路易斯维尔这样的城市在城市体系中位次下降。④汽车—飞机—休闲时期（1921年至今）。休闲作为都市发展的重要因素得到凸显，特别是在佛罗里达州、西南部的州、南加利福尼亚等都市区，这些都市区的中心城市在城市体系中均占据较高位置。⑤一个新的时期（1970年至今）。由休闲和服务业驱动的城市增长模式变得更加突出，那些早期占据铁路优势的城市现在在国内的州际公路系统和机场方面也处于较好的位置。洛杉矶从第十大城市成长为第三大城市，休斯敦与达拉斯成为排名前十位的城市。

网络环境下国家城市体系的经济景观格局也将发生深刻的变化，主要体现在以下两个方面：

（1）从产业专业化到功能专业化的转变。长期以来，城市体系的经济景观建立在产业分工的基础上，不同城市依托不同的比较优势建立起各具特色的主导产业，从而形成了各种类型的产业专业化城市或产业多样化城市，如采掘业城市、工业城市、旅游城市、商业城市、产业综合型城市等。但是随着生产分割程度的加深，建立在产品价值链基础上的城市功能分工已经成为中国城市体系经济景观的显著特征。本书结论与 Duranton 等（2005）、Rozenblat 等（2007）的研究结论相一致，即"场所空间"到"流动空间"的转变将推动着城市经济由产业分工到功能分工转变，这个过程产生了各种类型的功能专业化城市或功能复合型城市，如总部基地城市、研发中心城市、制造基地城市、功能多样化城市等（见图11-3）。这意味着建立在促进城市间产业分工基础上的城市化政策需要做出相应的调整。

（2）功能专业化和多样化在城市体系共存。本书不仅表明小城市具有较强的传统制造专业化功能，还揭示大城市在公司总部、研究开发、商务服务等维度具有较强的多样化功能。本书分析结果呼应了 Markusen（2002）、Smith 等（1994）关于价值链区块"区位共聚"（Co-location）的研究。这意味着产品价值链上下游之间存在着互补性和经济活动的协调成本，这种垂直联系倾向于推动多区位企业将不同功能区块布局在相同的城市。与此同时，本书的研究结果还和城市产业结构的证据相类似。在基于产业结构视角的城市经济功能研究中，一个显著的事实是，大城市通常拥有更高的产业结构多样化程度。这可能意味着：一方面，大城市具有劳动分工所需的市场规模以及政治、信息、科技等关键资源，而小城市受到市场规模、关键资源的限制只能够容纳单一的经济活动；另一方面，多样化是大城市赖以生存的基础，因为相对于专业化而言，多样化是城市创新更为重要的影响因素。研究结果表明，合理确定城市在产品价值链网络中的功能定位，推动城市之间建立在价值链基础上的经济分工与合作，应该成为当前中国城市化政策的重要内容。

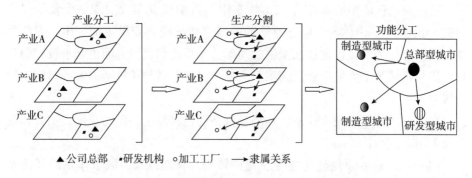

图11-3　城市从产业分工向功能分工的演变

资料来源：Rozenblat C, Pumain D. Firm linkages, innovation and the evolution of urban systems［A］//Taylor P J, Derudder B, Saey P, Witlox F, et al. Cities in globalization：Practices, policies and theories［M］. London：Routledge, 2007：130-156.

三、从中心地到高等级中心城市

传统的城市作为中心地而存在：城市的职能是为周边腹地的人口提供服务。Christaller（1933）以20世纪30年代的德国南部为例，首次验证了中心地理论。这个理论满足了当时德国南部的大多数大城市，但是却排除了那些不仅为周围腹地人口服务的城镇。因此，中心地理论的目的仅是讨论城市的某些功能，并且明确地排除了与腹地外密切相关的大多数制造业（这类职能不能完全满足理论的定义）。中心性（Centrality）被用来定义中心地的重要性。由于当时德国的大多数商业联系都通过电话进行，因此 Christaller（1933）并没有利用人口规模的大小刻画城市的重要性，而是选择了电话线路数量这一指标作为中心性的象征。今天或许评价中心性的最重要方法是（各种流动中）城市网络的度数，尤其是当人口规模被证明并不能完全反映城市网络地位大小的时候更是如此。

在生产分割的环境下，区域经济的一体化必然造就一批高等级城市。这些城市的主要职能是：作为经济组织中高度集中的控制点，作为已经取代了制造活动成为主导部门的金融、专业性商务服务公司的关键区位，作为知识创新中心和创新型经济活动的场地，作为产品与生产的创新销售的市场。这些城市通常是在国家经济、政治、文化、国际交往、区域辐射等领域承担重要战略职能的大都市区，它们在国家或大区域层面发挥政治决策、经济组织中枢、文化交流、国际交往或区域辐射带动的战略性。也就是说，在城市网络中的高等级城市不仅承担高级中心地的功能，更多地作为网络中的命令控制节点、创新源和高级生产性服务业的集聚地。

高等级城市是现代城市体系的重要组成部分。当前世界城市体系被一批高等级中心城市所支配。全球化与世界城市研究网络（Globalization and World Cities Study Group and Network，GaWC）每年用银行、保险、法律、咨询管理、广告和会计六大"高级生产性服务业机构"在世界各大城市中的分布为指标对世界 707 座城市进行排名。2020 年 GaWC 对世界城市的排名情况如下：Alpha++（一线超强城市）级别的城市有两个，即伦敦和纽约，这两个城市为世界城市网络的"塔尖"，是全球资源的控制中心。Alpha+（一线强城市）级别的城市全球有 7 个，中国城市网络中有三个城市入选，即香港（第 3 位）、上海（第 5 位）、北京（第 6 位），其他城市依次为新加坡、迪拜、巴黎和东京。Alpha（一线城市）级别的城市有 15 个，依次是悉尼、洛杉矶、多伦多、孟买、阿姆斯特丹、米兰、法兰克福、墨西哥城、圣保罗、芝加哥、吉隆坡、马德里、莫斯科、雅加达和布鲁塞尔。Alpha−（一线弱城市）级别的城市全球有 26 个，包括华沙、首尔、约翰内斯堡、苏黎世、墨尔本、伊斯坦布尔、曼谷、斯德哥尔摩、维也纳、都柏林、布鲁伊斯艾利斯、旧金山、广州、深圳等。Beta+（二线强城市）级别的城市全球有 23 个，包括华盛顿、达拉斯、波哥大、迈阿密、罗马、成都、汉堡、休斯敦、柏林、杜塞尔多夫、特拉维夫、巴塞罗那、布达佩斯等。

高等级中心城市也是美国和欧盟的国家城市体系的重要经济景观。尹稚等（2017）对美国和欧盟的高等级中心城市的发展规律和经验开展了系统研究。美国高等级中心城市的具体识别标准如下：一是位于国际权威公认的"GaWC 世界城市排名"Beta 级以上的城市可入选；二是确保美国每个州郡至少 1 个首位城市或首府入选；三是通过《美国 2050 空间展望》等国家战略和政策报告进行校核。美国最终识别出包括纽约、休斯敦、亚特兰大、芝加哥、明尼阿波利斯、达拉斯、圣路易斯、夏洛特、孟菲斯、密尔沃基、奥马哈、费城、旧金山、华盛顿、波特兰、波士顿、哈特福德、路易斯维尔、迈阿密、菲尼克斯、圣迭戈等 53 个国家高等级中心城市。欧盟高等级中心城市的识别主要参照了下面两个具体标准：一是位于国际公认的"GaWC 世界城市排名"Beta 级以上的城市；二是欧盟 28 个成员国及瑞士和挪威两国的首都。欧盟最终共识别出包括伦敦、巴黎、法兰克福、阿姆斯特丹、马德里、罗马、慕尼黑、巴塞罗那、布鲁塞尔、柏林、米兰、斯德哥尔摩、哥本哈根、苏黎世、都柏林、奥斯陆、维也纳、里斯本、日内瓦、汉堡、华沙等 40 个城市。

美国和欧盟城市经济景观的重要特征是，高级别中心城市数量较多且分布相对均衡，全面支撑着大都市带和欠发达地区的协调发展。这在引领国土相对均衡发展的同时，更从战略层面构建了一个具有更强抗打击能力的国土安全格局。分散化、网络化、多节点的中心城市体系，有力地规避了国土安全战略性资源和国家职能在单一或某几个中心城市节点过度集中布局，避免了战略性节点城市数量过少或分布过于集中导致的国土安全保障能力无法覆盖每一片国土的问题，进而大幅提升了整体的系统稳定性、安全性、战略运筹空间和抗打击能力。另外一个显著特征是，人口经济规模对城市功能等级的影响较弱。在世界 500 强企业总部数量、国际货运总量、国内货运总量、ICCA 会议数量等功能指标方面，美国和欧盟的高等级中心城市呈现与人口经济规模体量并无直接关系的特征。很多人口经济规模并不大的地区，欧盟的许多高等级城市如法兰克福等人口都不足百万，但是这些城市在吸引世界 500 强企业总部数量、承担国内外货运物流职能方面，或者举办国际会议会展活动方面，在国家层面发挥了举足轻重的作用。

但是中国网络核心城市的研究结果表明，中国城市体系中价值链的高等级别功能区块主要集中在少数大城市或政治中心城市，高等级中心城市数量较少。中西部地区和欠发达地区一些重要战略节点城市的地位显著下降，如省会城市银川、西宁下降到与淄博、滨州等相同的地位。不仅如此，许多网络中心城市距离世界城市的标准还有很大差距。中国入选 GaWC 世界城市排名中 Alpha+ 级别的城市有香港（第 3 位）、上海（第 5 位）、北京（第 6 位），没有一个城市进入 Alpha 级别，进入 Alpha- 级别的城市广州（第 34 位）、中国台北（第 36 位）、深圳（第 46 位），进入 Beta+ 级别的城市只有成都。其他级别的城市中，中国核心城市的数量也较少。例如，Beta（二线城市）级别的中国核心城市为天津、南京、杭州、重庆，Beta-（二线弱城市）级别的中国核心城市为武汉、长沙、厦门、郑州、沈阳、西安、大连、济南。中国现有的高等级城市不足以承担起引领地区转型发展、带动区域融入国际经济分工的重任。

中国的发展不可能仅靠一个或几个国家中心城市就能支撑起来，而应由一个布局合理的"国家中心城市网络体系"，构成支撑整个国土的战略性支点，才能共同承担政治、经济、社会、文化、军事、对外交往等职能和使命。因此，未来应该对国家级中心城市进行更好的顶层设计，高度关注欠发达地区的重要战略节点城市，建立起空间分散化、联系网络化、功能扁平化的中心城市体系，使其成为支撑国土均衡开发和提升国际竞争力的重要战略支点。

四、从本地竞争到广泛的合作

传统的城市发展研究作为一种"低水平关系"，强调通过城市等级进行竞争。城市竞争力的概念得到广泛的应用。城市竞争力是指一个城市在国内外市场上与其他城市相比所具有的自身创造财富和推动地区、国家或世界创造更多社会财富的能力。城市竞争力综合反映了城市的生产能力、生活质量、社会全面进步及对外影响。在"流动空间"环境下，城市之间的竞争将变得日趋激烈，培育城市的竞争力成为提升发展潜力的重要途径。

国家间关系在边界的马赛克世界中运作，而城市不形成马赛克空间，它们是流动空间中的节点。关键的一点是，对于网络中的城市来说，城市间关系中固有的是合作。一般来说，相互性是所有网络的核心；如果没有利益的巧合，网络就会崩溃。就国家城市网络而言，相互性通过多区位企业及其国家定位战略而存在。在许多城市投资昂贵的办公室意味着这些公司在其经营的所有城市都有既得利益。因此，当代城市间关系的主要现实是作为城市网络的共生关系。

城市间的合作关系远远超过了地理邻近性的限制，更多体现在更大的空间尺度上（Taylor，2004）。在全球城市体系当中，伦敦和法兰克福是一对特别有趣的世界城市，因为欧洲央行在法兰克福，以及随后欧元的推出，导致金融媒体大量猜测法兰克福正在"追赶"伦敦。换句话说，伦敦和法兰克福之间的关系被视为竞争。事实上并不是这样的，法兰克福和伦敦之间存在着明显的分工：伦敦处理更多的全球项目，法兰克福处理欧洲项目。这种分工形成的合作过程主导着伦敦—法兰克福关系的发展。法兰克福工作领域的增长有可能蔓延到伦敦的全球实践中，伦敦为法兰克福的欧洲工作提供了发展机会。对伦敦有利的东西对法兰克福有利，反之亦然。简言之，伦敦—法兰克福是世界城市网络中一个重要的欧洲二元体，合作关系将城市联系在一起。

根据城市间的共生关系，城市网络可以分为两种类型：

（1）互补型城市网络。互补型城市网络是由职能上专业分工和相互补充的城市中心聚合组成。它的核心特征是，提供经济功能产出、城市适宜性或居住生活环境的主体不是单体城市，而是能够产生区域化集聚经济的城市区域。从生产方面来看，城市之间的劳动分工一方面避免了所有的生产环节集中在一起带来的拥挤，另一方面又能够充分利用不同城市的要素禀赋和比较优势，并能够获取企业层面的规模经济和行业层面的集聚经济。图11-4揭示了互补型城市网络的范围经济性。在图11-4中，射线1、2、3、4分别代表企业将生产工序布局在1个、2个、3个和4个生产区时的成本曲线。尽管随着生产分割程度的增加，企业协调成本也在增加，但是企业能够充分利用不同区位的比较优势，从而能够获得更低的边际成本。最终，曲线ODEF刻画了分割生产环境下的成本曲线（Jones等，2005）。互补型城市网络的典型案例有荷兰兰斯塔德地区城市网络、中国珠江三角洲地区城市网络、欧洲东南部多中心城市网络、日本关西地区城市网络等。

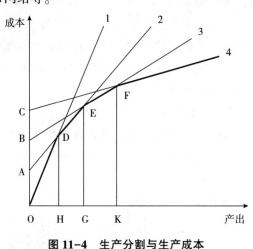

图11-4　生产分割与生产成本

资料来源：Jones R W，Kierzkowski H. International fragmentation and the new economic geography ［J］. The North American Journal of Economics and Finance，2005，16（1）：1–10.

互补型城市网络的构建客观上要求每个城市都根据自身比较优势确定专业化方向。这和欧盟提出的"精明专业化"（Smart Specialization）发展模式相一致。精明专业化的目的是，在充分理解和利用本地现有生产结构和经济资产的基础上，助推一些新的潜在的产业创新系统的诞生和成长，以此逐步改善区域创新生态环境和经济表现。也就是说，政府应充分并广泛动员本土企业家、中小企业创业者、大学学者以及与本土产业利益相关者等，以互动的方式共同探索和发现未来"产—学—研—政"合作的可能，充分理解符合本土制度、社会、文化土壤的区域创新发展路径和模式。精明专业化并非要求所有区域遵循"从科学和技术到创新"发展模式，而是充分考虑经济基础的空间差异性和非均衡性，运用根植于地方的知识、研究和技术网络，来优先推动"可能的"创新活动，以此逐步提高区域经济的竞争力和活力。

(2) 协同型城市网络。协同型城市网络是由职能上相似和相互协作的城市中心聚合而成。这些城市中心通过交通和通信网络整合在一起，来共同承担某些特定职能，或者共同完成某些特定任务。协同型城市网络建立在城市功能相互兼容的基础上，即这种城市之间的合作能够形成更大的市场、整合更多的资源、提供更多样化的服务，从而获得更大的范围经济性和规模经济性。但是与互补型城市网络中专业化城市之间的关系不同，围绕着网络中流动的经济要素，这些功能相似的城市中心仍然存在着激烈的竞争关系。在这种情况下，竞争与合作的区别越来越模糊。因此，网络的构建并不意味着促进了城市之间更和谐的交流，相反，它意味着在较大的尺度上，合作与竞争的相互共存。

在协同型城市网络中，城市的功能地位并不一定完全相同，存在着等级层次的划分。例如，在全球金融市场网络中，这些金融中心可以分为全球金融中心、区域金融中心和国内金融中心三个层次。全球金融中心能为包括本地区在内的全球客户提供金融服务，包括国内国际全部金融市场的活动；根据 Z/Yen 咨询公司发布的 2015 年全球金融中心指数（GFCI 18），全球金融中心的代表是伦敦、纽约和中国香港。区域金融中心也称作地区性金融中心，为居住于本地区的客户提供跨国或跨地区金融中介服务；这样的金融中心有东京、新加坡、多伦多、苏黎世、日内瓦等。国内金融中心主要服务于国内金融层次，为国内某一地区内的居民提供金融中介服务，交易货币为本国货币，业务范围为国内的市场，但也存在与国际金融市场的联系。

第三节　城市网络核心—外围结构演化模式的理论讨论

根据分析结果，城市网络空间结构的"核心—外围"演化模式与传统区域发展空间结构理论存在明显的差别。本书的分析结果有助于流动空间和场所空间环境下区域发展空间结构及演化机理差异性的讨论。

一、与中心地理论的区别

长期以来，规范地描述城镇体系最好的分析模型是中心地理论（Christaller，1933）。中心地理论把城市看成是商贸中心和服务中心，以此来探讨它们在职能、规模和分布上的规律性。中心地等级体系一般具有以下特征：中心地等级越高，它所提供的中心职能越多，人口规模越大；高级中心地不仅有低级中心地所具有的职能，而且具有低级中心地所没有的较高级职能；中心地的级别越高，数量越少，彼此间的距离就越远，服务范围也就越大。因此，中心地体系是一个对腹地等级化布局的常规"拼图"。每一个腹地，在不同尺度上，其本质都是由简单经济层面的地方市场来定义的地点。

Taylor（2010）将这一过程称为"城镇性"，这一过程在每个城市都能找到；伦敦和纽约对于其分别位于英格兰东南部以及纽约州南部、新泽西部分地区和康涅狄格州的广阔腹地来说都是中心地。当然，伦敦和纽约服务了更为广阔的地域。本书也揭示了大城市经济结构的多样化特征，大城市集中了大量的批发、零售甚至制造等价值链环节，这些功能主要是为当地的市场服务的，这些功能的存在也使这些城市成为服务当地市场的中心地，或者说市场中心。中心地理论较好地解释了传统社会（传统产业占据主导地位、封闭的区域经济、生产要素和产品缺乏流动性的发展环境）城市体系的结构特征。

但是随着全球化进程的不断加深，现实世界中的城市体系已经明显不同于这种巢式的中心和市场阶层体系，中心地理论的解释能力逐渐下降。除了中心地理论推导的空间结构，本书揭示了另外的一种城市网络的空间结构。前者是建立在地理邻近性基础上的（腹地）空间结构，后者则主要是一种地理上非相邻但是存在大量"流动"的城市组成的互动空间。这些联系定义了异常复杂的市场结构下超越地方的流动网络。Taylor（2010）将这一过程称为"城市性"，而且这一过程发生在所有的城市地区。

城市网络具有紧密分工与合作的网络联系、多中心空间结构，以及网络化的管治结构与空间组织等特点，城市网络中的核心—外围结构与中心地体系中的权力结构相比发生了显著的变化。主要体现在以下四个方面：

第一，高等级城市位于网络的中心。中心地体系可以被理解为建立在地理邻近性基础上的城市经济组织，反映了城市外部联系的本地主导特征。在中心地体系中，城市的等级以经济规模来定义，经济规模越大的城市拥有越高的腹地范围。但是随着产品价值链地理分割的日益加深，网络中的核心城市不再仅是中心地体系中承担批发零售、仓储物流的高等级中心地，而是成为现代城市体系的高等级中心城市——公司总部的集聚地、研究开发中心和高级生产性服务业的载体。同时，与中心地体系中城市规模发挥主导作用不同的是，城市网络中经济规模与核心功能的关系相对弱化。例如，重庆、天津、东莞、西安、沈阳、淄博、南宁等在网络腹地规模等级体系中的地位明显低于在城市规模等级体系中的地位，这些城市的规模优势并没有转化为对网络资源的控制能力；而一些规模较小的城市，如云浮、廊坊、绵阳、南通、珠海、嘉兴等，在网络腹地规模等级体系中的地位明显提升，从而在网络资源竞争中则占据了更好的位置。这些高等级城市的外部影响力已经大幅度扩展，超越本地的经济联系成为网络联系的显著特征。核心城市把远距离的城市纳入自己的控制之下，支配着网络中的关键资源。这种城市性是现代城市化过程的重要特征，城市的发展前景已经不再仅取决于它所在的区域特征，也越来越取决于它在网络中的地位。

第二，多向联系成为网络联系的显著特征。在中心地体系下，经济联系的方向是从核心城市到腹地的单向联系：核心城市处于支配地位，腹地地区处于从属地位。也就是说，中心地理论基于完全竞争的市场体系构建，仅考虑了不同规模和等级城市之间的垂直联系，但是它忽略了企业之间（特别是专业企业之间）的水平分工和投入产出联系，或者说它忽略了专业化的、规模相似、功能互补的城市之间的水平联系。城市网络是在互补或者相似的城市中心之间形成的水平和非层次性的联系和流动的网络体系，它可以提供专业化分工的经济性，以及协作、整合与创新的外部性（Camagni，1993）。网络外部性是城市网络生长和发育的基本原因，城市网络的发展与繁荣更多的是通过行动者之间的合作来实现的。从这个意义上来讲，城市网络可以看成是能够给合作者带来外部收益的俱乐部公共产品，或者看成是通过合作产生范围经济的制度安排。城市之间的合作通常有两种类型：一是建立在专业化分工基础上的互补型合作，二是具有相同职能城市之间的协同型合作。无论在哪种类型中，城市节点之间的互补关系都比竞争关系更加重要。

第三，城市网络具有多中心空间结构。在中心地体系中，城市体系是单中心的，城市规模主要是通过商品服务能力对周边地区产生影响，规模越大的城市拥有更大的影响力。流动空间的城市体系是以多中心网络形式组织起来的。

这些城市中心之间缺乏严格的等级关系，都生活在各自的网络当中。当然，这些功能网络可能在地域上是重叠的。由于每个城市都可以通过网络来获取所需要的要素资源，所以在城市网络中，流动节点的要素集聚能力，而不是城市规模，成为决定城市功能和等级的核心因素。在中心地理论体系中，小城市只提供基本的职能，中等城市提供中级的和基本的职能，大城市拥有全部的高级、中级和基本的三种职能。而在网络城市里面，中等城市可以拥有高级职能，小城市也可以拥有中等甚至是高级职能（汪明峰，2005）。

第四，城市经济从重力型互动转向岛屿型互动（Van Meeteren 等，2015）。随着信息和通信技术革命提供的技术可能性使不同地区之间的不同类型的互动更加普遍，距离对于各种"流动"的约束作用在衰减。Castells（1996）将这种机制描述为"在没有地理连续性的情况下组织社会实践的同时性的技术和组织可能性"。Rodriguez-Pose 等（2013）建议用"引力型经济"来描述随着距离而衰减的集聚经济，而用"群岛型经济"一词来描述这种距离无关紧要的城市网络效应。在这种情况下，我们需要求助于拓扑几何而不是欧式几何来刻画城市之间的连通格局。如果地理问题本身能够成功地用连通性来表述，拓扑定理将适用于地理问题。因此，如果连通性是重点，将城市和城市网络描述为嵌套网络是一种可行的研究策略。无论是"小世界网络"还是"无标度网络"等典型网络结构的研究，最终这些典型网络需要一个可信的社会科学理论或机制来支持并进行解释。

二、与场所空间核心—外围结构的区别

美国经济学家 Friedmann（1966）在考察区域经济长期演变趋势的基础上，提出了区域发展过程中核心—外围空间结构的演变模式。Friedmann 的核心—外围发展模式将区域发展的空间结构划分为四个阶段。这个过程从一个倾向于加剧空间不平等的过程开始，随后区域发展差距趋于缩小，到最后一个功能整合的城市系统出现。

第一阶段（前工业化时期）。前工业化社会的显著特征是本地化经济和小规模聚落。每个聚落都相当孤立，活动分散，流动性低。就经济发展水平而言，空间实体之间的差异有限。

第二阶段（单核心结构阶段）。这个发展阶段的显著事实是，伴随着工业化的发展，区域经济中出现了增长极。经济向核心城市的集聚是规模经济、知

识溢出、技术创新与产业增长的结果，而地理位置基础设施在决定增长极区位方面扮演着重要角色。核心—外围结构在这个阶段形成并快速发展：核心地区条件优越，经济效益高，处于支配地位；而外围地区发展条件较差，经济效益较低，处于被支配地位。集聚力占据着主导地位，核心和外围地区的发展差距不断扩大。

第三阶段（多核心结构阶段）。当经济活动在空间集聚达到一定的规模时，交通拥挤、环境污染、资源短缺、土地价格高涨等集聚不经济现象日益凸显，经济活动开始向外围地区扩散。更好的交通基础设施建设也加快了城市生产要素的扩散。通过一个经济增长和扩散的过程，其他的增长中心出现了，核心地区以城市群、都市区等空间形式表现出来，单核心的空间结构逐步被多核心的空间结构替代。在这个发展阶段，区域发展差距倾向于缩小。

第四阶段（后工业时期）。城市体系完全网络化，空间不平等现象显著减少。经济活动的分布创造了一种专业化和分工，与高容量运输走廊上的密集流动相联系。经济在全国范围内实现一体化，各区域的优势得到发挥，经济获得全面发展。

本书结果表明，流动空间环境下的核心—外围结构与 Friedmann（1966）的核心—外围结构相比发生了显著的变化：

第一，流动空间中的核心以凝聚子群的形式存在。在 Friedmann 的核心—外围发展模式中，处于核心位置的是建立在空间邻近性基础上的城市群或者都市区，外围地区也是建立在地理邻接性基础上的欠发达地区。例如，美国的东北部地区一直是美国区域经济的核心地区，这个区域得益于阿巴拉契亚山脉丰富的煤炭和五大湖西部地区丰富的铁矿，集中了美国煤炭、钢铁、机械、汽车、化工等大部分传统工业。而在网络环境下，核心位置的是空间上不邻接但是存在密切经济联系的城市组成，这些城市形成功能性的城市集群，或者凝聚子群，共同出现在网络的核心；外围往往也是由空间上不连续的、欠发达的城市组成，这些城市之间存在较少的联系，它们主要与核心城市之间存在联系。也就是说，网络中的核心是一系列相对繁荣的"经济岛屿"，是一个"核心群岛"，而不是核心区。

第二，核心和外围城市之间呈现垂直分工的特征。在 Friedmann 的核心—外围发展模式中，核心和外围通常是经济规模的大小来区分的。在城市网络中，城市是企业组织生产和规划市场战略之地。多种城市特征形成了城市的等级，这些特征包括城市作为金融中心、企业总部、国际机构、商业服务、制造业、交通和人口规模等的重要性。随着经济活动一体化进程的加快，公司总部、研发中心和高级生产性服务业将越来越多地集中在少数核心城市，而普通制造、现代制造大量地集中在外围城市。这意味着，核心和外围之间的分化并不能单纯地以经济规模来刻画，而是越来越多地建立在价值链分工的基础上，即核心城市集聚了大量高端价值链功能区块，成为经济网络的命令中心、创新源头，而外围城市集聚了低端价值链功能区块，成为网络中的制造基地。

第三，城市的等级结构可能是长期存在的。城市网络的发展过程由两种强大的经济趋势所主导。一方面，区域经济一体化程度越来越高。远距离的城市之间联系起来，推动了国家城市体系的形成和发展。另一方面，区域经济正变得越来越两极化。城市属性特征如政治权力、市场潜力、知识资本、航空联系和经济开放决定了企业获取有价值信息流的能力，进而构成了城市网络核心—外围结构的基础。这两种趋势大体上是同步的，最终形成了一个可以说比以往任何时候都更加一体化和更加极化的区域经济体系。由于城市的网络地位在很大程度上根植于传统意义上的城市属性优势，而生产要素流动性的增强又将进一步凸显城市的属性优势，因此城市在网络中权力地位的分化，或者说城市网络中的核心—外围结构可能是长期存在的。正如 Hymer（1979）在分析国际经济的时候所预言的那样："跨国公司的体制将会产生一种在地域上的等级化分工，以适应其公司内部的垂直化的劳动分工。它将公司的决策职能集中在发达国家的几个重要的城市中，接下来一般性的管理行为被安排在区域性的首府城市，而把低层次和低收入的经济活动安排在世界其他各地，即一个新的商业帝国系统中的城镇和乡村。收入、地位、权力和消费都沿着这种结构由中心沿着一条递减曲线向周边辐射，并且现有的不平等和依赖模式也将进一步加剧。"

三、与"点—轴系统理论"的区别

"点—轴系统理论"是我国著名学者陆大道于 1984 年提出的（陆大道，1995）。这里的"点"指各级居民点和中心城市，"轴"指由交通、通信干线和能源、水源通道连接起来的"基础设施束"；"轴"对附近区域有很强的经济吸引力和凝聚力。轴线上集中的社会经济设施通过产品、信息、技术、人员、金融等，对附近区域有扩散作用。扩散的物质要素和非物质要素作用于附近区域，与区域生产力要素相结合，形成新的生产力，推动社会经济的发展。在国家和区域的发展中，在"基础设施束"上一定会形成产业聚集带；由于不同国家和地区地理基础及社会经济发展特点的差异，"点—轴"空间结构形成过程具有不同的内在动力、形式及不同的等级和规模；在不同社会经济发展阶段情况下，社会经济形成的空间结构也具有不同的特征。

陆大道（1995）将区域发展空间结构的一般演化过程抽象为这样的一种过程，"我们可以设想，在生产力水平低下、社会经济发展极端缓慢的阶段，生产力是均匀分布的。到工业化初期阶段，随着矿产资源的开发和商品经济的发展，首先在某些具有比较优势的区位（标记为A、B两点）出现工矿居民点或城镇，并适应社会经济联系的需要，在A、B之间建设了交通线。由于集聚效果因素的作用，资源和经济设施继续在A、B两点集中，在这两点建立了若干大企业，交通线变成了交通线、能源供应线、电信线的线状基础设施。在沿线有一些经济设施建立，同时，在另外一些区位（标记为C、D、E、F、G等）开始出现新的集聚，交通线得到相应延伸。这种模式再进步发展，这些区位的主要沿线成为发展条件好、效益水平高、人口和经济技术集中的发展轴线。A、B点形成更大程度的集聚，C、D、E、F、G成为新的集聚中心，大量的人口和经济单位往沿线集中，成为一个大的密集产业带。不仅如此，还会出现一个另一方向的第二级发展轴线，以及第三级发展轴线。如此发展下去，生产力地域组织进一步完善，形成以'点—轴'为标志的空间结构系统。"

"点—轴系统理论"建立在增长极和轴线扩散的基础上，但是在"流动空间"中，城市网络结构的演化机理与表现形式发生了显著的变化：

第一，范围经济的重要性相对于集聚经济明显提升。在传统场所空间中，集聚经济是主导区域发展空间结构的基本力量——在集聚经济的作用下少数具有优势的区位率先发展起来，成为带动区域发展的增长极；随着集聚成本的急剧增加，高位序的城市依次成为增长最快的城市。但是在流动空间中，企业追求范围经济所导致的生产分割成为城市网络空间结构生长发育的基本动力。网络作为企业获取关键资源的渠道、权力和控制工具而存在，那些具有资源、区位优势的城市成为网络发育的重要节点。

第二，网络邻近超越地理邻近成为城市间关系发育的重要基础。在传统的场所空间中，地理邻近的城市之间倾向于建立更为密切的经济社会联系，社会经济客体呈现出轴线扩散的特征，城市的发展机会取决于所处区域的发展环境。在流动空间环境中，城市间合作关系的概率受到潜在合作伙伴网络接近性的强烈影响，网络邻近的城市之间将建立起大量的互惠链接和三方关系。城市的发展机会条件依赖于网络可达性，这将进一步凸显城市的资源优势，也使城市网络的发展具有更大的动态性特征。

第三，凝聚子群取代单（双）核结构成为城市网络的核心组分。在"点—轴"系统中占据主导地位的是区域内部少数几个核心城市，特别是双核结构广泛存在于我国沿海、沿江甚至沿边地区，同时普遍存在于其他国家和地区（陆玉麒，2002）。在核心城市的组织下，形成了建立在地理邻近性基础上的各具特色的经济区域。但是在城市网络关系中，占据主导地位的是超越地理邻近性、具有密切经济联系的若干城市构成的凝聚子群。城市腹地范围相互交织在一起，建立在功能联系的基础上的经济区域日益显现。

第四，功能专业化取代产业专业化成为城市经济景观的主要特征。在场所空间中，企业价值链上下游环节大多集中在一起，每个城市都专业化于少数具有比较优势的产品的生产，城市间经济联系为最终产品的贸易联系（或产业间联系）。但是在流动空间里，企业价值链的生产分割重构了城市的经济功能，即大城市成为公司总部的集聚地，中小城市则成为专业化的制造业基地，城市间的经济联系转化为中间产品的贸易联系（或产业内联系），城市间的竞争转变为对产业价值链区块、环节的竞争。

第五篇

城市网络的经济绩效与治理

第十二章 城市网络的经济绩效

第一节 生产分割环境下网络效应的来源

城市网络的发展深刻地改变了城市经济的发展方式，城市经济发展不再仅取决于城市本身的属性特征。城市在网络中的嵌入特征，包括城市的网络权力和合作伙伴的经济绩效，对城市经济绩效本身正在产生越来越大的影响。城市网络外部性理论的基本逻辑是，城市运行的网络空间是理解城市经济效率、经济增长和功能专业化的基础。结合区际贸易理论，网络嵌入可能在以下三个方面提高全要素生产率，从而促进城市经济的增长。

一、要素配置效应

在生产分割环境下，城市网络的发展为在更大空间尺度上优化资源配置提供了更好的基础（Markusen，1984）。Capello（2003）对网络外部效应进行了分类，他指出城市网络的资源配置效应主要有：城市能够充分利用网络中的互补资源实现专业化分工，有利于充分发挥比较优势并提高劳动生产率；职能相似城市之间的合作能够产生协同效应，有利于建立一体化市场、实现经济活动的有效规模；企业能够推动不同生产环节在网络中重新配置，实现经济活动和资源要素更好的匹配。

一方面，不同城市在要素禀赋和比较优势方面存在差异，产品价值链不同区段对生产要素结构的需求也存在差异，生产分割和城市网络的发展能够使产品价值链和城市比较优势在更大空间尺度上实现匹配，从而提升网络中城市资源的配置效率和经济产出。图12-1（a）直观地揭示了网络环境下城市通过发挥李嘉图比较优势创造利益的经济学原理。图 12-1（a）假设存在两个城市（分别用 i 和 j 表示）和两个产品价值链区段（x 和 y），线段 AB、CD 分别代表城市 i 和 j 在 x 和 y 两个价值链区段上的生产可能性曲线（Production Possibility Curve），它们的相对位置意味着城市 i 在 y 的生产上具有比较优势，而城市 j 在 x 的生产上具有比较优势。在垂直一体化生产的经济环境下，城市 i 和城市 j 整体上的生产可能性曲线为 EF；在城市 i 专业化生产价值链区段 y 时，作为一个经济系统的城市 i 和 j 在整体上的生产可能性曲线为 EG；而城市 j 专业化生产价值链区段 x 时，城市经济系统的生产可能性曲线为 GF。可以看出，网络中的价值链分工扩大了生产可能性曲线的边界，△EFG 的阴影部分为分工带来的经济利益。特别是当每个城市均利用比较优势开展分工时，经济系统的产出达到了极大值 G 点。因此，城市网络的发展能够使每个城市的比较优势得到更好发挥，从而促进了城市的经济增长。

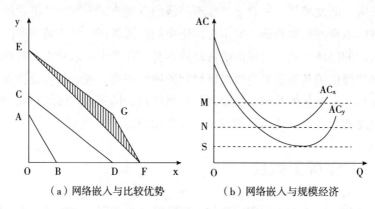

（a）网络嵌入与比较优势　　（b）网络嵌入与规模经济

图 12-1　网络嵌入与资源配置效率

资料来源：盛科荣，张杰，张红霞. 上市公司 500 强企业网络嵌入对中国城市经济增长的影响 [J]. 地理学报，2021，76（4）：818-834.

　　另一方面，即使城市的资源禀赋相同，城市也可以通过融入价值链分工网络，减少中间产品的生产种类，集中于少数价值链区段的生产，实现规模经济，促进经济增长。图 12-1（b）揭示了网络链接凸显城市规模经济的潜在利益。图 12-1（b）中横轴 Q 代表产量，纵轴 AC 代表平均成本；AC_x 和 AC_y 分别代表 x 和 y 两个产品价值链区段的平均成本曲线，平均成本曲线的 U 形特征意味着中间产品的生产具有规模经济性。在垂直一体化生产的状态下，每个城市只能自己生产 x 和 y 两个产品价值链区段，由于城市的资源数量有限或最终产品的市场规模较小，每个区段的生产数量均较少，导致平均成本维持在 OM 的较高水平。在城市网络的发展环境下，x 和 y 两个产品价值链区段可以分散布局在不同的城市，城市间通过贸易获得所需要的其他中间产品，这样 x 和 y 的规模经济性得到充分发挥，平均成本分别下降到 ON 和 OS。因此，一个城市融入网络的程度越高，越有机会充分利用规模经济，提高生产要素的配置效率和全要素生产率。

二、知识溢出效应

随着知识密集型产业成长为城市的主导产业，知识取代资本和劳动成为现代经济体系中最稀缺的资源，城市经济也将由传统意义上的"生产体系"转变为现代意义上的"知识体系"。在生产分割环境下，企业网络承担着知识流动管道的功能，城市可以充分利用合作伙伴的非竞争性、非排他性的显性知识，以重塑本地的知识生产体系。更重要的是，网络嵌入给城市吸收高价值的缄默知识带来了可能，即网络嵌入可以使城市融入大型多区位企业主导的知识生产体系，从而在更大的空间范围内享受知识溢出的收益。

城市网络的发展为 Bathelt 等（2004）的"本地溢出—全球管道"知识流动体系构建提供了条件。具有更多区域间连通性的企业可以充当特定空间集群之间的桥梁，并且能够很好地管理和影响知识流动，能够保持较高的创新率。合作伙伴之间相互学习成功的经验，能够提高城市政策的有效性；技术合作网络有利于实现技术的外溢和研发资源的共享，扩大了城市可以利用的知识存量。此外，具有与其他城市参与者进行互动的公司可能在知识网络中占据中心位置，这些公司作为边界跨越和桥接代理节点而存在。

因此，空间上无边界的知识网络和创新系统将成为实现区域经济增长的一个越来越重要的因素。城市在企业网络中的可达性意味着对网络中高质量、互补性知识的可及性，企业网络的空间结构塑造着创新活动的空间格局。事实上，每一个产业集群都提供其他地方无法代替的专门知识，企业网络促进了不同知识集群互补性知识的流动和组合，构成了远距离知识流动的物质支撑。企业网络的发展还可能会进一步促进知识生产的地区专业化分工，从而提高城市体系中知识的多样化程度。

随着越来越多的企业参与跨地方管道的建设，进入内部网络并流入本地的市场和技术信息越多，本地企业通过本地互动的活力也越多。全球管道的发展增强了集群的凝聚力，并加强了不同类型知识通过全球网络的相互交流和转化。本地蜂鸣和全球管道可能是相互影响的，企业在本地集群建立分支机构以后，外部技术知识和管理知识能够通过公司网络更容易传到本地中。企业也能够吸收和输出本地知识，因为它们可以把本地生产的知识编码后向其他地区和国家传播。

Huggins（2017）的研究也表明，外部知识的可获得性在理论上和经验上都与区域增长绩效相关联，一个城市的知识存量将会增强当地创新活动的效果。特别是知识的流入对一个城市的经济增长有积极的影响，如果邻近地区也表现出高增长率，这种影响会更大。从本地环境之外的特定供应商获取知识的公司将通过投资建立新的沟通渠道来实现这一目标。除了本书所强调的基于投资联系的企业网络以及其他各种类型的"临时集群"，如通过会议、交易会、展览等建立战略网络，通过投资这些渠道来获取网络知识。

需要指出的是，城市对网络知识的吸收和利用能力受到"知识守门人"的约束（Girma，2005）。高黏性、高价值、难以模仿的知识大多是大型企业研发投资的结果，这些知识具有非竞争性和排他性的特征，在大型多区位企业及其分支机构组成的企业网络中不断流动、更新和积累。"知识守门人"通常是一些具有较强研发能力的大型企业，在城市知识吸收、转译和扩散过程中发挥着关键作用。"知识守门人"的缺失，将使城市缺乏能力与外界异质性、多样化的知识体系进行交流，这种"知识断流"将使城市变为"知识孤岛"。而且在发达地区主动释放的产业中，"边际产业"即转型升级过程中淘汰的产业占了相当大的比重。"知识守门人"的缺失也使城市往往只能承接大量低端化产业，增大了产业发展"低端锁定"的风险。如果城市缺乏对网络知识的吸收和利用能力，本地知识演化到一定阶段会产生过度竞争从而导致知识更新能力的丧失，这种"知识凝滞"最终导致城市经济失去增长的动力。

三、增长平台效应

Huggins 等（2007）指出区域经济的增长来自于其本地化和非本地网络资本存量之间的平衡。各地区可以通过不同形式的网络资本投资实现不同的增长轨迹：高增长可能是通过对当地网络资本的高水平投资实现的，表现为区域组织间网络的高密度和宝贵知识的高存量，如硅谷；另一种增长方式是基于对全球网络资本的高水平投资，通过对高价值跨区域组织间网络的投资。越来越多的经验证据表明，经济高增长的地区往往不仅拥有更高的全球网络资本，同时还拥有强大的本地网络资本存量，经济增长较低的地区往往拥有较差的网络资本存量。从根本上说，区域增长的一个关键驱动因素是，一个区域的组织获取并随后利用适当的经济上有益的知识的能力。Storper（1997）认为，城市的地位现在不仅是作为一个发挥集聚经济的中心，而是作为一个重要的关系资产存量的枢纽。

规模效应是城市网络的基本优势。20 世纪 70 年代，Alonso（1973）引入了"借用规模"（Borrowed Size）的概念。借用规模指的是"小城市如果靠近其他人口集中地区，就会展现出一个大城市的一些特征"。他建议较小的城市地区"借用"较大的邻居的一些集聚效益，同时避免其集聚成本。Meijers 等（2016）研究了网络联系与西欧国家城市高等级功能（国际机构、公司、科学、体育和文化等）发育的关系，他们发现（国际）网络联系的规模和连通性促进了大都市功能的提升。Boix 等（2007）、Capello（2003）也指出，规模效应是导致集中外部性的相同机制，但不是在地理空间，而是在经济关系空间。在这一原则下，一组相互作用形成网络的中型城市可以达到与大城市相同的功能维度。这些城市可以利用一个互补和协同机制系统来提供高水平的功能，并共享基础设施性质的不可分割性。

除此之外，城市网络经济增长的平台效应还来源于降低交易成本和组织优势（Boix 等，2007）。交易成本包括运输成本、通信成本和不确定性。影响公司交易成本的外部优势有流量标准化、流动的时空稳定性、经纪人和分包商的存在以及无形资产交换中的其他优势（如面对面接触）。这些因素可以称为"运输中的密度经济"，它们对企业是外部的，但对企业的集中和城市之间联系的存在是内在的。组织优势来自于生产要素在空间上更好地匹配和组合。从静态角度看，它们来自于城市之间资源和产品的优化配置。从动态角度看，城市间互动的形态影响着知识分配、交易成本或反馈等机制。

城市网络的经济增长平台功能与全球创新网络的发展格局相类似。过去 20 年里，大多数全球创新热点都增加了国际合作。这种合作无论是国内还是国际合作，还是专利或者出版物，形成了一张厚厚的联系网，构成了全球创新网络。随着时间的推移，网络中增加了更多的节点和联系，创新网络变得越来越密集。尽管有新的网络节点及其联系，但合作仍然集中在美国、欧洲和亚洲的热点地区。无论是在产出方面还是在连通性方面，这些热点地区仍然是全球网络的核心。总的来说，较大的热点地区在国内和国际上进行合作，而小的热点地区和小的热点地区则主要在国家一级进行合作。例如，法国和英国许多热点地区与世界其他地区的联系主要来自巴黎和伦敦，上海、北京和深圳则是中国创新网络的枢纽城市。

从这个意义上来说，城市网络可以被认为是城市经济增长的一种关键资产。它将 Storper（1997）的"幸运"和"不幸"地区区分开来。因此，一个区域的增长不能孤立地建模，而必须考虑到跨区域存在的网络。这意味着，罗默的内生模型不太符合实际增长率，主要是因为假设一个经济体中的 R&D 行为者分享其全部知识。如果网络资本进入等式，它可能在测量知识实际共享的程度方面提供更多的准确性。

企业网络对城市经济的影响可能是积极的，也可能是消极的。如果大型企业的进入能够激励当地企业升级其产品和工艺，特别是如果这些企业也能够从大型企业的技术转让或溢出中受益，那么这些后果是积极的。如果当地企业无法进行必要的投资或获得适当的溢出，对当地企业的影响可能是明显消极的。越来越多的证据表明，具有足够吸收能力的企业，特别是那些通过股权联系与大型企业挂钩的企业，更有可能经历积极的溢出效应。这主要是因为与大型企业建立了联系的本地企业从货币外部效应和非货币外部效应中获益，而对不相关企业的溢出效应仅产生于非货币外部效应。此外，不相关公司所经历的非货币外部性是由于非自愿转移造成的，而根据当地公司与大型企业形成的联系类型，当地伙伴也可能从有意转移中受益。因此，虽然提高当地企业吸收能力的政策（如通过对教育和培训的投资）显然是可取的，但也可能需要做出具体努力来鼓励建立联系。事实上，虽然现有的研究没有包括制度层面，但这在大型企业建立联系和参与当地集群的能力和意愿中是显而易见的，理解这种动机对于政府能够提供适当的激励是必要的。

第二节　网络嵌入对城市经济增长的影响

一、指标测度及统计性特征分析

（一）经济增长的测度

城市经济增长的测度指标为人均实际地区生产总值（GDPper）。人均实际 GDP 的表达式为 GDPper = 人均名义 GDP/GDP 平减指数。其中，人均名义

GDP 数据来自《中国城市统计年鉴》；城市 GDP 平减指数用各个城市所在省份的 GDP 平减指数作为代理变量，基准年份为 2000 年。各个省份的 GDP 平减指数通过《中国统计年鉴》公布的数据计算而得到：首先获取各个省份的名义 GDP 数据，其次选取 2001 年为基准年份，利用以不变价格计算的 GDP 增长指数获取各个省份的实际 GDP，最后通过名义 GDP 除以实际 GDP 得到各个省份的 GDP 平减指数。在此基础上，得到城市在 2006 年和 2018 年的人均实际 GDP（万元）。

从 2000 年到 2018 年，中国城市经济得到快速发展。以 2000 年为基准年份，人均实际 GDP 的平均值在 2000 年为 0.91 万元，2018 年提高到 3.53 万元。与此同时，中国城市经济的结构还呈现出两个特征。①人均 GDP 前 20 位的城市结构发生了较大变化。2000 年克拉玛依、东营、大庆、盘锦、无锡等资源型城市具有较高的人均实际 GDP，到 2018 年大庆、盘锦、无锡、海口和威海退出前 20 位行列，而南京、武汉、鄂尔多斯进入前 20 位城市的序列。②城市经济增长呈现出明显的非均衡特征。2000～2018 年，人均实际 GDP 呈现持续的正偏态分布特征。2000 年的偏度和峰度分别为 6.857 和 72.944，2010 年的偏度和峰度分别为 4.451 和 30.923，2018 年的偏度和峰度分别为 3.496 和 22.319（见图 12-2）。

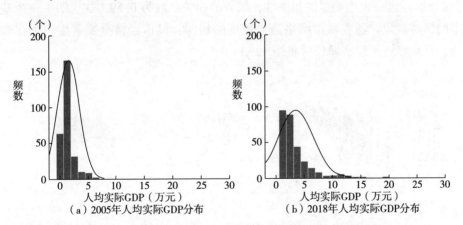

（a）2005年人均实际GDP分布　　　（b）2018年人均实际GDP分布

图 12-2　2005 年和 2018 年中国城市人均实际 GDP 分布图

资料来源：根据 2006～2019 年《中国城市统计年鉴》数据整理。

（二）网络嵌入的测度

借鉴盛科荣等（2021）的方法，网络嵌入特征的测度指标为城市网络链接强度和合作伙伴经济绩效。城市网络链接强度用以测度城市在网络中的嵌入深度，本书用城市度数（Degree）来表征；合作伙伴经济绩效（nl_GDP）用以测度网络中城市经济增长的溢出效应，通过构建网络滞后变量来表征，表达式为：

$$nl\_GDP_i = \left(\sum_j GDPper_j \times Link_{ij} \right) / \left(\sum_j Link_{ij} \right) \quad (12-1)$$

式（12-1）中，$GDPper_j$ 表示合作伙伴 j 的人均实际 GDP（万元）；$Link_{ij}$ 表示城市 i 和城市 j 之间的链接关系数量。初步分析揭示，城市网络链接强度和合作伙伴经济绩效两个指标也呈现持续的正偏态分布特征：2005～2019 年，平均值分别由 28.07 万元和 2.19 万元提高到 103.45 万元和 5.06 万元，偏度分别由 9.86 和 1.45 变为 10.70 和 0.94，峰度分别由 114.83 和 6.79 下降到 110.79 和 3.56。

（三）统计性特征

从全体样本的统计性分析来看，网络嵌入与城市经济增长的关系呈现多样化特征。城市度数（对数值）与人均实际 GDP（对数值）呈现明显的正相关性特征，二者的相关系数为 0.71。网络滞后变量（对数值）与人均实际 GDP（对数值）也呈现出明显的相关性，二者的相关系数为 0.59。这说明了一个基本的经济现象：随着城市网络嵌入程度的加深，城市经济全要素生产率在改善，从而促进了经济增长（见图 12-3）。

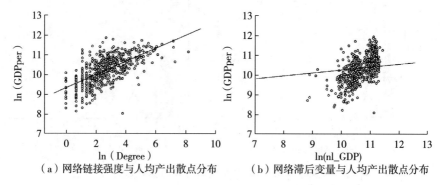

（a）网络链接强度与人均产出散点分布　　（b）网络滞后变量与人均产出散点分布

图 12-3　城市网络嵌入和人均产出散点图

资料来源：GDP 数据来自 2020 年《中国城市统计年鉴》；城市网络数据根据城市网络 2020 年财富中文网（https://www.fortunechina.com/）、启信宝网站（https://www.qixin.com/）和上市公司年度报告中采集的企业网络数据整理。

二、计量方程与控制变量

为了定量测度城市网络链接强度、合作伙伴经济绩效对城市经济增长的影响，本书基于索洛经济增长模型建立计量方程，设定如下：

$$\ln(\text{GDPper}_{it}) = \alpha\ln(\text{Degree}_{it}) + \beta\ln(\text{nl\_GDP}_{it}) + \gamma X_{it} + u_i + \varepsilon_{it}$$

$$(12\text{-}2)$$

式（12-2）中，下标 i 和 t 分别表示城市样本和时间断面；GDPper 表示人均产出规模；Degree 表示城市的度数（出度和入度的加总）；nl_GDP 表示人均产出规模的网络滞后项；X 表示其他控制变量；α、β 和 γ 表示待估计的参数；u 表示个体固定效应；ε 表示随机扰动项。本书关注的焦点是 $\ln(\text{Degree}_{it})$ 和 $\ln(\text{nl\_GDP}_{it})$ 的拟合系数 α 和 β：如果 α 和 β 为显著正值，则表明城市网络链接强度、合作伙伴经济绩效促进了城市经济增长；如果 α 和 β 在不同环境下具有不同的拟合系数，则表明网络外部性具有异质性特征。

传统的线性回归模型描述了因变量的条件均值分布受自变量的影响过程。如果模型的随机误差项来自均值为零且方差相同的分布，那么回归系数的最小二乘估计为最佳线性无偏估计。但是，在实际的经济生活中，这种假设常常得不到满足。特别是对于大量数据而言，应用最小二乘回归只能得到一条回归线，而一条回归线所能反映的信息量是有限的。为了弥补最小二乘法在回归分析中的缺陷，本书进一步采用分位数回归来挖掘更加丰富的信息。分位数回归能够捕捉到分布的尾部特征，当自变量对因变量分布的不同位置产生不同的影响时，它就能更加全面地刻画分布的特征，从而得到全面的分析，而且分位数回归系数估计比最小二乘回归系数估计更加稳健。分位数回归的计量方程为：

$$Q^{\tau}_{\text{GDPper}_{it}}(\tau \mid x_{it}) = c_i + \alpha_{\tau}\ln(\text{Degree}_{it}) + \beta_{\tau}\ln(\text{nl\_GDP}_{it}) + \gamma_{\tau}S_{it} + u_i + \varepsilon_{it}$$

$$(12\text{-}3)$$

式（12-3）中，i 和 t 分别为观测样本和时间断面；S 为解释变量，包括度数 Degree、网络滞后项 nl_GDP 以及其他控制变量 S；$Q^{\tau}_{\text{GDPper}_{it}}(\tau \mid x_{it})$ 为被解释变量 GDPper 的第 τ 个条件分位数；α_{τ}、β_{τ} 和 γ_{τ} 分别为带估计的度数、网络滞后项和其他控制变量的第 τ 个拟合系数；u 为个体固定效应；ε 为误差项。

为了减少遗漏变量带来的估计偏差，控制变量如下：

（1）人均固定资本存量（k）。固定资本是经济增长的重要源泉，本书利用"永续盘存法"（Perpetual Inventory Method）对中国各个地级市的人均固定资本存量进行估算。初始资本存量的估计借鉴张军等（2004）的方法，用 2000 年各个地级市的固定资产投资名义值（万元）除以 10% 作为基准年份固定资本存量。2002~2018 年各个城市固定资本存量估计的表达式为：$K_{it} = I_{it} + (1-\delta)K_{i(t-1)}$，这里 K_{it}、$K_{i(t-1)}$ 分别表示期末资本存量、期初资本存量，I_{it} 表示的是每年新增固定资本投资额，δ 表示的是折旧率，δ 统一采用 9.6%。最后根据 2000~2018 年各个城市的 GDP 平减指数和城市人口，通过名义资本存量计算出以 2000 年为基准年份的人均实际资本存量（万元）。

（2）人口密度（Density）。大量经验证据也表明，集聚经济（来源于中间产品共享、劳动力匹配和知识溢出）是城市经济绩效的重要来源。考虑到《中国城市统计年鉴》中公布的劳动力数据为中华人民共和国公安部统计的户籍人口劳动力，缺乏流动人口的统计数据，因此本书采用城市市辖区人口密度（人／平方千米）来测度集聚经济水平。

（3）空间滞后变量（sl_GDP）。在传统场所空间当中，"地理接近的事物关联更紧密"，空间溢出是城市经济增长的重要影响因素。在本书中控制了空间滞后变量的影响，表达式为 sl_GDP = W×GDPper，这里 GDPper 为人均实际 GDP（万元）向量，W 为空间邻接矩阵，矩阵采用"后"相邻（Queen Contiguity）方法计算，即如果城市 i 和城市 j 的行政边界具有相同的顶点或者相同的边，在网络邻接矩阵中记 $W_{ij} = 1$，否则 $W_{ij} = 0$。

（4）制造业从业人员比重（Manuf）。传统的发展经济学强调，"工业化"是实现经济起飞的必然阶段。近些年的研究进一步表明，制造业会通过规模经济、产品复杂度、劳动生产率等途径促进全要素生产率的提升，从而成为经济增长的重要来源。中国正处于快速的工业化进程中，工业化水平影响着资源的配置效率从而影响着城市的全要素生产率。为了控制经济结构的影响，本书选取了市辖区制造业从业人员比重（%）作为控制变量。

三、实证结果分析

（一）基准模型回归结果

如果没有特别说明，城市层面的属性数据均来自 2000~2019 年的《中国城市统计年鉴》。表 12-1 呈现了对式（12-2）的计量估计结果。由于 Hausman 检验表明固定效应模型优于随机效应模型，故本书采用固定效应模型进行估计。为了能够获得稳健的结果，误差形式均采用稳健误差。从表 12-1 中可以看出，拟合优度（R^2）较高，表明回归方程取得了较好的拟合效果。

表 12-1　基准模型回归结果

变量	模型（1）	模型（2）	模型（3）	模型（4）
ln(k)	0.0409 *** (0.0069)			0.0204 *** (0.0061)
ln(Degree)		0.199 *** (0.0302)	0.182 *** (0.0318)	0.165 *** (0.0316)
ln(nl_GDP)			0.115 *** (0.0258)	0.105 *** (0.0260)
ln(sl_GDP)	1.455 *** (0.0427)	1.097 *** (0.0812)	0.982 *** (0.0871)	0.995 *** (0.0857)
ln(Density)	-0.0289 (0.0336)	0.0156 (0.0305)	0.0168 (0.0305)	0.0084 (0.0308)
Manuf	0.0042 (0.0029)	0.0039 (0.0029)	0.0043 (0.0026)	0.0045 * (0.0025)
样本数量	1072	1061	1052	1052
R^2	0.859	0.870	0.873	0.875

注：括号中的数值为估计系数所对应的稳健标准误，* 和 *** 分别代表系数在 10% 和 1% 的水平上显著。

资料来源：笔者基于面板模型利用《中国城市统计年鉴》和自行整理的城市网络数据计算得出。

城市度数 ln(Degree) 的系数在模型（2）、模型（3）和模型（4）中均显著为正，说明城市网络链接强度对城市经济增长具有显著促进作用。例如，在模型（4）中，ln(Degree) 的拟合系数为 0.165，表明城市度数提高 1%，城市人均实际 GDP 将提高 0.165%。由于度数越高的城市通常占据着更高的价值链地位，因此分析结果呼应了高越（2019）的研究，他发现劳动生产率与价值链地位具有相互促进关系。网络滞后变量 ln(nl_GDP) 的系数在模型（2）和模型（4）也显著且为正值，表明合作伙伴的经济绩效越高，城市的经济绩效也越高。分析结果表明，当城市融入网络的程度提高时，城市可以更加充分地发挥比较优势和规模经济，获得更多的网络中溢出的知识，从而促进经济增长。

在控制变量方面：①人均资本存量的系数在模型（1）至模型（4）中均为正值且在1%的水平上显著，制造业从业人员比重的系数在大多数方程中显著为正，表明资本累积和结构变化近些年来是中国城市经济增长的主要动力。②人口密度并没有通过显著性检验，这可能意味着集聚经济并不是通过经济密度，而是通过在地理上集中的经济规模，来改善经济增长的绩效。③空间滞后项的拟合系数在模型（3）和模型（4）中也显著为正值，表明基于地理邻近性的知识溢出也是城市经济增长的重要影响因素。④制造业从业人员比重变量也具有正向影响，表明中国正处于工业化的发展阶段，工业经济的发展是城市经济增长的主要驱动力量。

（二）稳健性检验分析结果

网络链接强度与城市经济增长之间可能存在内生性问题。首先，存在择优链接机制。已有证据表明，城市的网络权力和声誉随着城市经济规模的增加而提升。其次，遗漏变量问题。自然资源优势、产业发展基础等因素影响着城市经济增长和网络链接强度，但是这些变量无法找到合适的测度指标。为了处理内生性问题，本书选取了滞后一个时间断面的城市度数作为工具变量，采用面板工具模型进行稳健性估计。选取滞后一个时间断面的城市度数作为工具变量的机理在于偏好依附机制，即历史上具有较高权力和声誉的城市倾向于保持更大的度中心性。DWH（Durbin-Wu-Hausman）检验的 p 值均小于0.05，表明网络链接强度确实为内生解释变量，工具变量法是合适的。表12-2报告了面板工具变量稳健估计结果。

表12-2 面板工具变量法稳健估计结果

变量	模型（1）	模型（2）	模型（3）	模型（4）
ln(k)			0.0180 *** (0.0061)	0.0157 *** (0.0060)
ln(Degree)	0.245 *** (0.0329)	0.214 *** (0.0349)	0.230 *** (0.0346)	0.204 *** (0.0360)
ln(nl_GDP)		0.103 *** (0.0240)		0.0940 *** (0.0236)
ln(sl_GDP)	1.000 *** (0.0717)	0.927 *** (0.0679)	1.000 *** (0.0711)	0.933 *** (0.0681)

续表

变量	模型（1）	模型（2）	模型（3）	模型（4）
ln(Density)	0.0186 (0.0225)	0.0176 (0.0221)	0.0115 (0.0226)	0.0116 (0.0223)
Manuf	0.0039 ** (0.0018)	0.0043 ** (0.0018)	0.0041 ** (0.0018)	0.0045 ** (0.0017)
样本数量	1033	1028	1033	1028
R^2	0.869	0.873	0.872	0.876

注：括号中的数值为估计系数所对应的稳健标准误，** 和 *** 分别代表系数在 5% 和 1% 的水平上显著。

资料来源：笔者基于面板模型利用《中国城市统计年鉴》和自行整理的城市网络数据计算得出。

城市度数 ln(Degree) 的系数在模型（1）到模型（4）中均显著为正，表明网络链接强度对城市经济增长具有稳健的正向影响。由于工具变量的分析结果更为稳健，最终确定城市度数对城市人均实际 GDP 的弹性值在全体样本中为 0.204。相对于固定效应面板模型估计结果，工具变量估计中拟合系数均进一步提高，意味着固定效应回归分析低估了网络链接强度对城市经济增长的影响。

网络滞后变量 ln(nl_GDP) 的系数在模型（2）和模型（4）的回归方程中也通过了显著性检验，这意味着企业网络承担着知识流动管道的功能，城市嵌入到企业网络中可以获取大量的网络知识。网络中获取的知识通过"本地蜂鸣"转化为本地企业可以利用的知识资源，提高了本地企业的创新能力，从而提高了城市层面的经济产出水平。

在控制变量中，ln(k) 和 Manuf 的系数显著为正，证实人均资本存量和工业化水平对于中国城市经济增长具有显著且稳健影响。人口密度 ln(Density) 仍然没有通过显著性检验。空间滞后变量 ln(sl_GDP) 仍然具有显著影响，而且 ln(sl_GDP) 的系数明显高于 ln(nl_GDP) 的系数，说明对于城市经济增长而言，基于地理邻近的溢出效应超过了建立在网络邻近性基础上的溢出效应。

（三）中介机制分析

网络嵌入对城市经济增长的影响。本书进一步选取了两个指标进行中介机制检验：一是知识资本（Patent），以城市申请的专利数量来测度，数据来自佰腾网（www.baiten.cn）。技术进步是全要素生产率的主要来源，本书用知识资本来检验网络嵌入地位的改善是否促进了知识的远距离传播，并促进了城市的创新发展能力。二是土地租金（Rent），以国有建设用地出让成交价款与出让面积的比值来测度，数据来自相关年份《中国国土资源统计年鉴》。土地租金是集聚经济的表现形式，本书用土地租金来检验网络嵌入的改善是否提高了资源配置效率，并促进了城市经济增长。为了避免异方差问题，知识资本和土地租金均取对数。表 12-3 报告了中介机制的估计结果。总体来看，分析结果表明网络链接强度和合作伙伴经济绩效通过改善城市知识生产能力和资源配置效率的中介机制促进了城市的经济增长。

表 12-3　中介机制检验结果

变量	模型（1）	模型（2）	模型（3）	模型（4）
ln(k)	0.0137** (0.0056)	0.0201*** (0.0061)	0.0222*** (0.0057)	0.0138** (0.0055)
ln(Degree)	0.116*** (0.0319)	0.159*** (0.0320)		0.113*** (0.0323)
ln(nl_GDP)	0.0666*** (0.0228)	0.106*** (0.0261)		0.0695*** (0.0228)
ln(Patent)	0.0791*** (0.0137)		0.104*** (0.0144)	0.0757*** (0.0139)
ln(Rent)		0.0280 (0.0172)	0.0369** (0.0144)	0.0307** (0.0143)
ln(sl_GDP)	0.759*** (0.0971)	0.945*** (0.0905)	0.874*** (0.0910)	0.711*** (0.0994)
ln(Density)	0.0157 (0.0279)	0.00651 (0.0308)	−0.00863 (0.0283)	0.0138 (0.0277)
Manuf	0.0047** (0.00237)	0.0044* (0.00260)	0.0046* (0.00250)	0.0046* (0.00239)
样本数量	1034	1050	1049	1032
R^2	0.895	0.877	0.890	0.896

注：括号中的数值为估计系数所对应的稳健标准误，*、** 和 *** 分别代表系数在 10%、5% 和 1% 的水平上显著。

资料来源：笔者基于面板模型利用《中国城市统计年鉴》、《中国国土资源统计年鉴》、佰腾网（https://www.baiten.cn/）等相关数据计算得出。

知识资本变量 ln(Patent) 在模型（1）、模型（3）和模型（4）中均显著且为正值，意味着知识资本显著促进了城市经济增长。当加入 ln(Patent) 之后，ln(Degree) 的系数由表 12-1 中模型（4）的 0.165 下降到表 12-3 模型（1）的 0.116，ln(nl_GDP) 的系数由表 12-1 中模型（4）的 0.105 下降到表 12-3 模型（1）的 0.0666，这意味着 ln(Degree) 和 ln(nl_GDP) 的解释能力部分被知识资本所俘获。也就是说，网络链接强度的提升和合作伙伴经济绩效的提高都改善了城市的知识生产能力，并促进了城市的经济增长。

土地租金 ln(Rent) 变量在模型（2）中不显著，但是当模型中加入 ln(Patent) 变量之后，ln(Rent) 变量在模型（3）和模型（4）中均显著且为正值。背后的原因可能在于遮掩效应，即当缺失 ln(Patent) 变量时，无法将ln(Rent)变量对城市经济增长的贡献分离出来。表 12-3 模型（4）中 ln(Degree) 和 ln(nl_GDP) 的拟合系数相对于表 12-1 中模型（4）的拟合系数也明显下降，这意味着网络嵌入的改善也提升了城市资源的配置效率，从而促进了城市经济的增长。

第三节　网络嵌入对城市知识生产的影响

随着区域经济一体化的不断深入，各个地区之间的联系越来越紧密。地理邻近性并不是知识溢出的唯一来源，知识外部性通过组织层面的互动和人际或专业层面的网络，成为推动创新传播的重要力量。从这个意义上说，一个城市的知识生产不仅取决于自身的研发资本、研发人员等控制变量，还受到和它相联系的那些城市的知识溢出效应。

一、指标测度及统计性特征分析

城市知识产出采用专利申请量（Patent）来测度。总体来看，中国知识创新具有明显的地理集聚性特征。2005 年和 2010 年，中国前 20 位城市的专利申请量分别占国家城市体系专利申请总量的 63.26% 和 62.53%；2015 年和 2019 年，这个比重分别为 53.67% 和 52.45%。北京、上海、深圳、广州凭借特殊的地理位置、良好的基础设施和优质的科技资源成为中国创新引领地区。背后的原因在于：知识的生产需要特定的创新环境，组成创新环境的高级生产要素主要集中在一些大型城市区域；隐性知识的传播往往需要面对面的交流，大城市里面的经济主体之间相互访问和接触的机会最多。

本书用城市网络链接强度（Degree）和合作伙伴知识生产规模（nl_Pat）来测度城市的网络嵌入特征。城市网络链接强度用城市度数（Degree）来表征；合作伙伴知识生产规模（nl_Pat）通过构建网络滞后变量来表征：

$$nl\_Pat_i = \frac{\sum_s (Patent_s \times Link_{is})}{\sum_s Link_{is}} + \frac{\sum_r (Patent_r \times Link_{ri})}{\sum_r Link_{ri}} \qquad (12-4)$$

式（12-4）中，$Patent_s$ 表示接收来自城市 i 关系的城市 s 的专利规模；$Patent_r$ 表示向城市 i 发送关系的城市 r 的专利规模；$Link_{is}$ 表示城市 i 向关系接收者 s 发送的关系数量；$Link_{ri}$ 表示城市 i 接收来自城市 r 的链接关系数量。

城市节点的网络链接强度越大，创新产出越多。第一，具有高度中心性的节点通常占据中心位置并具有信息优势。这些节点可能会访问、共享和使用对创新活动至关重要的所需的、互补的和异构的资源。第二，网络的可靠性直接取决于它们在应对破坏性事件（严重程度从随机故障到故意攻击）方面的脆弱性。一个高度中心化的节点比其他节点有更多的直接伙伴，这意味着它有更多的替代渠道和与间接节点链接的手段来增加外部资源的稳定性。第三，由于创新通常来自于现有知识要素的组合或重组，知识多样性将增强组合或重组的可能性。一个高度中心化的国家有多种信息类型，可以通过独特新颖的方式进行重组。

图 12-4 报告了城市网络嵌入与知识生产散点图。从图 12-4 中可以清晰地看出，当代知识集群具有远距离联系特征，创新活跃的城市地区也是对外经济联系密切的地区。Singh（2005）发现，简单地待在同一个地方，对于将创造者的知识传播给一个地方的其他参与者通常没有什么好处，因为这些参与者之间需要网络化的互动。同样，Watts 等（2006）发现，许多近在咫尺的公司不一定通过社交或商业接触分享面对面的互动，从而缩小了知识转移的范围。即使在那些拥有丰富知识环境的地方，也有证据表明非本地化网络发挥了更大的作用。对于知识生产而言，仅在地理位置上的接近是不够的，高度创新和不断增长的公司更频繁地获取知识，特别是来自海外的知识，而且它们自己更有可能成为海外公司的知识来源。随着时间的推移，这种联系变得更有组织性和广泛性，而且往往涉及企业内部和竞争企业之间跨集群的技术共同开发。因此，现在产生知识的集聚区不是自给自足的地方系统，而是由分散的创新网络

中的关键节点或者创新热点组成的。通过建立这些联系，可以将新的知识带入该区域，给本地知识生产带来关键资源。因此，创新越来越集中在"热点"城市，与此同时这些热点城市正在与全国各地连接和合作。

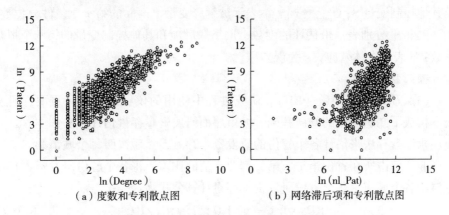

（a）度数和专利散点图　　　　　　（b）网络滞后项和专利散点图

图 12-4　城市网络嵌入与知识生产散点图

资料来源：专利数据来自佰腾网（https：//www. baiten. cn/）；城市网络数据根据城市网络 2020 年财富中文网（https：//www. fortunechina. com/）、启信宝网站（https：//www. qixin. com/）和上市公司年度报告中采集的企业网络数据整理。

二、计量方程与指标设计

本书采用面板模型来估计上市公司 500 强企业网络嵌入对城市知识生产的影响。相对于截面数据的分析而言，面板模型能够控制不可观测的个体效应，提供更多信息和自由度，能够反映观测样本时间序列的属性变动。

借鉴 Griliches（1979）的做法，本书基于知识生产函数框架来构建计量方程，设定如下：

$$\ln(\text{Patent}_{it}) = \alpha\ln(\text{Degree}_{it}) + \beta\ln(\text{nl\_Pat}_{it}) + \gamma S_{it} + u_i + \varepsilon_{it} \quad (12-5)$$

式（12-5）中，下标 i 和 t 分别为城市样本和时间断面；Patent 为知识产出规模；Degree 为城市的度数（出度和入度的加总）；nl_Pat 为知识产出规模的网络滞后项；S 为其他控制变量；α、β 和 γ 为待估计的参数；u 为个体固定效应；ε 为随机扰动项。

面板分位数回归的计量方程为：

$$Q_{patent_{it}}^{\tau}(\tau \mid x_{it}) = \alpha_{\tau}\ln(Degree_{it}) + \beta_{\tau}\ln(nl\_Pat_{it}) + \gamma_{\tau}S_{it} + u_i + \varepsilon_{it}$$

$$(12-6)$$

式（12-6）中，x 表示解释变量，包括度数 Degree、网络滞后项 nl_Pat 以及其他控制变量 S；$Q_{patent_{it}}^{\tau}(\tau \mid x_{it})$ 表示被解释变量 Patent 的第 τ 个条件分位数；α_{τ}、β_{τ} 和 γ_{τ} 分别表示带估计的度数、网络滞后项和其他控制变量的第 τ 个拟合系数；u 表示个体效应，ε 为误差项。

控制变量包括：

（1）研发资本存量（RD）。研究过程中使用的仪器设备至关重要，研发资本构成了知识生产的物质基础。城市层面研发资本存量估计方法如下：首先使用永续盘存法来估计各个省份的研发资本存量，然后按照每个城市第二、第三产业产值占所在省份第二、第三产业产值的比重，将各个省份研发资本存量分摊给各个城市。各个省份研发资本存量计算公式为：

$$RD_{st} = (1 - \eta) RD_{s(t-1)} + E_{st}/P_{st} \qquad (12-7)$$

式（12-7）中，RD_{st} 代表省份 s 在 t 时期的研发资本存量；E_{st} 代表 s 省 t 时期的研发经费内部支出；P_{st} 代表研发支出价格指数，采用居民消费价格指数来计量；η 代表研发资本折旧率，参照 Griliches（1979）的做法将其设定为 15%；基期的研发资本存量由公式 $RD_{sb} = E_{sb}/(g_s+\eta)$ 确定，基期 b 设为 2000 年，g_s 表示 s 省研发经费内部支出在 2000～2018 年的平均增长率。

（2）空间滞后变量（sl_Pat）。引入空间滞后变量来控制空间溢出带来的潜在影响，计算公式为 sl_Pat＝W×Patent，式中 W 为空间权重矩阵，采用 1 阶"后步"（Queen）相邻方法计算。

（3）制造业从业人员比重（Manuf）。传统的发展经济学强调，"工业化"是实现经济起飞的必然阶段。近些年的研究进一步表明，制造业会通过规模经济、产品复杂度、劳动生产率等途径促进全要素生产率的提升，从而成为经济增长的重要来源。中国正处于快速的工业化进程中，工业化水平影响着资源的配置效率从而影响着城市的全要素生产率。为了控制经济结构的影响，本书选取了市辖区制造业从业人员比重（%）作为控制变量。

（4）外商直接投资（FDI）。外商直接投资对本地知识生产有两个潜在的影响：得益于先进的技术和管理经验，外商直接投资通过前后向的经济联系能够改善城市的知识生产效率；但是与此同时，外商直接投资也可能会破坏本地的创新体系，对本地知识生产存在挤出效应。

三、基准模型回归结果

表 12-4 报告了固定效应面板模型回归分析结果。从表中可以看出，度数和网络滞后项的拟合系数均为正值且通过显著性检验。也就是说，城市对外联系越密切，合作伙伴知识生产绩效越高，城市创新发展的绩效越高。这意味着，城市网络的发展推动了远距离知识更好地匹配，促进了知识创新的发展。知识生产在传统上是区域内部行为主体的产物，但随着区域经济一体化的日益加深，在现代的流动性空间环境下，知识的创造和扩散，不再仅依赖于区域内经济属性，也受到区域间联系的影响，网络联系下的知识溢出对一个区域的知识生产产生了显著影响。

表 12-4　基准回归分析结果

变量	模型（1）	模型（2）	模型（3）	模型（4）
ln(Degree)		0.274 *** (0.0678)		0.206 *** (0.0762)
ln(nl_Pat)			0.120 *** (0.0412)	0.0881 * (0.0448)
ln(RD)	0.529 *** (0.0817)	0.419 *** (0.0795)	0.467 *** (0.0806)	0.399 *** (0.0796)
ln(sl_Pat)	0.732 *** (0.0551)	0.681 *** (0.0557)	0.669 *** (0.0599)	0.648 *** (0.0589)
Manuf	-0.00204 (0.00283)	-0.00230 (0.00272)	-0.00217 (0.00301)	-0.00234 (0.00285)
ln(FDI)	-0.0367 *** (0.0120)	-0.0336 *** (0.0122)	-0.0320 *** (0.0123)	-0.0309 ** (0.0123)
Constant	-5.027 *** (0.678)	-4.074 *** (0.672)	-4.944 *** (0.669)	-4.233 *** (0.679)
观测样本	1026	1017	1012	1012
R^2	0.920	0.921	0.921	0.922

注：括号中的数值为估计系数所对应的稳健标准误，*、** 和 *** 分别代表系数在 10%、5% 和 1% 的水平上显著。

资料来源：笔者基于固定效应面板模型利用佰腾网（http://www.baiten.cn）、《中国城市统计年鉴》等相关数据计算得出。

在控制变量方面，研发资本存量 ln(RD) 的拟合系数显著且为正值，意味着研发投资是专利生产的物质基础。空间滞后变量 ln(sl_Pat) 的拟合系数也显著为正值，而且 ln(sl_Pat) 的拟合系数显著高于相对应的 ln(nl_Pat) 的拟合系数，表明在流动空间环境下，基于地理邻近的知识溢出效应仍然是重要的。这主要是因为汇编、交流和吸收知识的成本很高，导致知识溢出在地理上高度集中。因此，知识溢出的集中既是创新集聚的结果，也是其触发因素。外商直接投资 ln(FDI) 的拟合系数为负值，意味着外商直接投资对知识生产更多是挤出效应而不是溢出效应。

总体来看，分析结果印证了 Bathelt 等（2004）提出的"地方蜂鸣—全球管道"的知识生产框架。在城市网络发展环境下，知识主体可以通过全球管道系统从区域外获得知识和信息，进而通过本地互动的网络转变为区域共享的知识和信息，在促进自身知识能力提高的同时使本地互动网络中其他主体受益，从而提高区域的创新能力。Boschma 等（2017）认为，创新不是在正确的地方，而是成为正确网络的一员。虽然区域知识流动的特点大多是面对面接触，但是距离对知识流动和转移的制约作用正在逐渐减弱，远距离的网络知识对本地创新正在发挥更大的作用。欧洲创新研究小组（GREMI）对创新环境进行分析时也呼吁地方环境中的行动者与外部信息源建立系统的联系，以保持有关市场趋势和新技术的重要信息流入环境，否则创新环境具有停滞的风险。

分析结果表明，中国城市的知识生产是以网络的方式存在。这与全球尺度创新活动的空间格局相一致。知识和创新生产长期以来都是国际现象，但直到最近才真正全球化。如今，位于不同国家的行为者可以以真正一体化的形式开展创新活动。创新越来越成为连接分散的知识中心的全球网络的产物。正是在知识和创新全球化的大背景下，全球创新网络的概念应运而生，知识和创新的生产是在更高程度的功能整合下完成的。全球创新网络是一个全球组织的网络，组织之间的合作从事知识生产，从而导致创新。这些网络的特点是真正的全球传播，而不仅局限于高收入国家的网络。

四、异质性检验结果

表 12-5 报告了网络嵌入知识生产效应的地理区位和网络地位异质性检验结果。从模型（1）和模型（2）的比较分析中可以看出，东部地区城市样本的 ln(Degree) 和 ln(nl_Pat) 拟合系数均高于中西部地区，表明相对于中西部

地区城市而言，东部地区城市能够更多地从城市网络链接强度、合作伙伴知识生产效率的提高中获益。背后的原因可能是城市对知识吸收和利用能力存在地区差异：东部地区城市拥有更多的创新型企业作为本地知识体系的"知识守门人"，网络嵌入程度的加深对知识生产绩效的影响较大；而中西部地区城市知识生产体系中"知识守门人"缺失，导致无法有效地利用网络创新资源。从模型（3）和模型（4）的比较分析中可以看出，核心地位城市样本具有更高的 ln(Degree) 拟合系数，而外围地位城市样本具有更高的 ln(nl_Pat) 拟合系数，表明核心地位城市的知识生产更多受益于自身对网络资源支配能力的影响，而外围地位城市更多受益于远距离的知识溢出。总体来看，分析结果意味着中国城市知识生产的差距在地理区位、网络地位等维度呈现扩大的趋势。

表 12-5　空间和地位异质性检验结果

变量	模型（1）东部	模型（2）中西部	模型（3）核心	模型（4）外围
ln(Degree)	0.290 ** (0.135)	0.171 * (0.0922)	0.482 *** (0.140)	0.0670 (0.0853)
ln(nl_Pat)	0.139 * (0.0752)	0.0632 (0.0533)	0.0239 (0.142)	0.0767 * (0.0456)
ln(RD)	0.646 *** (0.118)	0.356 *** (0.104)	0.555 *** (0.136)	0.263 *** (0.0943)
ln(sl_Pat)	0.367 *** (0.0968)	0.728 *** (0.0729)	0.417 *** (0.0941)	0.856 *** (0.0626)
Manuf	−0.00453 ** (0.00219)	0.0211 (0.0148)	−0.00256 (0.00237)	0.0235 (0.0360)
ln(FDI)	−0.0516 *** (0.0194)	−0.0322 ** (0.0153)	−0.0196 (0.0178)	−0.0369 ** (0.0158)
Constant	−5.950 *** (0.970)	−3.898 *** (0.910)	−4.752 *** (1.081)	−3.910 *** (0.779)
Observations	383	629	392	620
R^2	0.932	0.920	0.930	0.926

注：括号中的数值为估计系数所对应的稳健标准误，* 、** 和 *** 分别代表系数在 10%、5% 和 1% 的水平上显著。

资料来源：笔者基于面板模型利用佰腾网（http://www.baiten.cn）、《中国城市统计年鉴》等相关数据计算得出。

表 12-6 报告了网络嵌入知识生产效应的分位数回归性检验结果。城市度数的知识产出效应呈现出边际递减效应，例如 ln（Degree） 的拟合系数由 0.10分位数上的 0.639 下降到 0.90 分位数上的 0.266。分析结果意味着：对于专利产出较少的城市分组，度数的提升对专利生产的促进作用较大；而对于专利产出较多的城市分组，度数的提升对专利生产的促进作用较小。但是合作伙伴知识产出的影响呈现倒 U 形特征：ln（nl_Pat） 的拟合系数由 0.10 分位数上的0.0998 首先提升到 0.50 分位数上的 0.272，然后又下降到 0.90 分位数上的0.0857。这可能反映了网络嵌入的知识产出效应既受到网络中优质、互补性知识利用机会的影响，又受到城市"知识守门人"和对网络资源利用能力的影响，从而导致了知识产出规模适中的城市分组得到了更多的利益。

表 12-6 分位数回归性检验结果

变量	模型（1） τ=0.10	模型（2） τ=0.25	模型（3） τ=0.50	模型（4） τ=0.75	模型（5） τ=0.90
ln（Degree）	0.639 *** （0.121）	0.548 *** （0.0195）	0.399 *** （0.00674）	0.0290 （0.130）	0.266 *** （0.0706）
ln（nl_Pat）	0.0998 ** （0.0475）	0.00525 （0.0229）	0.272 *** （0.00759）	0.0333 （0.105）	0.0857 ** （0.0397）
ln（RD）	0.587 *** （0.0913）	0.763 *** （0.0360）	0.611 *** （0.0104）	0.572 *** （0.185）	0.656 *** （0.0513）
ln（sl_Pat）	0.511 *** （0.0901）	0.324 *** （0.0268）	0.155 *** （0.00867）	0.850 *** （0.171）	0.353 *** （0.135）
Manuf	−0.0119 ** （0.00599）	−0.0723 *** （0.00992）	0.0138 *** （0.00229）	0.0651 *** （0.0218）	−0.00878 （0.0122）
ln（FDI）	−0.0634 （0.0435）	−0.00825 （0.0130）	0.0726 *** （0.00909）	−0.0268 （0.0295）	−0.000170 （0.0373）
Observations	1012	1012	1012	1012	1012
组群个数	274	274	274	274	274

注：括号中的数值为估计系数所对应的稳健标准误，** 和 *** 分别代表系数在 5% 和 1% 的水平上显著。

资料来源：笔者基于分位数回归模型利用佰腾网（http：//www.baiten.cn）、《中国城市统计年鉴》等相关数据计算得出。

第四节　网络联系对初创企业成长的影响

网络和联系长期以来被认为是决定创业生态系统强度的重要因素。通过植根于企业家之间关系的城市网络，这些生态系统中的初创企业可以在很早的阶段接触更多客户，融入思想、知识、人才和资本的大尺度循环，并开发领先的产品和商业模式。这是新创企业的基础，正如在生命周期模型中所看到的，吸引国际资源和更多的大尺度联系是生态系统进化和加速增长的触发器。相反，联系不紧密的创业生态系统不会快速增长。

一、指标测度及统计性特征分析

本书中新创企业指的是在全国中小企业股份转让系统（National Equities Exchange and Quotations，NEEQ）的挂牌公司。全国股份转让系统是经国务院批准，依据《中华人民共和国证券法》设立的全国性证券交易场所，主要为创新型、创业型、成长型中小微企业发展服务。申请挂牌的公司为业务明确、产权清晰、经营规范、治理健全的非上市股份公司，这些公司可以尚未盈利，但须履行信息披露义务，所披露的信息必须真实、准确、完整。总体来看，新创企业的空间分布较为集中，2015 年、2018 年和 2020 年前 20 位城市新创企业数量的占比分别为 62.17%、61.07% 和 60.27%。创业"热点"地区主要是中国城市群的核心城市，包括京津冀地区的北京、天津，长三角地区的上海、苏州、杭州、南京、常州、无锡，成渝地区的重庆和成都，粤港澳大湾区的深圳、广州等。

本书用城市网络链接强度（Degree）和合作伙伴新创企业规模（nl_Start）来测度城市的网络嵌入特征。城市网络链接强度用城市度数来表征；合作伙伴新创企业通过构建网络滞后变量来表征：

$$nl\_Start_i = \frac{\sum_s (Startup_s \times Link_{is})}{\sum_s Link_{is}} + \frac{\sum_r (Startup_r \times Link_{ri})}{\sum_r Link_{ri}} \quad (12-8)$$

式（12-8）中，$Startup_s$ 表示接收来自城市 i 关系的城市 s 的新创企业规模；$Startup_r$ 表示向城市 i 发送关系的城市 r 的新创企业规模；$Link_{is}$ 表示城市 i 向关系接收者 s 发送的关系数量；$Link_{ri}$ 表示城市 i 接收来自城市 r 的链接关系数量。

图 12-5 报告了城市网络嵌入与新创企业的散点图。从图 12-5 可以清晰地看出，城市新创企业的数量与度数具有明显的相关性，度数越高的城市新创企业的数量越高；合作伙伴新创企业平均规模的影响似乎并不显著。分析结果意味着，在更大尺度上的开放是新创企业生态系统健康发展的内在要求。这与全球范围内的经验证据相吻合。从全球尺度来看，硅谷、伦敦、纽约一起构成了初创企业生态系统的顶层。1/3 美国以外的创业公司与硅谷有多种联系；如果算上美国的创业公司，这个数字会上升到47%。即使是硅谷的小公司也是全球客户，它们通过吸引在当地竞争的全球初创企业了解最新和最伟大的技术，因此硅谷的创始人、投资者和顾问也可以比其他任何地方更容易地了解最新的全球客户需求和世界任何地方的最新创新。全球 1/4 的初创公司与伦敦有着多重联系，有 1/5 的初创公司与纽约有着多重联系。这三个生态系统构成了最广泛的全球联系网：这些地方是各地的初创企业希望联系到的获取建议、资金和想法的地方。

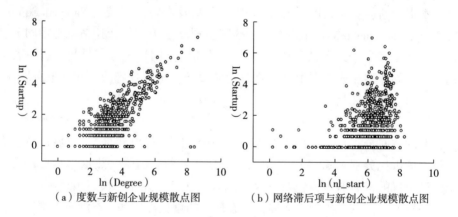

（a）度数与新创企业规模散点图　　（b）网络滞后项与新创企业规模散点图

图 12-5　城市网络嵌入与新创企业规模散点图

资料来源：新创企业数据来自全国中小企业股份转让系统（http：//www.neeq.com.cn/）；城市网络数据根据城市网络 2020 年财富中文网（https：//www.fortunechina.com/）、启信宝网站（https：//www.qixin.com/）和上市公司年度报告中采集的企业网络数据整理。

二、计量方程与指标设计

在计量分析部分只有两期的数据，因此本书基于混合回归模型来检验中国上市公司 500 强网络嵌入对城市知识生产的影响。计量方程设定如下：

$$\ln（Startup_{it}）= \alpha\ln（Degree_{it}）+\beta\ln（nl\_Start_{it}）+\gamma S_{it}+\varepsilon_{it} \qquad (12-9)$$

式（12-9）中，下标 i 和 t 分别代表城市样本和时间断面；Startup 代表新创企业规模；Degree 代表城市的度数（出度和入度的加总）；nl_Start 代表新创企业规模的网络滞后项；S 代表其他控制变量；α、β 和 γ 代表待估计的参数；ε 代表随机扰动项。

控制变量包括：①知识资本（Patent）。对于新创企业而言，技术领先是其能够在市场中立足并成长的基本前提，技术上落后的企业很难在激烈的市场竞争中立足并成长起来。本书以城市申请的专利数量来测度知识资本，用以检验城市的知识产出是否促进了城市的创业发展。②土地租金（Rent）。以国有建设用地出让成交价款与出让面积的比值来测度，数据来自相关年份的《中国国土资源统计年鉴》。土地租金是集聚经济的表现形式，本书用土地租金来检验网络嵌入的改善是否提高了资源配置效率，并促进了城市经济增长。③空间滞后项（sl_Start）。计算公式为 sl_Start = W×Startup，式中 W 为空间权重矩阵，采用 1 阶 "后步"（Queen）相邻方法计算。用以控制空间溢出给新创企业成长带来的潜在影响。④人口密度（Density）。采用城市市辖区人口密度（人/平方千米）来测度，用以检验集聚经济对新创企业成长的影响。⑤外商直接投资（FDI）。用以检验城市经济的外向度对新创企业成长的影响。⑥时间变量（t）。用以控制新创企业随时间的变动情况。

三、基准模型分析结果

表 12-7 给出了混合回归模型的分析结果。从模型（1）和模型（2）中可以看出，城市度数对新创企业的成长具有正向促进作用，而合作伙伴新创企业规模的影响不明显。这意味着城市对网络资源的支配能力是构建新创企业生态系统的重要组成部分。更强的经济联系给初创企业及其生态系统带来了更高的绩效。在其他地方的创始人和高管之间建立更多的关系会带来更多的想法和创新，从而加快创业成长和更活跃的生态系统。初创企业依靠与客户、投资者、公司，尤其是其他初创企业的关系和思想交流而茁壮成长。这些想法包括关于产品改进的技术想法、新的科学想法以及如何销售到不同的市场。这种知识的交流是通过个人关系进行的，更多的联系会导致更快成长的创业公司。这些联系越广泛，初创企业及其生态系统的增长成果就越好。

表 12-7　基准回归结果

变量	模型（1）	模型（2）	模型（3）	模型（4）
ln(Degree)	0.672 *** (0.0445)	0.677 *** (0.0521)	0.165 *** (0.0592)	0.425 *** (0.0623)
ln(nl_Start)		−0.0063 (0.0900)	0.0191 (0.0705)	0.0237 (0.0804)
ln(Patent)			0.580 *** (0.0405)	
ln(Rent)				0.374 *** (0.0788)
Capital			0.735 *** (0.134)	0.720 *** (0.157)
ln(sl_Start)	0.125 *** (0.0348)	0.125 *** (0.0347)	0.0981 *** (0.0306)	0.177 *** (0.0365)
ln(Density)	0.111 (0.0755)	0.109 (0.0757)	−0.00730 (0.0582)	0.0286 (0.0687)
ln(FDI)	0.181 *** (0.0378)	0.181 *** (0.0387)	0.0595 ** (0.0276)	0.137 *** (0.0328)
t	0.500 *** (0.0877)	0.510 *** (0.116)	0.352 *** (0.0936)	0.437 *** (0.109)
Constant	−5.211 *** (0.550)	−5.216 *** (0.574)	−5.771 *** (0.473)	−5.983 *** (0.623)
Observations	428	427	427	427
R^2	0.696	0.696	0.805	0.739

注：括号中的数值为估计系数所对应的稳健标准误，** 和 *** 分别代表系数在 5% 和 1% 的水平上显著。

资料来源：笔者基于混合回归模型利用全国中小企业股份转让系统（http://www.neeq.com.cn/）、《中国城市统计年鉴》等相关数据计算得出。

　　模型（3）和模型（4）分别加入了城市的知识资本存量和地租两个控制变量，以检验城市度数是否会通过提升城市的知识生产水平和集聚经济来改善创业生态系统。当分别加入 ln(Patent) 和 ln(Rent) 变量时，ln(Degree) 变量的拟合系数仍然显著，但是相对于模型（2）大幅度下降。这意味着度数的提高不仅通过增强外部联系改善了城市创业生态系统，还通过影响城市的知识生产和集聚经济促进了新创企业的成长。

（1）度数越高的城市具有越高的知识生产和交流效率。知识交流是知识生产的前提条件，知识交流可以被描述为一种特殊的交流，涉及体现新思想、知识、概念、蓝图等的信息、产品、个人或经济主体的传播。每当一个经济主体产生的想法被另一个经济主体学习时，这种流动就发生了，在这个过程中，经济主体从另一个经济主体的想法中学习，并将这些想法与内部产生的想法和内部存在的想法相结合，从而发展和拓展内部存在的想法。知识的传播和技术的应用使企业能够寻找更丰富的机会，这为新创企业的成长提供基础。

（2）度数越高的城市具有更高的集聚经济。对于处于初期创建和早期成长阶段的新创企业而言，其主要战略目标是追求组织生存，然而新创企业一般都缺乏内部资源与能力，需要克服资源、规则和环境方面的约束，同时又面临着较高的创业不确定性，难以在市场竞争中成功生存。在这种环境下，外部资源的支持（包括风险资本、科研机构、行业协会、创新中心、律师事务所、会计师事务所等）对于新创企业的健康成长至关重要。因此，如果城市能够利用、支配的资源越多，初创企业能够健康成长的概率越大。

在控制变量方面，政治地位变量的拟合系数为正值且显著，表明政治地位较高的城市具有更好的创业生态系统，更好地促进了新创企业的成长。空间滞后项的拟合系数显著且为正值，表明基于地理邻近的溢出效应促进了新创企业的成长，也就是说地理环境是创业生态系统的重要组成部分。外商直接投资的拟合系数也显著且为正值，表明外资的进入提升了城市新创企业成长的绩效。时间趋势项也为正值且显著，表明中国城市的新创企业呈现出活跃的发展态势。

四、异质性检验结果

表12-8报告了网络嵌入对新创企业成长影响的空间异质性检验结果。总体来看，网络权力更多影响着中西部地区城市的创业绩效。背后的原因是，中西部地区城市的人才、技术等创业资源较为稀缺并且更多集中在网络权力较高的城市，网络权力的提升伴随着更多的新创企业的形成。合作伙伴创业绩效的影响不显著，这可能意味着城市创业绩效更多取决于和国家城市体系中创新创业热点的联系，而不是合作伙伴的平均创业绩效。当加入知识资本和政治地位两个控制变量时，网络权力的影响力大幅度下降，并且网络权力在东部地区城

市样本的回归方程中没有通过显著性检验。这意味着知识资本和政治地位是网络权力影响城市新创企业发展的中介机制。在其他控制变量方面，外商直接投资的拟合系数显著且为正值，表明城市经济对外开放度改善了创业生态系统；时间趋势项的拟合系数也显著且为正值，意味着过去 20 年里中国城市的新创企业表现出较快的增长态势。

表 12-8　空间异质性检验结果

变量	模型（1）东部	模型（2）东部	模型（3）中西部	模型（4）中西部
ln(Degree)	0.470 *** (0.0952)	0.130 (0.102)	0.632 *** (0.0631)	0.146 ** (0.0712)
ln(nl_Start)	−0.0107 (0.158)	0.00197 (0.124)	−0.0275 (0.0843)	0.0198 (0.0795)
ln(Patent)		0.572 *** (0.0664)		0.520 *** (0.0542)
Capital		0.581 *** (0.199)		0.890 *** (0.192)
ln(sl_Start)	0.0740 (0.0679)	0.0630 (0.0625)	0.0368 (0.0536)	0.0790 * (0.0449)
ln(Density)	0.0280 (0.128)	−0.00833 (0.109)	0.211 ** (0.0968)	0.0283 (0.0765)
ln(FDI)	0.415 *** (0.0732)	0.149 *** (0.0569)	0.126 *** (0.0397)	0.0489 (0.0317)
t	0.749 *** (0.182)	0.554 *** (0.156)	0.538 *** (0.142)	0.306 ** (0.120)
Constant	−6.904 *** (1.081)	−6.960 *** (0.826)	−5.091 *** (0.705)	−5.216 *** (0.610)
Observations	175	175	252	252
R^2	0.751	0.827	0.589	0.729

注：括号中的数值为估计系数所对应的稳健标准误，*、** 和 *** 分别代表系数在 10%、5% 和 1% 的水平上显著。

资料来源：笔者基于混合回归模型利用全国中小企业股份转让系统（http://www.neeq.com.cn/）、《中国城市统计年鉴》等相关数据计算得出。

表 12-9 报告了网络嵌入对新创企业成长影响的网络地位异质性检验结果。

总体来看，网络权力更多影响着核心地位城市的创业绩效，知识资本和政治地位是网络权力影响城市新创企业发展的中介机制。分析结果呼应了全球尺度上发现的创业生态系统与网络连通度相关性的经验证据。虽然全球互联互通在世界每个地区都有一个层级，但硅谷、伦敦和纽约构成了全球互联互通的核心。硅谷主导着几乎所有其他初创企业生态系统的联系——与硅谷初创企业创始人或高管的某种联系，似乎几乎是其他地方初创企业的先决条件。同样，伦敦和纽约主导着"次要"联系。除了硅谷，每个地区联系最紧密的生态系统与伦敦和纽约的联系最紧密。

表 12-9　地位异质性检验结果

变量	模型（1）核心	模型（2）核心	模型（3）外围	模型（4）外围
ln(Degree)	0.871 *** (0.0539)	0.425 *** (0.0704)	0.266 ** (0.112)	−0.00097 (0.0867)
ln(nl_Start)	0.207 (0.131)	0.0716 (0.100)	−0.0279 (0.0991)	0.0585 (0.0888)
ln(Patent)		0.524 *** (0.0515)		0.576 *** (0.0538)
Capital		0.292 * (0.157)		
ln(sl_Start)	0.0610 (0.0384)	0.0341 (0.0399)	0.250 *** (0.0530)	0.118 *** (0.0436)
ln(Density)	0.00585 (0.0950)	0.00967 (0.0787)	0.151 * (0.0909)	−0.0106 (0.0832)
ln(FDI)	0.221 *** (0.0597)	0.0837 ** (0.0381)	0.112 *** (0.0415)	0.0437 (0.0353)
t	0.479 *** (0.154)	0.490 *** (0.127)	0.377 ** (0.146)	0.212 * (0.120)
Constant	−6.725 *** (0.940)	−7.328 *** (0.796)	−3.289 *** (0.696)	−4.806 *** (0.640)
Observations	184	184	243	243
R^2	0.817	0.879	0.350	0.522

注：括号中的数值为估计系数所对应的稳健标准误，* 、** 和 *** 分别代表系数在 10%、5% 和 1% 的水平上显著。

资料来源：笔者基于混合回归模型利用全国中小企业股份转让系统（http：//www.neeq.com.cn）、《中国城市统计年鉴》等相关数据计算得出。

分析结果有助于加深创新创业中心发育规律的理解。世界经济论坛与麦肯锡公司自 2006 年开始发布全球创新热图，依据城市科技创新发展的势能与多样性，将不同阶段的城市创新发展特征概括为五种类型：初生的溪流（Nascents）、涌动的热泉（Hot Springs）、汹涌的海洋（Dynamic Oceans）、平静的湖泊（Silent Lakes）、消失的池塘（Shrinking Pools）。大部分传统创新型城市如东京、横滨、洛杉矶等处在"平静的湖泊"里，上海、深圳、班加罗尔等一批亚太地区的城市则迈入了"涌动的热泉"，成为极具创新后劲和动力、上升速度较快的城市。本书表明城市的网络链接强度是城市新创创业生态系统的重要组成部分，处于"涌动的热泉"发展阶段的科技创新中心要想发展成为"汹涌的海洋"，必须加强与外面具有优质资源、互补资源的创新资源建立良好的联系渠道，否则就会陷入衰退的发展阶段，从而落入"平静的湖泊"，甚至成为"萎缩的池塘"。

第五节　网络嵌入对城市绿色经济效率的影响

中国经济已经进入全面深刻大转型的新时期，这对城市绿色发展提出了更高的要求。党的十九大以来，中国对发展与环境的关系进行了重大调整，通过经济结构转型、生态文明建设实现了国民经济发展的新常态。"十四五"时期将是中国城市提高绿色经济效率、实现集约增长的关键时期。因此，厘清网络外部性对中国城市绿色发展的影响机理，对中国实现城市可持续发展和完善城市网络治理体系具有重要意义。

一、指标测度及统计性特征分析

本书用数据包络分析（DEA）的马尔默奎斯特指数（Malmquist Index）来评估时间段之间的决策单元（DUM）的生产率变化。假设决策单元在时间断面 t 的输入和输出向量分别为 $x^t \in P_t^n$、$y^t \in P_t^m$，则时间断面 t 和 t+1 的投入、产出组合分别为 (x^t, y^t)、(x^{t+1}, y^{t+1})，时间断面 t 和 t+1 的城市资源 Malmquist 效率分别为：

$$M^t(x^t, y^t) = \frac{D^t(x^{t+1}, y^{t+1})}{D^t(x^t, y^t)} \tag{12-10}$$

$$M^{t+1}(x^{t+1}, y^{t+1}) = \frac{D^{t+1}(x^{t+1}, y^{t+1})}{D^{t+1}(x^t, y^t)} \qquad (12-11)$$

式（12-10）和式（12-11）中，$D^t(x^t, y^t)$、$D^t(x^{t+1}, y^{t+1})$分别为用时间断面 t 的技术前沿来测度的（x^t, y^t）、（x^{t+1}, y^{t+1}）Malmquist 效率得分；$D^{t+1}(x^t, y^t)$和$D^{t+1}(x^{t+1}, y^{t+1})$分别为用时间断面 t+1 的技术前沿来测度的（$x^t, y^t$）、（$x^{t+1}, y^{t+1}$）Malmquist 效率得分。因此从时间断面 t 到 t+1 的Malmquist 指数可以表示为：

$$MI = \left[\frac{D^t(x^{t+1}, y^{t+1})}{D^t(x^t, y^t)} \times \frac{D^{t+1}(x^{t+1}, y^{t+1})}{D^{t+1}(x^t, y^t)}\right]^{1/2} \qquad (12-12)$$

Malmquist 指数是两个效率比率的几何平均值：一个是用时间断面 t 的技术前沿测量的效率变化，另一个是用时间断面 t+1 的技术前沿测量的效率变化。Malmquist 指数大于 1 表示从第 t 期到第 t+1 期，决策单元全要素生产率趋于改善，而 Malmquist 指数等于 1 或小于 1 分别表示全要素生产率的不变和恶化。Malmquist 指数又可以分为两个部分：一个是技术效率的变动，称为"追赶效应"（Catch-up Effect），测度的是决策单元距离生产率前沿提高的程度；另一个是效率前沿面的移动，称为"前沿转移效应"（Frontier-shift Effect）的乘积，测度的是生产率前沿在不同时间断面的变化情况。

本书中投入指标包括资本存量、劳动力。①资本存量。结合张军等（2004）的研究成果，采用永续盘存法估计，方法与本章第二节相同。②劳动力。采用全市单位从业人员期末人数和私营个体从业人员之和来表示。产出指标包括期望产出和非期望产出。①期望产出。以全市实际 GDP 表示，计算方法与本章第二节相同。②非期望产出。分别用全市工业废水排放量、工业二氧化硫排放量、工业烟尘排放量 3 个指标来表示。由于 Malmquist 指数无法直接分析非期望产出，将非期望产出作为环境投入来处理。

2005~2019 年，有 230 个城市的平均 Malmquist 指数大于 1，表明中国大多数城市的绿色经济效率趋于提升（见表 12-10）。这些城市既有我国主要城市群的核心城市，如北京、青岛、长沙、西安、武汉、成都等，也有那些具有明显资源禀赋优势的城市，如永州、丽水、雅安、绵阳等。有 16 个城市的平均 Malmquist 指数小于 1，这些城市包括铁岭、赣州、江门、绍兴、梅州、昭通、金华等，表明这些城市的绿色经济效率出现了恶化。

表 12-10　2005~2018 年中国前 10 位城市的 Malmquist 指数

序号	城市	Catch-up	城市	Frontier-shift	城市	Malmquist
1	永州	3.155	武威	3.490	永州	4.851
2	廊坊	2.972	克拉玛依	2.970	廊坊	4.780
3	随州	2.726	马鞍山	2.907	青岛	3.957
4	青岛	2.399	许昌	2.794	北京	3.695
5	长沙	2.097	无锡	2.775	随州	3.666
6	北京	1.905	威海	2.739	长沙	3.660
7	哈尔滨	1.644	潍坊	2.717	丽水	3.490
8	武汉	1.599	日照	2.689	雅安	3.459
9	广州	1.596	眉山	2.656	西安	3.334
10	雅安	1.596	驻马店	2.638	汉中	3.300

资料来源：Malmquist 指数根据 2000~2020 年《中国城市统计年鉴》的数据计算。

本书用度数和网络滞后项来测度城市的网络嵌入程度。度数（Degree）以城市发送和接收关系的数量来刻画网络权力，计算公式为 $Degree(i) = \sum_a Outdeg(ia) + \sum_b Indeg(bi)$。式中，$Outdeg(ia)$ 为城市 i 向城市 a 发送关系的数量，$Indeg(bi)$ 为城市 i 接收来自城市 b 关系的数量。网络滞后项表示为城市 i 合作伙伴（网络中相链接的城市）的城市绿色经济效率的加权平均值，计算公式为：

$$nl\_Malm(i) = \frac{\sum_a [Outdeg(ia) \times Malmquist(a)]}{\sum_a Outdeg(ia)} + \frac{\sum_b [Indeg(bi) \times Malmquist(b)]}{\sum_b Indeg(bi)} \qquad (12-13)$$

式（12-13）中，$Outdeg(ia)$、$Indeg(bi)$ 的含义与上面相同。如果 $nl\_Malm(i)$ 越大，则表明城市 i 从网络中知识溢出的收益越高。

图 12-6 报告了城市的网络嵌入特征与绿色经济效率的散点图。可以看出，无论是城市的度数还是网络滞后项，都与 Malmquist 指数呈现出明显的相关性。这意味着，在"流动空间"环境下，城市的经济效率不再仅取决于城市本身的创新发展能力，还取决于城市在网络中的地位以及合作伙伴的生产率溢出效应。而且，随着城市网络的深入发展，网络权力和合作伙伴绿色发展绩效对城

市的可持续发展可能变得越来越重要。

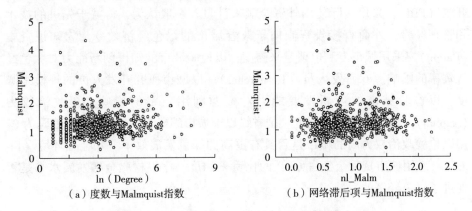

（a）度数与Malmquist指数　　　（b）网络滞后项与Malmquist指数

图12-6　城市网络嵌入与绿色经济效率散点图

资料来源：Malmquist 指数根据 2000~2020 年《中国城市统计年鉴》的数据计算；城市网络数据根据城市网络 2020 年财富中文网（https://www.fortunechina.com/）、启信宝网站（https://www.qixin.com/）和上市公司年度报告中采集的企业网络数据整理。

二、计量方程与指标设计

考虑到城市 Malmquist 指数是受限因变量，本书采用随机效应面板 Tobit 模型来估计网络权力和知识溢出的影响：

$$Malmquist_{it} = \alpha \ln(Degree_{it}) + \beta nl\_Malm_{it} + \gamma X_{it} + u_i + \varepsilon_{it} \quad (12-14)$$

式（12-14）中，$Degree_{it}$ 和 nl_Malm_{it} 分别为城市 i 在时间 t 的网络权力和绿色经济效率的网络滞后项，X_{it} 为其他控制变量；α、β 和 γ 为待估计的参数；u_i 为非观测的个体效应；ε_{it} 为服从正态分布的随机误差项。

被解释变量均为城市绿色经济效率，用考虑非合意产出的 Malmquist 指数来衡量。核心解释变量为网络权力和绿色经济效率网络滞后项。控制变量包括：①集聚经济（Density）。集聚经济是中间产品共享、本地知识外溢和专业劳动力市场等报酬递增机制的宏观表现形式，采用对数形式的人口密度来衡量。②知识厚度（Patent）。知识存量是城市创新和绿色发展的关键因素，采用对数形式的发明专利申请数量来衡量，数据根据佰腾网专利数据库整理。③空间滞后变量（sl_Malm）。地理学第一定律表明地理相近的事物关系越密切，董会忠等（2021）的研究也表明地理邻近的城市之间绿色经济效率相互影响。采用"空间相邻城市绿色经济效率平均值"来测量基于地理邻近的空间溢出（知识流动、竞争效应等）对城市绿色经济效率的潜在影响。④对外开放（FDI）：采用实际使用外资金额来计量。一般认为，得益于先进的技术和管理经验，外商直接投资倾向于改善城市的绿色经济效率。⑤知识资本（Patent）。采用城市专利申请量来测度，以检验城市的知识创新能力对绿色经济效率的影响。⑥研发人员（Researcher）。以城市研究开发人员的规模来测度，以检验城市的创新发展能力对资源利用效率的影响。⑦政治权力（Capital）。以二值变量来测度：副省级以上城市编码为 1，其他城市编码为 0。用以检验政治权力高的城市是否具有更高的绿色发展效率。⑧金融环境（Finance）。用城市贷款余额占 GDP 的比重来测度，用以检验金融发展水平是否促进了绿色经济的发展。

三、基准模型分析结果

考虑到城市网络数据的限制，计量分析部分只考虑 2005～2010 年的 Malmquist 指数、2010～2015 年的 Malmquist 指数、2015～2019 年的 Malmquist 指数 3 期数据。为了避免互为因果导致的内生性问题，解释变量采用 2005 年、2010 年和 2015 年的时间滞后值。表 12-11 报告了网络权力和绿色经济效率网络滞后变量的面板 Tobit 模型估计结果。

表 12-11　面板 Tobit 模型估计结果

变量	模型（1）	模型（2）	模型（3）	模型（4）
ln(Degree)		0.0592 *** (0.0158)		0.0449 *** (0.0170)
nl_Malm			0.150 *** (0.0429)	0.102 ** (0.0470)
sl_Malm	0.229 *** (0.0484)	0.250 *** (0.0485)	0.229 *** (0.0480)	0.244 *** (0.0484)
ln(Density)	−0.0345 (0.0221)	−0.0479 ** (0.0223)	−0.0459 ** (0.0222)	−0.0526 ** (0.0224)
ln(FDI)	0.0102 (0.0097)	−0.0154 (0.0119)	0.00565 (0.0097)	−0.0119 (0.0120)

续表

变量	模型（1）	模型（2）	模型（3）	模型（4）
Constant	1. 146 ***	1. 291 ***	1. 137 ***	1. 248 ***
	(0. 145)	(0. 150)	(0. 144)	(0. 150)
Observations	712	707	712	707
Number of id	242	242	242	242

注：括号中的数值为估计系数所对应的稳健标准误，** 和 *** 分别代表系数在 5% 和 1% 的水平上显著。

资料来源：笔者基于面板 Tobit 模型利用《中国城市统计年鉴》等相关数据计算得出。

从表 12-11 中可以看出，ln(Degree) 和 nl_Malm 变量的拟合系数均为正值且显著，表明城市度数中心性的提高显著改善绿色经济效率，网络中伙伴城市的绿色经济效率具有正向的空间溢出效应。总体来看，城市网络的发展促进了资源的优化配置和知识的跨界流动，深刻地改变了"场所空间"环境下城市经济的增长方式。在"流动空间"环境下，更高的网络资源支配能力、更高的合作伙伴经济绩效意味着更高的绿色经济效率。

在控制变量方面，空间溢出变量（sl_Malm）的拟合系数也显著且为正值，并且在数量上大于 nl_Malm 变量的拟合系数，表明尽管在网络环境下长远距离的溢出效应促进了城市可持续发展，但是基于地理邻近的空间溢出仍然扮演着关键的角色。人口密度 ln(Density) 变量为负值且显著，这可能意味着人口密度并不是较好的集聚经济的代理变量，集聚经济可能更多是通过规模而不是结构影响城市经济的绿色发展绩效。外商直接投资（FDI）没有通过显著性检验，表明外商直接投资对于中国城市绿色经济效率改善没有显著影响。

四、中介机制检验结果

表 12-12 报告了中介机制检验结果。方程（1）到方程（4）中分别添加了知识资本、研发人员、政治地位和金融资源四个变量，在这四个方程中网络滞后变量 nl_Malm 的拟合系数仍然显著且为正值，但是城市网络权力拟合系数及其显著性发生了明显变化。方程（1）中 ln(Degree) 的拟合系数与表（3）中方程（4）相比明显下降且不再显著，ln(Patent) 的拟合系数显著为正值，意味着城市网络权力通过提升知识生产水平促进了绿色经济效率。方程（2）用研发人员规模代替了知识资本，ln(Researcher) 显著为正值，而 ln(Degree)

的拟合系数仍然不显著，分析结果进一步印证了创新能力作为网络权力中介机制的结论。方程（3）中 ln(Degree) 变量不显著而 Capital 变量显著且为正值，表明政治地位也是城市网络权力影响绿色经济效率的中介机制。方程（4）中金融环境变量的拟合系数显著且为正值，而 ln(Degree) 变量仍然不显著，表明金融环境也是城市网络权力影响绿色经济效率的中介机制。这些结果结合在一起表明，网络权力越高的城市具有越高的知识创新能力、政治资源和金融资源，这是城市技术进步和内生经济增长的核心因素，网络权力正是通过这些中介机制影响着城市的绿色经济效率。

表 12-12 中介机制检验结果

变量	方程（1）	方程（2）	方程（3）	方程（4）
ln(Degree)	0.00356 (0.0240)	0.0120 (0.0211)	0.0180 (0.0196)	0.0128 (0.0206)
nl_Malm	0.125 ** (0.0485)	0.0857 * (0.0472)	0.0885 * (0.0470)	0.124 *** (0.0474)
ln(Patent)	0.0409 ** (0.0170)			
ln(Researcher)		0.0617 *** (0.0233)		
Capital			0.182 *** (0.0661)	
Finance				0.0973 *** (0.0356)
sl_Malm	0.223 *** (0.0495)	0.262 *** (0.0487)	0.280 *** (0.0499)	0.264 *** (0.0487)
ln(Density)	-0.0435 * (0.0228)	-0.0589 *** (0.0224)	-0.0568 ** (0.0223)	-0.0462 ** (0.0224)
ln(FDI)	-0.0147 (0.0126)	-0.0131 (0.0120)	-0.0115 (0.0119)	-0.00913 (0.0120)
Constant	1.064 *** (0.158)	0.872 *** (0.206)	1.298 *** (0.151)	1.118 *** (0.157)
Observations	690	706	707	707
Number of id	241	241	242	242

注：括号中的数值为估计系数所对应的稳健标准误，*、** 和 *** 分别代表系数在 10%、5% 和 1% 的水平上显著。

资料来源：笔者基于面板 Tobit 模型利用《中国城市统计年鉴》等相关数据计算得出。

五、异质性影响分析

表 12-13 报告了面板 Tobit 模型异质性检验的回归结果。分析结果表明，尽管城市网络的发展在整体上会提高资源的配置效率，但是城市绿色经济效率从网络链接中的获益能力受到城市地位、地理区位和产业基础的深刻影响。表 12-13 中方程（1）和方程（2）分别报告了东部地区和中西部地区城市的回归结果。方程（1）中 ln(Degree) 不显著而 nl_Malm 的拟合系数显著且为正值，方程（2）中 ln(Degree) 的拟合系数为正值而 nl_Malm 未通过显著性检验，表明知识溢出促进了东部地区城市的绿色经济效率，而网络权力促进了中西部地区城市的绿色经济效率。方程（3）和方程（4）分别报告了核心和外围地位城市的回归结果。方程（3）中 ln(Degree) 和 nl_Malm 的拟合系数均为正值且显著，而方程（4）中 nl_Malm 均未通过显著性检验，表明网络权力和知识溢出显著改善了核心地位城市的绿色经济效率，而外围地位的城市仅从度数提高中获得显著收益。主要原因在于核心地位是公司总部的集聚地，控制着产品价值链中高附加价值区块，并能够充分吸收地方化创新系统的隐性知识，从而在网络发展过程中提升了资源配置效率。方程（3）和方程（4）分别报告了资源型城市和非资源型城市的回归结果，非资源型城市从网络嵌入中获益，而资源型城市对网络资源的利用能力有限，网络权力和合作伙伴绿色经济绩效的影响不显著。

表 12-13　异质性估计结果

变量	方程（1）东部	方程（2）中西部	方程（3）核心	方程（4）外围	方程（5）资源型	方程（6）非资源型
ln(Degree)	0.0336 (0.0265)	0.0718 *** (0.0234)	0.0946 *** (0.0279)	0.0471 * (0.0273)	0.00088 (0.0284)	0.0473 ** (0.0224)
nl_Malm	0.146 ** (0.0702)	0.0482 (0.0629)	0.295 *** (0.0720)	0.0608 (0.0884)	0.0333 (0.0700)	0.154 ** (0.0626)
sl_Malm	0.262 *** (0.0805)	0.274 *** (0.0628)	0.189 *** (0.0711)	0.255 *** (0.0665)	0.293 *** (0.0769)	0.240 *** (0.0619)
ln(Density)	0.00852 (0.0395)	-0.0804 *** (0.0280)	-0.0209 (0.0359)	-0.0632 ** (0.0287)	-0.0592 ** (0.0290)	-0.0577 * (0.0346)

续表

变量	方程（1）东部	方程（2）中西部	方程（3）核心	方程（4）外围	方程（5）资源型	方程（6）非资源型
ln(FDI)	-0.00428 (0.0216)	-0.00859 (0.0148)	-0.0128 (0.0197)	-0.0122 (0.0151)	-0.0139 (0.0163)	-0.0169 (0.0170)
Constant	0.683 ** (0.324)	1.374 *** (0.179)	0.634 ** (0.277)	1.356 *** (0.201)	1.371 *** (0.185)	1.314 *** (0.247)
Observations	290	417	299	408	265	442
Number of id	97	145	101	141	92	150

注：括号中的数值为估计系数所对应的稳健标准误，*、** 和 *** 分别代表系数在 10%、5% 和 1% 的水平上显著。

资料来源：笔者基于面板 Tobit 模型利用《中国城市统计年鉴》等相关数据计算得出。

第十三章 中国城市网络的
国家治理

随着区域一体化的不断推进和城市网络的快速发展，远距离城市之间经济联系日益密切，区际关系的协调和跨区域的公共议题日益明显。在国家城市日益完善的环境下，基于国家尺度的区域治理正在成为现代社会探寻政府改革和治理创新的新思路。它将打破狭隘的行政区划界限、超越简单的政府单一主体，实现政府、企业、非政府组织和公民社会的网络化协作治理，成为实现城市网络协同发展的有效治理模式。

第一节　实现企业和城市的合作共赢

大型多区位企业是国家城市网络的主要推动者和塑造者。大型多区位企业是一个能够对在一个城市以上的经营活动进行协调和控制的企业，即使它可以不拥有这些经营活动。大型多区位企业的重要性主要体现在三个方面：它能协调和控制城市内部以及城市之间生产网络中的不同环节；它拥有利用生产要素分布与城市政策地理差异的潜力；它具有在不同区位之间对资源与经营活动进行转换和再转换的能力。因此，国家经济的地理变化在很大程度上是由大型多区位企业通过它们对投资、不投资的决策，尤其是投资区位的决策而塑造的。同时，国家经济的不同城市也被大型多区位企业所主导的原材料、零部件、成品、技术知识的流动联系在一起。尽管在不同部门、不同城市之间，大型多区位企业的重要性程度不同，但现在只有在很少一些地方的经济绩效没有受到大型多区位企业的影响，大多数城市都或多或少地嵌入到了大型多区位企业的价值链中。事实上，在一些情况下，大型多区位企业对城市经济走势的影响几乎是压倒一切的。

一、推动企业扎根本地产业集群

尽管吸引和嵌入外源式的资源并不是新的经济政策，但随着最近的投资浪潮，它们被认为具有重要的意义。区域经济一体化的正面影响是以如下信念为基础的，即多区位大型企业提供报酬优厚的工作、顶级的技能和技术、当地企业间联系和出口机会等（Dunning，2008；Dicken，2003）。但是只有当多区位企业的子公司与当地企业发生联系时，这些好处才能真正产生。如果它们不与当地企业发生联系，除了增加一些直接的就业之外，几乎不会给当地带来什么好处。因此，外来投资者在本地经济中的"扎根"（Embedness）程度是具有重要意义的。在这里，"扎根"是指外来投资者和本地经济之间联系的性质和范围。Markusen（1996）曾提出了"黏性"（Sticky）这个词，用来表示吸引企业并把企业留在本地区的能力。Markusen（1996）进一步强调，"政府或跨国公司建立和巩固产业区的持续的努力，成了企业无法离开该区的黏着剂，并鼓励它们留下、扩张和吸引新的企业到该地区"。

城市网络的健康发展迫切需要解决多区位企业和当地经济缺乏联系的问题，这个问题也被称为"分厂经济"问题（Pike 等，2006）。地方和区域工业结构的薄弱可以通过吸引大公司到本地落户来解决，因为这将会创造直接或间接的就业机会，产生技术转移和溢出，并激发创业精神。然而，这种外源式的、自上而下式的工业化政策，其实行的结果往往令人失望。大量投资于基础设施，而不重视其他发展因素，如对本土公司的支持、改善本地人力资源或技术传播和吸收等，往往只产生了不健全的市场通达能力。本土公司由于竞争力相对较低，很难在外部市场上获得一席之地。与此同时，更多具有较强竞争力的本土以外的公司得益于通达性的极大改进而进入本地区，并且迅速获得了较大的市场份额，从而导致了很多本土公司的破产。依赖外来投资也同样没有达到预期的效果。与所期望的带动本地经济活力、产生多重效应相反，在多数情况下从其他地方吸引来的大工业企业仅是受优惠政策和补贴的诱惑为获利而来，并且依靠外来投资更趋向于使本地经济对外部经济体的高度依赖。

Markusen（1996）通过对美国、日本、韩国、巴西四个国家中经济增长明显高于全国平均水平的区域内选取产业集群进行研究，提出了三种典型的产业区类型：马歇尔式产业区（Marshallian District），其地域结构主要由存在密切联系的中小企业与辅助机构组成；轮轴式产业区（Hub and Spoke District），其地域结构围绕一个或者多个主要的企业以及为这些企业提供服务的中小企业构成；卫星平台式产业区（Satellite Platform District），主要由多区位企业的分支工厂构成（见图13-1）。外来企业主导的产业集群多为卫星平台式的产业集群，这类产业集群最显著的特点是缺乏区内联系或网络，没有可以分担风险或维护稳定的机构，核心企业易转移，威胁本区域的经济增长。各个工厂和设施互不相关而且是外向型的，卫星平台产业区不具有在独特地方文化基础上的亲和力，也难以发展新的同一性，甚至可能破坏已经存在的地方文化。

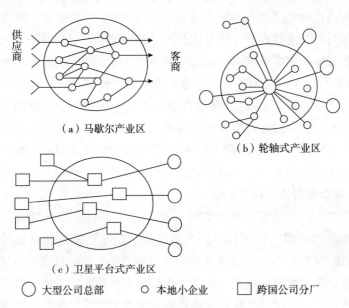

（a）马歇尔产业区

（b）轮轴式产业区

（c）卫星平台式产业区

◯ 大型公司总部　　○ 本地小企业　　□ 跨国公司分厂

图 13-1　Markusen 的产业区分类

资料来源：Markusen A. Sticky places in slippery space：A typology of industrial districts［J］. Economic Geography，1996，72（3）：293-313.

20 世纪六七十年代意大利南部地区工业化的实践是"扎根"失败的一个典型案例。这一时期，在佩鲁的"增长极"理论的启发下，意大利通过各种优惠政策在本土工业基础薄弱的南部地区建立起来一批造船厂、炼油厂、汽车制造厂和化学工厂，以期望能够带动南部地区的工业发展。但是那些从意大利北部迁到南部的公司未能够在当地建立起产业链关系和网络从而支撑该地区的经济可持续发展和创造就业机会。当地经济基础结构和机构设置的缺失对这些"引进"的大公司在当地建立供应网络形成了障碍，而这正是区域政策的主要目标所在，其结果是，这些被引进的大型工业企业中的绝大多数仍然孤立于当地的经济体系之外，就如"沙漠中的教堂"，它们的主要供应商和消费者在其他地方而不在当地或附近地区（Lipietz，1980）。在这些优惠政策到期后，一些被吸引来的公司由于亏损而破产，有的则重新迁移到北方地区。

爱尔兰的区域经济实践是"分厂经济"的另一个典型案例（Pike 等，2006）。20 世纪 60 年代，爱尔兰采取了开放型的经济政策，打算通过使本土企业过渡为以出口为导向的外向型企业以及吸引外资来促进现代化。在外资的推动下，爱尔兰经历了强势的经济增长和生活水平的提升，完成了从农业经济到工业经济现代化的迅速转型。尽管爱尔兰在吸引"高质量"投资方面相当成功，然而其对决定权出自于国外的严重依赖意味着一旦这些跨国公司调整经营战略，其就业将面临着威胁。例如，加拿大 Corel 公司在爱尔兰的分公司在 20 世纪 90 年代曾被广泛地引证为企业升级的一个成功例子，但公司内部的其他诸多问题还是导致了 Corel 公司总部最终决定将其关闭。与此同时，爱尔兰的本土企业却对这一波经济增长的贡献很小，并且随着关税保护政策的废除而开始衰退。这种外源性发展存在的问题，使爱尔兰似乎也仅能够吸引程式化的制造业以及中低技能的产业，而不是能够提供高技能工作和加强本地区发展潜力的 R&D 和市场营销方面的产业。

作为理解生产网络的研究工作的一部分，Henderson 等（2002）提出了地方化和网络化"扎根"的两种不同发展路径。企业扎根的地方化与企业区位在特定区域的状态有关。供应商联系是企业地方化扎根的最常用的指标。通过这种供应链，企业间接创造就业机会，支持地方供应商的发展，这反过来又引致更多的投资。企业间联系有利于本地企业和跨国公司。例如，频繁的协作联系有利于地方企业获得跨国公司的技术和知识，以及大量的资源。同样，通过融入本地网络，多区位企业也可以获得独特的资源和知识，进而增强其创新能力。尽管如此，最终决定其对区域经济发展贡献大小的是这种联系的质量。

企业的本地扎根强调当地企业间的相互联系，而企业的网络化扎根则强调企业内和企业外的联系。尽管子公司的业绩和能力是地方化子公司生存所必需的条件，但企业的扎根性并非仅仅是由地方性要素决定的。因此，那些子公司众多的合作网络中的公司内部的联系网络，例如，地方管理者和总部决策者之间的联系等，在决定企业的扎根性方面发挥着同样重要的作用。地方性机构，例如区域开发机构和大学等，通过支持地方化子公司改善和发展它们内在能力的方式，进一步加深企业的扎根性。因此，企业的网络化扎根更多的是通过企业所处的更广泛的合作和制度网络，而不仅是通过地方化以及企业间的相互联系来解释企业关系的稳定性和重要性。

　　Dicken（2003）提出了经济一体化环境下中一个地点的"组织生境"。在经济一体化的环境下，国家经济是由各种复杂的组织内和组织间网络即多区位企业的内部网络、战略联盟网络、转包关系网络以及其他新组织形式的网络构成的。不仅这些活动主要分布在一些特定地点，而且地理集群已成为流行形式。在这种环境下，经济活动的本地化集群主要由不同规模的独立企业以及多为大型多区位企业的分支工厂和附属工厂混合构成。这些不同形式的企业共同构成了一个地点的"组织生境"，并相互连接成为更大的组织和地理结构。就分支企业和附属企业的情况而言，它们显然是一个特定公司结构的一部分，其自治水平要受母公司政策的限制。一些企业将被纳入大企业的供应网络，通过客户—供应商的关系嵌入到企业网络。其他企业也可以通过战略联盟联系在一起，或者它们可以成为由经纪人企业协调的灵活企业网络的一部分。

二、支持企业参与地方治理

　　地方治理是指基于一定的经济、政治、社会、文化和自然等因素密切联系的地理空间内，依托内生于该区域的正式或非正式的制度安排，各政府、企业、非政府组织以及居民等区域主体通过网络化关系结构对于跨区域公共事务进行充分协商并形成集体行动的过程。每个地区都有地方政府、企业、非政府组织和居民，地方治理所要处理的公共事务涉及所有相关地区的区域主体组成的交错纵横的网络关系。治理机制与政府相比，优点在于每个参与者都可以表达自己的利益，参与者对于生存的环境知识要比政府更为丰富，并且协调的手段具有多样化。有效的共同治理是成功区域发展的重要因素，它提供了区域发展所需要的技能、技术变化，以及有益的自然和人文环境，并且有助于促进包括劳动力市场、公共机构、行为准则、理解和价值观等在内的"不可贸易因素的相互依存"关系。

　　在区域经济一体化的时代，建立多层次共同治理体系正在成为自下而上的地方治理模式的核心内容。城市经济的发展应建立健全各层次政府推动、市场主导、社会协同、公众参与的组织间网络体系，新的区域共同治理体系要营造一种政府与企业、行业协会、利益团体、非政府组织、公民协同参与区域公共事务治理的良性环境，拓展政府之外的其他主体参与区域一体化的广度和深度。Marks 等（2004）认为，共同治理在管辖区内的分散与中央垄断相比有更高的效率，而且从理论上讲也更优越。他们主张共同治理必须由多层级利益相关主体共同参与，以保证区域空间范围内的各种外部因素都得到应有的考虑。因为具有外部性质的公共产品的提供存在着巨大差异。例如从全球范围的气候转暖到地方范围的许多城市服务等，共同治理也因此应当融入相应的考量范围。要把外部因素转化为内部因素，共同治理就必须是多层级的。

在生产分割的环境下，地方治理体系建设一个非常重要的内容是，推动多区位企业参与地方公共事务。多区位企业和城市之间关系复杂，既有对立因素，又有合作成分（见表 13-1）。一方面，城市和多区位企业在很多重要方面的基本目标是不一致的。在理性的情况下，城市的主要经济目标是实现社会物质财富的最大化，包括地区生产总值增长的最大化、就业机会的数量和质量最大化、促进本地技术的发展、促进本区域资源环境可持续发展等。而多区位企业的主要目标是实现利润的最大化和股票价值的最大化、在对整个公司有利的区位开展研发活动、通过制度套利降低资源和环境使用成本等。另一方面，城市和多区位企业也互相需要。城市需要公司生产物质财富并提供就业机会，它们希望公司忠诚地待在自己的区域内，但在市场经济条件下这是不大可能的。相反，公司需要城市提供它们赖以存在的基础设施，不仅包括硬件设施，而且包括对私有财产的法律保护、能够源源不断地提供受到良好教育的员工的体制等软件环境。因此，地方治理体系建设需要在城市政府和多区位企业之间寻找利益的共同点，通过开展对话充分倾听各自的利益关切，寻找合作的突破口。

表 13-1　多区位企业与城市之间的目标冲突

多区位企业的目标	城市的目标
业绩	
利润的最大化和股票价值的最大化	地区生产总值增长的最大化
满足消费者需求条件下的成本最小化	就业机会的数量和质量最大化
技术	
在对整个公司有利的区位开展研发活动	促进本地技术的发展
通过管道效应获得必要的技术	
高级功能	
将总部和其他高级功能布局于对整个公司有利的区位	保留本地公司的公司总部 吸引并留住公司的关键部门

续表

多区位企业的目标	城市的目标
响应	
保持获得最佳利润的灵活性	保持通过税收政策获得公平报酬的能力
保持产品适应各地需求的灵活性	最大化本地供应联系的程度和利益 阻止多区位企业关闭本地的工厂
保持雇佣所需要的劳动力	促进灵活、高技能、高收入劳动力的发展
环境	
打造"污染避难所"	保持环境质量不受到影响
降低资源使用成本	提升资源利用效率

资料来源：部分来自 Dicken P. Global shift：Reshaping the global economic map in the 21st century [M]. London：SAGE Publications，2003。

政府仍然是地方和区域企业治理中最重要的角色。Hong 等（2003）进一步指出，政府作为"官僚企业家"，在创造竞争性经济环境方面发挥着重要作用。在共同治理体系中，许多以前由政府直接完成的事物现在改由相应的团体来完成，政府的职能转变为协调和引导这种以伙伴关系和网络化为基础的自律性组织。政府对地方治理的参与，首先是通过向社会提供法律规范，约束人们的行为，从而为人们创造一个稳定的生活工作环境。如果有人违反了这些法规，政府还要提供相应的惩罚措施，确保法规得以执行。其次是政府向社会提供一些公共服务，包括公共管理和咨询等。政府还应承担组织区域活动的责任，它可以组织各种类型的区域治理参与者就一些重大的区域问题进行讨论磋商。这样才有利于多区位企业等市场主体参与区域公共事务，并根据市场和社会发展的内在要求形成有效的区域治理。

企业在区域治理中由最初的被动和从属的地位向主动和平等的地位转变。首先，在全球化的背景下，区域之间的竞争日趋激烈，区域能够在竞争中占据优势的一个重要砝码是其所提供的优质的公共物品，但这往往需要大量的投资。因而政府会面临财力不足的情况，从而求助于企业部门，希望它们参与公共建设和公共服务的提供，或是参与公共物品的融资。其次，区域经济一体化还导致区域地位的凸显，地方化的趋势日益明显。区域为了在全球竞争中取得优势，要求更大的自由和权利，反对中央政府的过多干预。为了减弱对中央政府的依赖，在融资方面也要由过去依赖中央政府的模式向其他方式转变。

地方共同治理体系建立在跨越不同社会阶层、由社会和政治成员共同参与的、为了本地区的经济增长而共同努力的地方联盟的基础上。Rhodes（1996）列出了包括组织间相互依存在内的"共同治理"的一系列特征，"在共同治理的情况下，公共、民间和志愿者组织之间的界限被打破。网络内各成员之间由于信息交流和共同目标而需要保持紧密的、持续的互动关系。这种互动建立在互信和严格遵守由网络各成员协商一致而制定的类似于游戏规则的制度。不同于政府组织，这种网络具有高度的自治性，不受政府的约束，但自律性很强。在这里政府尽管不具有特权地位，但它可以通过协商机制间接地操控和引导这一网络组织"。

三、在更大空间尺度上构建区域治理体系

区域治理实际上指的是跨区域治理，其面对的问题是跨区域的公共事务，例如跨区域公共物品、跨区域基础设施、区域之间的经济政策协调。城市网络的发展使得城市间的联系远远超过了地理邻近性的限制，这对新时期的地方和区域治理体系构建提出了新的挑战。

一般来说，"场所空间"环境下区域治理模式有专题项目合作模式、专业委员会模式、区域委员会模式和城市联盟模式四种典型的类型（郝寿义等，2015）。当然现实区域治理中，在这四种模式的基础上，事实上还可以进一步衍生出多样化的区域治理模式。这些"场所空间"环境下的区域治理模式，同样也适用于"流动空间"。它们的适用条件是一致的，只不过"场所空间"强调的是地理相邻区域之间的协作，而"流动空间"强调的是在更大空间尺度上关系相邻区域之间的协作。区域在选择区域治理模式时，并不是要确定一个所谓的最佳区域治理模式，而是要选择一个适合区域经济发展特点的区域治理模式，而且这一区域治理模式应该随着区域经济的发展而不断动态演进。具体确定区域治理模式时，要考虑的区域经济特点包括区域经济发展水平、区域经济发展阶段、区域经济结构、区域的制度、区域的历史和文化等。

（1）专题项目合作模式。在区域经济一体化发展的初期，需要提供的跨区域公共物品数量较少，而且不具有连续性。为了节约资源成本，区域治理组织采取专题项目合作的形式较为适宜，区域公共事务的应对方式是就项目一事一议。专题项目合作主要是围绕着一些跨地区项目如跨区公路、大桥、水利建设等展开，这些项目涉及多个地区的利益，要求多个地区共同应对。专题项目式合作的优点在于可以根据不同的跨区共同性问题的需要而量身定做，具有很

强的针对性和便利性。可以就某一区域性公共产品展开专题式合作，就合作项目签订协议、契约或合同，一切按照法律文本的规定实施，违反者应负违约责任，保证了区域合作项目的权威性及有效性。此外，政府间专题项目式合作的特点还在于其灵活多变，具有较强的时效性，它往往是由于某一公共性问题的出现而开始，也随着该问题的解决而终止，不需要设立专门的区域性机构和人员，是一种较为简单但有效的区域治理的实现方式。

（2）专业委员会模式。随着区域经济一体化进程的发展，区域公共物品提供的任务变得复杂，特别在某些区域公共物品提供方面的需求尤为突出。专题项目合作模式无法适应这一变化，导致区域治理的效率下降。通过设立针对相应任务的专门的区域治理组织，可以大大提升组织的效率。无论在欧洲还是在北美洲，在城市区域的协调过程中都形成了一大批非政府组织来推动城市之间的合作。例如，为了改善加利福尼亚州南海岸的空气质量，洛杉矶于1947年成立了美国第一个空气污染控制区；随后10年里，加利福尼亚州南部其他3个郡也先后加入，逐步扩展为加利福尼亚州南海岸空气质量管理区，初步形成区域联防联控机制。这样，专门的区域治理组织不仅可以进行更为细致的分工，而且随着时间推移组织可以积累专门的知识，这些都大大提升了区域治理组织的效率。

（3）区域委员会模式。区域经济一体化的进一步发展，使单一功能的区域治理组织向综合功能的区域治理组织演变。区域经济发展对区域公共物品的需求将呈现多样性，进而相应的组织工作也呈现多样性。在原有的专业委员会模式中，逐步纳入这些工作，形成综合功能的区域委员会模式，比起成立多个专业委员会而言，既有利于降低管理成本，也有利于不同工作之间的协调和衔接。区域委员会可以通过加强地方政府之间的交流、合作与协调，通过编制区域一体化发展规划、公共基础设施建设等，解决所面临的一些区域性问题。在美国联邦政府的法令授予区域委员会制定大都市区发展规划、审查地方政府拨款申请的权力，对那些与大都市区整体规划不符的发展规划，区域委员会可以予以拒绝，在一定程度上促进了大都市区的有序发展。

（4）城市联盟模式。区域治理模式的高级形态是地方政府联盟，国外一些学者称之为城市联盟。组建的城市联盟不属于一级政府，不是行政实体，而是一个灵活的联合体。城市联盟中成员政府彼此让渡出部分公共权力，制定具有法律效力的制度章程，明确规定管辖范围与内容，在共同的管理事务和治理领域内享有唯一的权威性，而在超出此范围外则无权干涉各地方事务。城市联盟目前还停留在理论层面上，其实践遭遇到现有行政区划和行政体系的障碍。但是，一个与城市联盟理念接近的例子是欧盟，只不过欧盟是以国家为单位形成的政府联盟，而城市联盟的组成单元是城市和地方政府。

在远距离的城市合作当中，主要涉及城市政府的行为，因此上级政府在这个过程中发挥着重要的作用。Luo 等（2009）从伙伴关系的角度指出了三种城际合作关系：省级政府和/或中央政府动员的层级合作关系，市政府动员的自发伙伴关系，以及由市政府和上级政府共同发起的混合伙伴关系。在此基础上，Chan 等（2012）进一步发现：对于省级政府和/或中央政府动员的层级 C2C 合作伙伴关系，主要是政治附加值作为合作的激励；对于市政府动员的自发伙伴关系而言，主要是城市竞争力的附加值导致了合作；由市政府和更高级别政府共同发起的混合伙伴关系由这两种类型的附加值动员起来。此外，中国 C2C 合作已经建立了双层管理和运营体系，省级部门的努力在通过制定规则和促进谈判平台等途径开展合作方面发挥着越来越重要的作用。

第二节　充分释放城市网络效应

城市网络的发展能够促进产业基础与资源更好地匹配，推动知识在更大空间尺度上流动，从而显著提升城市体系的经济绩效。Amin 等（1992）指出，大多数地区或许应该放弃自主发展的幻想并接受由于日渐全球一体化的工业发展和增长而形成的约束，这可能需要地方积极地寻求发展区域间和国际间的联系（如贸易、技术转移、生产等）以便从中获得最大利益，同时通过改进本地的劳动技能、研发、供应和基础设施等来吸引"质量更高"的分支机构投资以提高本地在全球性公司的等级划分中的位置。

一、降低长远距离联系的交易成本

目前中国城镇化政策的着眼点仍然是城市群。2014 年中共中央、国务院印发的《国家新型城镇化规划（2014—2020 年）》提出，要根据土地、水资源、大气环流特征和生态环境承载能力，在《全国主体功能区规划》确定的城镇化地区，构建以陆桥通道、沿长江通道为两条横轴，以沿海、京哈京广、包昆通道为三条纵轴,以轴线上城市群和节点城市为依托、其他城镇化地区为重要组成部分,大中小城市和小城镇协调发展的"两横三纵"城镇化战略格局。2015年中央城市工作会议也强调,要以城市群为主体形态,科学规划城市空间布局,实现紧凑集约、高效绿色发展。要优化提升东部城市群,在中西部地区培育发展一批城市群、区域性中心城市,促进边疆中心城市、口岸城市联动发展,让中西部地区广大群众在家门口也能分享城镇化成果。总体来看,中国城市化政策还没有充分关注到城市网络发展对城市经济内生增长和可持续发展的重大影响。

本书表明,当前中国城市的联系已经远远超过了地理邻近性的限制,资本、知识等跨区域的流动性日益增强,城市网络外部性日益凸显。因此,未来应在发展城市群主体形态的基础上,着力降低长远距离联系的交通、通信成本和制度性交易成本,加大超越本地联系的城市网络的建设,在更大的空间尺度上优化资源配置和促进知识溢出,以提高城市全要素生产率和经济增长质量。

第一,完善航空、高铁和新一代信息通信基础设施的布局。近期的文献开始研究政府基础设施投资对经济增长与竞争力的重要程度。例如,有形商品贸易中交通基础设施的质量通常得到公认;然而,基础设施也会直接影响区域间知识交换的速度和时机。一方面,发达的基础设施可能让知识溢出远高于估计值,以至于交通紧密连接的区域沟通并相互学习的程度远高于根据相对空间距离做出的估算。另一方面,即使两个地区在地理位置上极为接近,知识溢出的程度同样可能低于估计值。未来应适应城市网络发展趋势和空间组织优化的需求,实现基础设施在全国层面的互联互通,为构建空间市场一体化提供硬件支撑。这方面的努力包括:

(1)完善航空枢纽和航空通道布局。航空运输是"流动空间"的重要基础设施,也是城市长距离经济联系的主要载体。未来提升北京、上海、广州机场国际枢纽竞争力,建设与京津冀、长三角、粤港澳大湾区三大城市群相适应的世界级机场群。提升成都、深圳、昆明、重庆、西安、乌鲁木齐、哈尔滨等机场的综合功能,推动天津、石家庄、太原、呼和浩特、大连、沈阳、青岛、福州等机场形成各具特色的区域枢纽。要强化中西部城市在航空网络中的可达性,确保每个机场能有航班直达或者联通枢纽机场和国际门户通道机场。在此基础上,以国际枢纽和区域枢纽机场为支点,以"10+3"空中大通道(包括京昆、京广、京沪、沪广、沪哈、沪昆、中韩、沪兰、广兰、胶昆10条空中大通道和成都—拉萨、上海—福冈、兰州—乌鲁木齐三条复线)为骨干,构建高联通、广覆盖的国内航线网络。

（2）完善高速铁路网络建设。铁路是国民经济大动脉、关键基础设施和重大民生工程，在国家城市网络发展中的地位和作用至关重要。未来要适应城市网络的发展需求，完善铁路枢纽顶层设计，构建北京、上海、广州、武汉、成都、沈阳、西安、郑州、天津、南京、深圳、合肥、贵阳、重庆、杭州、福州、南宁、昆明、乌鲁木齐等综合铁路枢纽。同时尽快构建"八纵八横"高速铁路主通道："八纵"通道包括沿海通道、京沪通道、京港（台）通道、京哈—京港澳通道、呼南通道、京昆通道、包（银）海通道、兰（西）广通道；"八横"通道包括绥满通道、京兰通道、青银通道、陆桥通道、沿江通道、沪昆通道、厦渝通道、广昆通道。在此基础上，形成连接主要城市群，基本连接省会城市和其他 50 万人口以上大中城市，形成以特大城市为中心覆盖全国、以省会城市为支点覆盖周边的高速铁路网。

（3）加快新一代通信技术的发展。Castells（1996）强调，流动空间的第一个物质支撑由电子交换的回路所构成，构建网络的技术性基础设施界定了新的空间。在当前发展阶段，基于新一代信息技术演化生成的通信网络基础设施、算力基础设施和数字技术基础设施，对于大幅度地降低企业生产分割环境下的经营成本，推动城市网络的健康发展，仍然是至关重要的。未来要着力构建覆盖"5G+千兆光网+智慧专网+（北斗）卫星网+物联网"的通信网络基础设施体系，积极部署低成本、低功耗、高精度、高可靠的智能化传感器，为实现万物互联奠定坚实基础。以数据中心为基础支撑，加快构建"边缘计算+智算+超算"多元协同、数智融合的算力体系，为经济社会发展提供充足的算力资源。把握数字技术快速迭代趋势，高标准布局数字技术基础设施，努力推进工业互联网的建设，提升创新链、产业链、价值链融合发展水平。

第二，努力降低要素跨区域流动的制度性交易成本。制度性交易成本又称体制性成本，主要是指企业因遵循政府制定的各种制度、规章、政策而需要付出的成本，或者说就是由于体制机制问题而造成的企业经营过程中付出的经济、时间和机会等各种成本。未来一段时期，应该适应城市网络发展的内在需求，进一步清理和消除妨碍区域统一市场和公平竞争的各种规定和制度，反对地方保护、垄断和不正当竞争，降低制度性交易成本，提升国家城市体系的整体水平和效率。这方面的努力应该包括：

（1）构建一体化的产权交易市场（刘志彪等，2021）。产权交易市场是指供产权交易双方进行产权交易的场所，具有信息积聚、价格发掘、制度规范、中介服务等功能。尽管近些年来，中国的证券市场得到快速发展，各项功能不断健全，但是多层次的资本市场体系仍然不够完善，突出表现在以中小企业为主的民营企业，难以达到在证券市场上市的条件和获得上市的机会，缺乏股权融资以及吸引战略投资者的有效通道。产权交易市场将会成为我国企业并购的"主战场"，是促进资本跨区域流动的重要手段。未来应积极培育各种不同类型的产权交易平台，汇集各种不同的产权出让主体和多样化的产权收购主体，创新多元化交易的手段，为企业并购创造畅通的产权交易渠道，与此同时，要推进不同城市产权交易机构间的交流，在统一信息发布、统一费用标准、统一交易规则等方面积极探索，为建设各类产权交易市场联网交易或者跨区域的产权交易平台奠定基础。

（2）规范城市之间的竞争。区域经济一体化的发展增加了经济主体在进行空间决策时选择区位的自由度，增强了经济主体的讨价还价能力。为了留住企业，各城市努力创造竞争优势，从而加剧了城市竞争。城市间的竞争带来了很多的问题，如产业结构同质化、功能定位的趋同化、资源环境胁迫突出、基础设施重复建设等。在城市网络发展环境下，需要在当前城市群发展规划的基础上，在国家尺度上制定国家城市体系规划，明确各城市的功能定位和发展方向，以实现区域经济、社会、空间的可持续发展。同时，结合区域治理体系建设，建立完善跨区域城市发展协调机制，推动跨区域城市间功能分工、基础设施、环境治理等协调联动，促进生产要素自由流动和优化配置，促进创新资源高效配置和开放共享，实现国家城市体系一体化发展。

二、促进知识在国家城市体系的流动

城市是各种知识、文明交流碰撞的场所。Glaeser（2012）指出，文明的激情碰撞主要是在城市里进行的，珠江沿岸的港口、丝绸之路沿途的城市，以及古代帝国的其他中转港口都为世界各地的旅行者提供了会面和交流思想的便利，知识通过城市从东方传播到了西方，也从西方传播到了东方。知识的碰撞和交流又会产生新的知识生产。许多领域的经验表明，创新常常源自多个观点的意外合成，这里的每个观点本身或许是不同领域的人们熟悉的。例如，在公元前6世纪，雅典就成为世界的知识中心，因为地中海沿岸的艺术家和学者纷纷聚集到这座城市里，这里为他们交流思想提供了接近性和自由。这一辉煌的历史时期不仅诞生了西方哲学，还诞生了戏和历史。有些随机性事件也许是微不足道的，但它们的效应因为城市的互动面成倍地放大，雅典因此变得繁荣起来。一位智者遇到另一位智者，他们碰撞出了思想的火花。他们的思想给其他人带来了启发，于是真正具有重要意义的事情突然发生了。思想在居住于人口密集的城市空间里的人们当中交流，这种交流有时会产生人类创造力的奇迹。

近些年来，科技知识的产出越来越具有协作性。世界知识产权组织（WI-PO）在《创新版图：地区热点，全球网络》的报告揭示当前全球创新版图的两个显著特征：一是合作日益成为创新过程的常态。到 2017 年，单打独斗的科学家产出的科研成果已经是 20 年前的一半了，普通科学论文比 20 年前几乎需要再多两名研究人员参与。团队平均规模也已经全面扩大，由 6 名或更多科学家组成的团队成为科学知识产出中最常见的团队。二是这些热点城市正在与世界各地连接和合作。热点和专精集群不仅集中了更多的科学出版物及专利产出，而且也开展了更多的国际协作。在过去 20 年里，国际科学协作在创新密集地区产生的所有科学论文中所占的比例从 19% 上升到 29%，在这种国际协作中被引用最多的论文从 28% 上升到 43%。

中国正处于深度转型的关键时期，"创新驱动发展"成为国家战略。中国全球科技创新中心和创新发展能力与美国、西欧等大型经济体相比还有很大的差距。全球科技创新中心是指在全球科技和产业竞争中凭借科学研究和技术创新的独特优势，发展形成引导和指挥全球创新要素流动方向、影响资源配置效率的枢纽性城市，它们最终成为科学中心、创新高地和创新生态融合发展的全球城市。根据清华大学产业发展与环境治理研究中心发布的《全球科技创新中心指数 2020》，联合研发全球科技创新中心指数（Global Innovation Hubs Index）综合排名前十的城市（都市圈）依次为：旧金山—圣何塞、纽约、波士顿—坎布里奇—牛顿、东京、北京、伦敦、西雅图—塔科马—贝尔维尤、洛杉矶—长滩—阿纳海姆、巴尔的摩—华盛顿、教堂山—达勒姆—洛丽。可以看出，高等级的创新中心高度集中在美国、西欧等发达国家和地区，亚洲拥有世界 6 大城市群中的两个（中国长三角城市群和日本太平洋沿岸城市群）。

本书表明，城市网络的发展为知识远距离的交流提供了"通道"。在城市网络中，空间和网络关系作为知识溢出的关键来源，使知识的传播渠道不仅具备本地化特征，且受到区域间贸易和合作关系网络的影响。城市网络的"知识流动通道"功能使新思想、新技术和新知识的传播和扩散更便捷，这弱化了物理空间和地理距离对知识流动的摩擦，推动了知识在更大空间尺度上的交流。城市网络的发展可以促进不同研发团队合作，以便使技术适应不同的市场需求，接触特别人才库，或者单纯地降低研究人员成本。更为重要的是在城市功能互补协同网络中，有助于提高创新主体的学习和吸收能力，完成许多异质性知识资产的非正式交易过程。在城市网络发展环境下，中国创新驱动战略的努力至少应该包括以下内容：

（1）强力推进国家科技创新中心建设。要在"本地溢出—全球管道"的知识流动体系环境下，统筹布局全国科技创新中心建设，推动各具特色的地方创新系统发展，为城市改善城市经济效率提供高质量的知识来源。充分利用现有发展基础，围绕京津冀协同发展、长三角一体化发展、粤港澳大湾区建设等区域发展战略，支持北京、上海、粤港澳大湾区等创新热点地区建设全球科技创新中心，积极推动武汉、成都、西安等城市建设综合型科技创新中心。与此同时，面向国家长远发展、影响产业安全、参与全球竞争的细分关键技术领域，布局建设领域类国家技术创新中心。通过科技创新中心的建设形成若干具有广泛辐射带动作用的区域创新高地，为构建现代化产业体系、实现高质量发展、加快建设创新型国家与世界科技强国提供强有力支撑。

（2）高度重视城市网络的知识流动管道功能。今天的知识生产体系主要由地理上分散的创新网络中的热点地区组成，外部创新热点高质量、互补性的知识溢出已经构成影响本地知识生产的重要因素。城市在促进本地知识溢出的同时，应该充分发挥城市网络的"知识管道"功能，吸收来自于国家城市体系甚至全球知识网络中各个节点的前沿的、高价值的隐性知识，并转化为创新主体可以利用的知识，从而提高地方知识的生产效率（Bathelt 等，2004）。Glaeser（2012）也强调全球化来实现城市化的重要性。自雅典吸引了地中海地区最优秀的人才之后的数千年中，通过吸引具有不同文化背景的人，城市得到了发展。今天，最为成功的城市（伦敦、班加罗尔、新加坡、纽约）仍然在各个大陆之间发挥着桥梁的作用，这些城市吸引了各国企业和国际人才。在这些城市的经济模式中，移民往往是至关重要的一部分；不论是在工资表的顶端还是尾部，国际化城市的成功取决于国家的贸易和移民政策。

（3）积极培育"知识守门人"（Knowledge Gatekeepers）。城市对网络知识的利用能力不仅取决于可以获得的网络资源的数量，还取决于城市对于知识的"吸收能力"。在作为知识生产系统的城市中，"知识守门人"对产业集群的超本地知识流动和利用发挥着至关重要的作用。"知识守门人"通常指的是具有较强知识吸收能力的企业，它们占据着连接集群内部网络和外部知识网络的重要"结构洞"位置，能够持续而有效地获得包括跨国公司、研发机构、知识服务机构以及知名大学在内的技术、管理以及市场运作的知识流，能够将集群外部获取的复杂和高度编码的知识转化为情景化和便于理解的形式，并扩散给集群中的其他企业。因此要着力培育那些技术实力雄厚并且与国内外科研机构、领先公司建立了紧密的合作网络的大型企业或者公共研发机构，使它们尽快成长起来，承担起"知识守门人"的功能。另外采取多种手段促进"知识守门人"与跨国公司和国际研发机构建立持续、紧密的战略合作关系，支持"知识守门人"在外部建立研发机构，促进产业集群的全球战略性知识获取。

三、促进经济活动与资源环境更好地匹配

资源环境指自然生态系统中与人类社会发展有关的、能被利用来产生使用价值并影响劳动生产率的自然诸要素，是经济社会发展依托的自然基础。资源环境承载能力指在维持人地关系协调可持续的前提下，一定区域内的资源环境条件对人类生产生活的功能适宜程度及规模保障程度。区域资源环境承载能力并非简单地追求资源环境所能支撑或供养的最大人口规模，它既要求人类生产生活适宜，区内人类物质生活水平和人居环境优质，又要维系生态环境良性循环，保持生态系统的健康稳定和生态安全，还要确保资源合理有序开发，实现各类资源的永续利用。

在人地关系系统中，人类活动对地理环境具有依赖性，地理环境是人类活动生存和发展的物质基础和空间场所，人类活动最终建立在资源环境承载能力基础上。《商君书·徕民》中精彩地描述了人口规模和资源承载能力的关系："地方百里者，山陵处什一，薮泽处什一，谷流水处什一，都邑蹊道处什一，恶田处什二，良田处什四，以此食作夫五万，其山陵、薮泽、谷可以给其材，都邑蹊道足以处其民，先王制土分民之律也。"资源环境具有很强的地理附着性，自然资源数量和结构呈现出明显的区域性特征。不同区域的资源环境承载力也存在较大差异，从根本上决定了人类活动的强度。

本书表明，在生产分割的环境下，城市的功能将不断分化，呈现出沿着价值链分工的经济景观。一些大型城市具有人才、信息、资本、商务服务以及制度优势（当然并不是所有的大城市都具备这些条件），集聚了大量的价值链高端功能如企业总部、研发机构等，转变成为城市网络中的总部基地、研发中心或者多样化功能的高等级中心城市。另外一些中小城市、资源富集型城市则主

要吸引了加工、组装、制造等功能，转变为传统制造专业化基地。这种价值链分工中，大城市是城市体系的控制者，决定人才、资本以及信息流向。这种城市间分工将改变城市间基于物质经济的联系，取而代之为信息流、服务流、资本流以及人员流动，这些非物质联系需要依赖于交通通信技术，而相关人员面对面交流也非常重要，从而引致对城市间快捷交通的需求（贺灿飞等，2012）。总之，基于价值链的新型分工将强化高端城市的经济控制力和辐射力，强化城市之间非物质联系，推动国家城市体系的形成发展。

在城市网络发展环境下，对于那些经济比较发达、人口比较密集、开发强度较高、资源环境问题突出的城市或者城市化地区，要控制经济活动和人口的集聚，着力提升在价值链中的地位。纽约经济结构的演化特征提供了生动案例。19世纪以前，纽约是美国最大的制造业中心，服装、钢铁、印刷曾经是纽约制造业的三大支柱。19世纪后期，纽约的"全国制造业中心"地位逐步让位于芝加哥等其他新兴的大工业城市，制造业的从业人员比重大幅度降低。自20世纪50年代以来，纽约市的主导行业逐步实现了由制造业向金融业、服务业的转型。纽约的金融、保险、房地产业（FIRE）占GDP的比例大幅度上升，金融—保险—房地产和信息—商业—教育医疗—休闲娱乐服务业的从业人员逐渐成为就业的主体。同时，纽约市依然保留着部分工业用地，主要用途是以时尚设计制造、出版印刷及发行等都市型工业。这说明纽约市的去工业化进程已步入后期，城市已经实现由工业生产向服务功能的转型。

对于那些具有一定经济基础、资源环境承载能力较强、发展潜力较大、集聚人口和经济的条件较好的城市，要着力培育现代制造、仓储物流、技术研发等功能，提高自主创新能力，聚集创新要素，增强产业集聚能力，积极承接国际及国内优化开发区域产业转移，形成分工协作的现代产业体系。这类地区要充分发挥制造业规模经济的优势，并培育自己的核心竞争力。通过规模经济嵌入城市网络，只有当这些地区特定的经济条件能够补缺全球化生产网络中跨区域的经济活动的战略需要时，才会成为这些地区的经济优势。正是这种"战略对接"过程决定着地方和区域发展中吸引和嵌入流动性投资的前景。此外，这些城市应高度重视优化结构、提高效益、降低消耗和保护环境，从而推动经济可持续发展。

第三节　重构国家城市体系功能格局

在生产分割环境下，城市不仅是作为所在区域的中心地而存在，更重要的是作为区域甚至是国际层面经济网络的节点存在，融入网络获取更多的资源成为城市获取发展活力的基本途径。在这个过程中，城市网络将出现一批高等级的中心城市如全球城市和门户城市，也将出现一种重要的节点城市如边缘城市等。需要顺应城市沿着价值链分工的这种趋势，重新构建国家城市体系功能分工的发展格局。

一、培育一批高等级中心城市

全球城市（Global City）指的是被卷入到全球化分工网络当中，并在经济全球化中承担组织、管理、协调、服务等高层次功能的节点城市。根据 Sassen（2001），全球城市的主要职能包括：作为世界经济组织中命令和控制职能高度集中的核心；作为金融和专业化服务的重要集聚区（制造业不再是经济的主导部门）；作为金融和专业化服务的生产中心；作为金融和专业服务的主要市场。因此，全球城市是生产的全球分散和管理控制地理集中的产物。小城市也会是全球化城市的重要组成部分，例如那些著名高校和研究机构所在的城市，以及那些作为重要交通枢纽的城市。一些小城市也被称为特定专业领域的全球化门户城市，例如作为全球 500 强企业沃尔玛总部的所在地，阿肯色州的本顿维尔（Bentonville）处于一个庞大的国际供应链网络中心，从而成为一个全球化服务业网络的关键节点。当然可以肯定的是，本顿维尔在零售网络的中心性归因于沃尔玛的存在。这些案例还有很多，比如阿里巴巴集团总部所在的杭州，以及美国南部金融中心迈阿密等。跨国公司可以通过创造跨区域网络从而在小城镇发展的事实，突出了网络的决定作用。网络覆盖的范围，而不仅是城市本身的规模，正成为塑造核心驱动力。

门户城市也是和要素流动及流动空间相对应的一个概念。门户城市对于功能网络的正常运转是至关重要的，它是区域间商品流、人流、服务流、信息流等的组织节点。门户城市的核心功能在于连接。与全球城市的概念相比较，门户城市更加强调城市与所在区域的关系。在传统社会和工业化社会，区域之间商品贸易是主要的经济社会联系，门户城市的核心功能是充当区域的交通中心和商品贸易的枢纽。在现代社会，门户城市按照承担职能的不同可以分为专业化门户城市和多样化门户城市两种类型。其中，专业化门户城市指承担专业化门户功能的城市，如重要的交通枢纽、金融体系中的节点、创新网络研究机构集中地、旅游集散地。多样化门户城市指同时具有交通、商务、金融、研发等多样化门户功能的城市核心。例如在欧洲，巴黎和伦敦是具有国际影响的商业和研发门户城市，紧随其后的是一些融入全球商业和研发网络的次一级门户城市，如马德里、斯德哥尔摩、阿姆斯特丹、苏黎世和慕尼黑。或者换句话说，专业化功能的门户城市仅处于特定网络当中，承担某一种类型流动要素的集散地，而多样化功能的门户城市同时处于不同类型网络当中，承担多种不同类型流动要素的集散地。在经济全球化趋势下，由"门户城市"及其腹地组成的、具有有机联系的"城市区域"（City-region）正在成为全球经济竞争的基本单元。

在欧美对标中发现，中国需要更多能作为参与国际竞争战略支点的城市出现。美国能称为国家级中心城市或者重要区域性中心城市的城市有50多个，欧盟也有接近50个（尹稚等，2017）。而我国的发展，其实很长时间过于依赖少数几个所谓一线城市的特大城市。这样的发展状态，其实既有安全隐患，也有发展不平衡不充分的隐患。所以，在当前的时代背景下，需要高强度投入，培育更多的国家未来的战略支点城市。但这个选择的过程，不是仅从经济、人口总量来选择，也不能把中心城市集中于少数的经济最发达地区，而要考虑国家大的发展战略、区域平衡和国土安全等多方面问题。

第一，围绕区域协调发展着力培育一批国家级中心城市。国家级中心城市是指肩负国家使命、引领区域发展、参与国际竞争的战略节点城市，在经济、政治、社会、文化、军事、国际交往等领域承担重要的国家战略职能（尹稚等，2017）。目前中国国家级中心城市有北京、天津、上海、广州、重庆、成都、武汉、郑州和西安，未来应形成一个布局合理的"国家中心城市网络体系"，构成支撑整个国土的战略性支点。有些城市如哈尔滨、乌鲁木齐、济南等也在国家城市体系中占据着重要的战略地位，应当从国家层面的战略资源配置和政策扶持来促进它们的发展，并注重持续的监测。要在科技创新、文化交流、商业商贸、交通枢纽、先进制造等专项方面培育一批具有国际化影响力的城市，全面提升我国在全球化浪潮下的国家竞争力。同时要在西北地区、西南地区、东北地区等欠发达地区、对外联系通道地区设置一批国家中心城市，发挥辐射带动区域的作用，促进区域协调健康发展。最终形成合理的多中心分布格局，支撑国土相对均衡开发。

第二，规范高等级城市的竞争。高等级中心城市的经济基础越来越少地依赖于它们的腹地甚至它们所在国家的经济表现。事实上，当今世界的主要商业中心在很大程度上从跨国网络中获取资源从而获得发育和生长。Camagni（1991）对欧洲城市服务业网络的研究发现，城市与周边区域之间联系的重要性看起来正在下降，而不同区域和国家城市之间联系的重要性日益增强；新的经济活动集中在特定的城市中心，这意味着这些城市中心和他们各自腹地之间的发展差距逐步扩大。正因如此，在流动空间里，城市之间为获得更多份额的资本、技术、信息和人才资源而存在激烈的竞争。相当一部分此类竞争是在同一个国家内的城市间进行的。例如，洛杉矶和旧金山为成为首位银行中心而竞争；澳大利亚的布里斯班、悉尼、墨尔本、阿德莱德成为多功能中心而开展的竞争；中国沿海城市为获得外商直接投资而开展的竞争等。从更长远的视角来看，这种竞争超越了国界。最近的例子是，伦敦、巴黎、布鲁塞尔、法兰克福和柏林为赢得新的欧洲央行总部而进行的竞争，最终法兰克福获得了胜利。然而，这样的竞争可能造成极大的浪费，因为各城市极可能耗费巨资来强化诸如交通基础设施，这远远超出了根据资源条件进行合理配置需要的花费。未来中国城市区域管制、可持续发展的一个重要挑战是，探索首都功能在国家级中心城市优化配置的方案，合理确定高等级中心城市的功能定位，推动这些城市进行合理的分工和合作。例如，中国台湾和港澳事务管理功能可考虑布局在福州、广州，金融中心向上海方向布局，国有企业管理功能向沈阳方向布局，"一带一路"相关功能可将西部地区的西安、乌鲁木齐、西宁或成都作为备选地（樊杰，2020）。

第三，推动城市功能扁平化分工。在信息社会和流动空间里，中等城市的功能互补和相互依存逐步增强，小城市也会在专业化网络中承担重要节点的功能。出于历史上偶然因素和路径依赖的原因，那些看起来最没有潜力的特定区位却成为某些网络的重要门户。例如，罗切斯特（Rochester）、明尼苏达（Minnesota）和巴黎的维勒瑞夫（Villejuif）成为全球高端医疗和健康研究网络的中心节点。但是出于历史上偶然的原因，世界著名私立非营利性医疗机构梅奥诊所（Mayo Clinic）在罗切斯特的落脚，以及法国健康管理机构癌症研究中心在维勒瑞夫的选址，使围绕这两个地方逐步建立起先进医疗研发的综合体。

这些研发综合体一旦建立，它们继续吸引着全球的研究者、医生、病人，从而最终成长为全球医疗网络的节点。门户城市并不一定是单个城市。有时地域相邻的多个城市通过劳动分工和相互协作，可以共同承担某些区域的门户功能。比如在京津冀都市圈中，北京作为首都，天津作为港口城市，共同构成了中国北方对外开放、参与经济全球化和国际竞争的国际门户。欧洲中部和东南部地区的布拉迪斯拉发（Bratislava）、布达佩斯（Budapest）、卢布尔雅那（Ljubljana）、布拉格（Prague）和维也纳（Vienna）也正在基于各自的比较优势开展分工协作，从而打造一个门户型的多中心网络城市。

二、推动多样化功能城市有序发展

城市体系是不同功能类型、相互联系的城市组成的整体。出口基础模型（Export Base Model）将城市的经济部门分为基础部门和非基础部门两种类型，基础部门指的是那些向城市和区域以外"出口"商品和劳务从而为城市和区域带来收入的经济部门，非基础部门指的是那些为城市和区域内的市场生产的部门。由于城市和区域不可能是完全自给自足的，因此这种"出口"是必然的，基础部门的"出口"带来的收入以支付城市和区域的进口，因而基础部门决定了城市的规模，决定了非基础部门的经济活动。

从城市体系的角度来看，只有那些能够超越传统的地方和区域范围向市场提供独特的产品或服务的地方和区域才能够获得成功。在城市网络中，这些成功的地区除了高等中心城市以外，还可以分为以下三类：

（1）边缘城市（Edge City）。20世纪70年代以来，在美国一些地区，例如波士顿、新泽西、底特律、亚特兰大、菲尼克斯、华盛顿等，郊区化出现一种新趋势，即城市在分散发展的同时出现了相对集聚的现象。伴随着城市功能转换和城市空间重组，城市结构由单中心向多中心转变，并在郊区产生了一些新的集聚中心。它们以传统的居住和商业中心为基础，逐步发展成为全新的、功能完善且独立的就业中心。这种在郊区发展起来的兼具商业、就业与居住等职能的综合功能中心被称为"边缘城市"。从根本上来说，边缘城市的出现是流动空间背景下城市空间扩张的基本表现形式。在流动空间的城市空间扩张中，城市不是连续地去占有空间，而是以"飞地"形式发育边缘城市，即包含超级商城、办公设施、工业园区、休闲娱乐设施、绿化用地、停车场、居住社区等功能区块的综合中心。边缘城市是城市空间结构由单中心走向多中心的

265

重要标志和必然产物。边缘城市与其他城市中心在功能和过程上相互连接在一起，这也使地域邻近性在城市发展中的作用降低，而信息交流网络的功能得到增强。因此，要素流动性增强和流动空间的出现是边缘城市出现的核心推动力量。

中国的一些大城市也开始进入了郊区化的发展阶段，"边缘城市"将会成为一种重要的功能类型。一方面要适应制造业的信息化、弹性化和分散化的需求，推动制造业活动向郊区城镇迁移。这些产业已经减弱了传统产业对中心区位的需求，而对环境及劳动力素质的要求越来越高，郊区的环境及高素质的劳动力正合此需求。此外，制造业活动的外迁不仅使郊区中心的规模得以扩大，而且丰富了郊区中心的功能，从而使郊区中心从本质上具有城市的性质。另一方面要适应郊区办公园区的发展与办公业的郊区化趋势，推动郊区承担越来越多的城市职能。由于企业的总部是事务性很强的机构，许多重大事情需要高层经理人员当面洽谈，因此中心商业区一直是企业总部的大本营。但是随着郊区制造业迅速发展对商务需求的增加，以及电子通信技术的发展使信息的传递效率增加，许多企业将在郊区建立办公园区，并将分部乃至总部纷纷迁往郊区。"边缘城市"的形成会使得城市区域的发展不再仅依靠一个独立的增长极——城市中心区，反之，城市新的发展以郊区内部新中心的出现为显著特征，新的都市区将以分散的形式组织起来，形成一种全新的地理景象。

（2）现代工业化城市。这类城市是那些从逐渐扩大了的生产要素的流动中获益的工业化地区。这类城市与核心地区相比具有劳动力成本低的优势，与偏远落后地区相比具有人力资本和可达性的优势，从而使它们对新兴工业投资更具有吸引力。美国山地地区的州和加拿大的部分省吸引了大量从北美洲传统的东部和大湖地区的老工业基地转移来的工业投资，意大利中部、德国南部和法国等众多的欧洲中级工业地区也存在类似的现象。从全球范围看，发展中国家最先进的地区也可以被看作是中级工业化地区。墨西哥与美国接壤的州、巴西的圣保罗和南部的州、印度的卡纳塔克邦和马哈拉施特拉邦，以及最典型的中国沿海省份就属于这种情况。低工资、相对熟练和高生产率的劳动力资源，以及市场易于通达的优势使这些地区成为了工业投资的首选地。

中国正处于快速工业化的发展阶段，现代工业仍然是中国大多数中小城市的根本发展方向，现代工业城市是中国城市体系的核心组成部分。工业城市可分为综合性工业城市和专业性工业城市两类。规模较小的城市，往往具有专业性的特点。随着城市规模的扩大和工业生产分工协作的发展，城市工业的部门结构往往经历从简单到复杂的发展过程。在地理、资源等条件优越的地区，专业性工业城市会逐步演变为综合性工业城市。工业城市的发展应该建立在创新驱动的基础上，工业城市不应该仅看作产业集群，而应该看作知识生产体系。知识将是这些城市最为重要的战略资源，知识库存扩大和知识更新将是经济发展的根本动力，所以区域创新体系的培育是这类城市经济发展的核心内容。

此外，中国还有一大批资源型城市。资源型城市是以本地区矿产、森林等自然资源开采、加工为主导产业的城市，这些城市为建立我国独立完整的工业体系、促进国民经济发展做出了历史性的贡献。根据《全国资源型城市可持续发展规划（2013—2020年）》，中国共有地市级资源型城市126个。资源枯竭城市历史遗留问题依然严重，转型发展内生动力不强，突出表现在：经济发展对资源的依赖性依然较强，创新要素集聚能力较弱，接续替代产业发展较滞后；部分地区开发强度较大，资源综合利用水平较低，可持续发展的压力较大。资源型城市经济结构转型升级的任务非常繁重，未来要引导各类城市探索各具特色的发展模式，大力发展接续替代经济活动，增强科技创新能力，实现经济结构的多元发展和优化升级。

（3）风景旅游城市。随着科学技术的进步和劳动生产率不断提高，劳动时间急剧缩短，人类社会生活时间的结构在发生巨大的变化。人们可以支配更多的自由时间，可以自由地选择从事某些个人偏好性活动，并从这些活动中享受到惯常生活事物所不能享受到的身心愉悦、精神满足和自我实现与发展。与此同时，人均国内生产总值的提高也导致居民家庭生活消费结构发生重大变化。大量的数据表明，在发达国家人们用于日常休闲消费的支出持续递增。这为休闲提供了物质保障，需求结构的变化将促进城市功能格局的变化。在这种发展环境下，能够在全球经济体系中占据一定优势的地区是那些风景旅游地区。像墨西哥的坎昆和印度尼西亚的巴厘岛就得益于它们对大量全球游客的吸引力。其他的地区虽然没有达到同样的成功，但也都发展了健康的和相对成功的旅游产业。

中国风景旅游资源类型丰富，与人们的休闲需求增长相适应，风景旅游型城市也将成为中国城市体系的重要类型。要积极整合环绕城市的环城游憩带和旅游城镇、中远程山地和草原休闲空间以及滨海休闲空间等要素，对各类休闲空间进行总体规划，协调城市休闲空间、城郊休闲空间和农村休闲空间的发展，形成相互支撑、相互补充的休闲产业服务体系，满足日益增长的休闲需求，成为人居环境建设的重要环节。例如，京津冀地区可以发挥历史沉淀丰厚、名山胜景众多、特色商品丰富等优势，推进京津冀旅游一体化进程，打造世界一流旅游目的地；成渝地区充分发挥长江上游核心城市作用，依托川渝独特的生态和文化，建设自然与文化遗产国际精品旅游区，打造西部旅游辐射中心。同时，以国家等级交通线网为基础，加强沿线生态资源环境保护，打造一批风情小镇，增强小城镇的发展动力。

第四节 重视发展差距与社会公平

城市网络的发展对不同区位、不同类型城市经济绩效的影响存在差异。总体来看，东部地区、核心地位、较大规模城市得益于网络竞争优势和"本地溢出—知识守门人—全球管道"的知识流动体系，在网络嵌入中提高了全要素生产率，而中西部地区、外围地位、较小规模城市受缚于网络竞争力和"知识守门人"的缺失，提高了产业经济"低端锁定"的风险。因此，伴随区域经济一体化而出现的经济增长的特征是更为突出的地域和社会极化。从地域的角度来看，仅有有限的地方和区域能从区域经济一体化所提供的机会中受益。从社会的角度来看，受过高等教育的和有稳定收入的阶层与不断增加的面临失业危险的劳动者阶层和非正式经济中的工人阶层的分化速度似乎要比以前任何时候都快。未来要高度重视网络环境下城市间多维度发展差距，特别是中西部地区、外围地位、较小规模城市的协调发展问题，并增强城市的网络知识利用能力，降低产业"低端锁定"的风险，确保经济增长的公平。

一、积极调动本土潜能

城市的发展依赖于地方和区域内部自然出现的经济潜力的增长。古老的商业城市的优势在于技术、小型企业以及与外界的密切联系，如伯明翰和纽约。工业城市不同于这些古老的商业城市或信息化时代的现代城市。它们有大量的工厂，雇用了成千上万技能水平较低的工人。除了向世界各地大量提供廉价和相同的产品之外，这些工厂自给自足，独立于外面的世界。城市的优势在于竞争和交流，规模过大、自我封闭的工厂是与此相违背的。当充满活力的小型企业和独立供应商被大型的、依靠低技能工人的工业公司所取代时，城市的衰退是不可避免的（Glaeser，2012）。底特律是一个典型案例。福特明白如何合理地设计生产线，以便能够利用文化水平较低的美国人的才能。通过将个人变成一个大型工业企业中的齿轮，福特为提高产量提供了可能，而且个人不需要掌握太多知识。但是，如果人们必须掌握更少的知识，他们对于传播知识的城市的需求也就减少了。

在区域经济一体化的背景下，生产要素的流动性的提高，强化了以充分认识本地固有特征为核心的本土化发展战略的重要性（Pike 等，2006）。如果资本和劳动力能够在全球任何地方落脚，那么它们可能会对不同地方的差异化资产和资源更加敏感。本土化的发展形式是提升城市对网络资源吸收利用能力的一种方式，它更有可能推动企业在本地扎根而不是为逐利而来，而且更能够对城市发展做出持久的贡献。它们都立足于本地现有的资产和资源，发掘并释放其潜力以有利于本地方和区域的发展。除了利用生产的低成本要素如土地和劳动力这些浅层次的吸引力之外，传统的自上而下和中央集权化的形式往往没有注意或忽视深深植根于本地的资产与资源。本土化的地方和区域发展战略是一种"自下而上"的发展战略，这种发展战略强调创建新的工商企业、构建区域创新系统和开发与提升劳动力的重要性。

（1）创建新的工商企业。建立新的工商企业是培育经济活力和开发本地区未充分利用资源的一个重要途径。企业家们能够发现回报低或无回报的资源，并通过创建新的工商企业将其转化为高回报的经济活动，以及通过更优化的资源分配和强化竞争来提高效率。此外，具有更广泛的社会、经济或环境目标的社会企业可以将以前被边缘化的群体引入到接受教育、培训和工作的轨道上，或者可以改进退化了的自然和人文景观，这已经成为创立新的工商企业日益重要的途径（Beer 等，2003）。在一些劳动力市场上就业机会少或工作层次较低的地方，自谋职业是一个重要的"自力更生"的渠道。特别是对于经济欠发达地区的发展来说，创建新的工商企业需要政府创业政策的扶持。创业扶持政策的重点是发现和激励潜在的机会，并鼓励个人和群体发展他们的创业理念。获得资本的支持对于新企业来说是至关重要的，经营许可、设备、材料、员工以及运营资本等初始要素都需要融资。在那些缺乏资产的地方，多样化的所有权形式可以帮助地方和区域走上本土化的发展轨道。例如，协作组织、互惠组织等都是集体资产所有权的有益形式，这些形式有利于实现地方控制、保留盈余和资本的内部再循环。其他的努力还包括：通过地方政府、医院和学校等公共团体的产品和服务在本地市场采购来挖掘本地的市场潜力；提供适当的场所和使用许可，以及与通信和交通相关的重要基础设施为创业提供发展空间。

（2）构建区域创新系统。区域创新并不仅是技术过程而是空间经济体中的社会过程，是保持区域长期经济增长和繁荣的最重要因素。区域被视为是发生创新的重要场所，这在很大程度上是因为创新具有社会性和缄默性特征。因此，区域创新系统是对提高创新能力和合作进行政策干预的结果，这些政策的重点是通过鼓励建立研发联系和"开放系统"来促进知识的创造和商业化（Fagerberg 等，2006）。这些政策主要包括：有助于科技人员流动的劳动力市场政策，有助于提高创新倾向的竞争政策，推动建立和利用知识库方面合作的政策；填补知识库空白的基础设施政策，如支持基础研究或基础设施技术的开发，并使公共基础设施尤其是科学和研究部门更能适应不断变化的业务需求；促进企业间合作和公私伙伴关系以创造一般知识并开发通用技术；改善高新技术领域初创企业发展环境；促进技术转移以纠正由于供给或需求因素导致的知识交易中的市场失灵的政策。此外，对于大多数欠发达地区来说，企业往往无法仅依赖于非正式的本地化学习，而是必须也要从国家和全球层面获得更广阔的分析性和综合性知识。通过增加与当地高校、研发机构的合作，或者通过建立技术转移机构和服务中心来创建区域网络化创新系统，可以为补充企业的源自本地的能力提供信息和帮助。这不仅提高了它们的集体创新能力，而且也会削弱"技术锁定"效应。

（3）开发与提升劳动力。提升劳动者的能力和技能是地方和区域发展政策的另一个重要内容。教育和培训可以提高劳动力或"人力资本"来适应新技术和创新的能力。知识和技能是地方和区域经济竞争力与政策干预的核心。地方和区域的机构组织（从学校到商业协会、工会和其他机构等日益重要的劳动力中介机构）在发展与提升本土劳动力的过程中也扮演着核心角色，它们是帮助开发劳动力技能并提供支持性服务的重要支撑。特别是，私营、公共和志愿部门的地方与区域雇主被视为理解和阐明地方和区域就业需求的关键。除了公共教育以外，继续教育和职业培训系统也是满足地方和区域对职业或专业教育和培训的需求的重要途径，它们可以通过量身定制的培训课程来改善市场不能提供并限制地方和区域发展的技能。这些课程可以针对长期或暂时失业的群体如女性、青年或老年劳动者。政策措施包括开发全新的技能体系，改进和现代化过时技术，提升初级水平的工作技能，或通过就业前培训和劳动力市场中介来打破长期的失业循环。在"知识经济"的背景下，特别是在欠发达的地方和区域，高等教育和大学在地方和区域发展中的作用最近受到了相当大的关注，相关的政策包括制定和升级劳工计划、留住毕业生以及提高研究生技术和管理教育、培训和发展的潜力。

二、实施积极的区域政策

区域的协调发展不能单纯地依靠市场机制。在市场经济条件下，经济活动总是倾向于过多地在具有要素优势的区位集聚（Friedmann，1966），这会导致扩大而不是缩小城市间的发展差距。张红霞（2018）认为，对外贸易差异是影响我国区域经济协调发展的重要因素。此外，市场经济强调企业、消费者等的个体理性行为，这会导致生态环境的"公地悲剧"问题，以及公共产品的供给不足问题。市场也不能够充分重视"经济"转型。"亚洲四小龙"的发展经验强调了政府在建设科技城、大学以及其他研究设施，以及包括高速铁路和大型机场等领域的投资，同时在吸引移居海外的人才回归方面的作用。

未来需要充分发挥市场在区域协调发展新机制建设中的主导作用，同时更好地发挥政府在区域协调发展方面的引导作用，采取积极的区域政策促进区域协调发展新机制有效、有序运行。区域经济政策包含一系列针对不同领域的具体的区域经济政策，如区域财政政策、区域税收政策、区域投资政策、区域产业政策、区域贸易政策、区域就业政策、区域社会福利政策。区域政策是国家宏观政策在区域层面的延伸和具体化，它是政府干预区域经济、规范区域经济主体的经济行为、诱导和保证区域经济按既定目标发展的重要手段。在城市网络的发展环境下，区域政策应该特别关注以下三个方面：

（1）围绕主体功能区制度构建区域发展政策。主体功能区基础制度作用的核心内容在于它是通过对全国层面资源环境承载能力、开发强度和开发潜力区域差异的整体分析，确定了我国国土空间开发保护的总体格局。主体功能区体现了可持续发展的思想，通过确定哪些地方可以开发、哪些地方应该保护，强调人类活动在遵循经济社会发展空间组织规律的基础上，应该和资源环境承载力相耦合。因此围绕主体功能区构建区域政策，客观上能够解决长期以来中国区域政策破碎化的问题（盛科荣等，2016）。未来应以主体功能区为基础性制度，健全与主体功能定位协调一致的财政、产业、投资、人口流动、土地、资源开发、环境保护等区域政策。如对优化开发区土地供给规模进行控制，通过土地价格杠杆提升土地利用的收益，从而达到优化开发区域转变经济增长方式，实现功能升级和国土空间的优化开发利用。政府绩效考核评价体系也应该围绕主体功能区建设进行相应的调整。主体功能区建设要求强化对优化空间布局、提供公共服务、提高创新能力等方面的评价，增加开发强度、耕地保有量、生态环境质量、社会保障覆盖面等评价指标。主体功能区建设同时要求实行各有侧重的绩效考核评价办法，推动形成不同类型、同等价值的发展模式。

（2）加强欠发达地区的环境管治。欠发达地区的环境标准普遍较低，一些企业会利用这种环境梯度的存在进行套利。区域经济一体化的发展可能会带来欠发达地区的环境恶化，出现"污染避难所"效应。尽管并非所有企业将生产转移到环境标准较低的地区是为了逃避严格的环境管制以降低成本，但确实有些企业是这么做的。它们在那些地区开展生产，造成了严重问题。欠发达地区环境管治方面的努力包括：改善欠发达地区的环境基础设施，提升这些地区的环境标准，建立生态环境准入清单，突出主导功能、强化边界管控、严把准入门槛；鼓励生态受益地区与生态保护地区、流域下游与流域上游通过资金补偿、对口协作、产业转移、人才培训、共建园区等方式建立横向补偿关系，完善多元化横向生态补偿机制。

（3）深入实施问题地区的发展援助政策。无论是发达国家，还是发展中国家，往往都有一部分地区在经济发展方面存在着严重的障碍。这些地区有的是原有产业逐渐衰落而新的产业又未能及时发展起来，从而导致当地的经济发展陷入了困境，如英国的造船基地利物浦、美国的煤炭产地与冶金工业区阿巴拉契亚和法国的铁矿产地阿尔萨斯等地。而更多的问题地区则是因为自身缺乏经济发展的某些必要条件所形成，如远离国家经济中心的英国的苏格兰高地、法国的不列塔尼和诺曼底半岛、日本的北海道、俄罗斯的西伯利亚等地区。在中国的城市体系中，也有一些与上述两种情况相类似的地区如资源型城市、老工业基地、偏远山区城市等，在经济发展方面存在着严重的障碍。这些地区仅靠自身的力量很难实现持续的、自我维持的发展，必须通过特殊的政策加以扶持：整合和完善现有的对口支援、技术援助、智力支持等区域间合作方式，建立健全规范的横向转移支付机制；推动人口从一方水土无法养活养富一方人的区域有序迁出，使更大比重的乡村人口在迁移中实现城镇化，以及大力发展职业教育，实现迁得出、会致富、留得住；围绕煤炭、石油、天然气、水能、风能、太阳能以及其他矿产等重要资源，健全资源输出地与输入地之间利益补偿机制。

参考文献

［1］ Abdel-Rahman H M, Fujita M. Specialization and diversification in a system of cities ［J］. Journal of Urban Economics, 1993, 33 (2): 189-222.

［2］ Alba R D. A graph-theoretic definition of a sociometric clique ［J］. Journal of Mathematical Sociology, 1973, 3 (1): 113-126.

［3］ Alderson A S, Beckfield J. Power and position in the world city system ［J］. American Journal of Sociology, 2004, 109 (4): 811-851.

［4］ Alonso W. Urban zero population growth ［J］. Management and Control of Growth, 1975 (1): 405-414.

［5］ Amin A, Thrift N. Neo-Marshallian nodes in global networks ［J］. International Journal of Urban and Regional Research, 1992, 16 (4): 571-587.

［6］ Amiti M, Javorcik B S. Trade costs and location of foreign firms in China ［J］. Journal of Development Economics, 2005, 85 (1): 129-149.

［7］ Audretsch B. Agglomeration and the location of innovative activity ［J］. Oxford Review of Economic Policy, 1998, 14 (2): 18-29.

［8］ Barabási A L, Albert R. Emergence of scaling in random networks ［J］. Science, 1999, 286 (5439): 509-512.

［9］ Bathelt H, Malmberg A, Maskell P. Clusters and knowledge: Local buzz, global pipelines and the process of knowledge creation ［J］. Progress in Human Geography, 2004, 28 (1): 31-56.

［10］ Beer A, Haughton G, Maude A. Developing locally: An international comparison of local and regional economic development ［M］. Bristol: Policy Press, 2003.

［11］ Boix R, Trullén J. Knowledge, networks of cities and growth in regional urban systems ［J］. Papers in Regional Science, 2007, 86 (4): 551-574.

［12］ Borchert J R. American metropolitan evolution ［J］. Geographical Review,

1967 (57): 301-332.

[13] Borgatti S P, Everett M G. Models of core/periphery structures [J]. Social Networks, 2000, 21 (4): 375-395.

[14] Boschma R. Relatedness as driver of regional diversification: A research agenda [J]. Regional Studies, 2017, 51 (3): 351-364.

[15] Bourne L S, Simmons J W, Bourne L S. Systems of cities: Readings on structure, growth and policy [M]. Oxford: Oxford University Press, 1978.

[16] Brunelle C. The growing economic specialization of cities: Disentangling industrial and functional dimensions in the Canadian urban system, 1971-2006 [J]. Growth and Change, 2013, 44 (3): 443-473.

[17] Burt R S. Positions in networks [J]. Social Forces, 1976, 55 (1): 93-122.

[18] Camagni R P. From city hierarchy to city network: Reflections about an emerging paradigm [M]. Berlin: Heidelberg, 1993.

[19] Camagni R, Capello R, Caragliu A. Static vs. dynamic agglomeration economies: Spatial context and structural evolution behind urban growth [J]. Papers in Regional Science, 2016, 95 (1): 133-158.

[20] Capello R. The city network paradigm: Measuring urban network externalities [J]. Urban Studies, 2000, 37 (11): 1925-1945.

[21] Carroll W K. Global cities in the global corporate network [J]. Environment and Planning A, 2007, 39 (10): 2297-2323.

[22] Castells M. The rise of the network society [M]. Cambridge, MA: Blackwell, 1996.

[23] Castells M, Himanen P. The information society and the welfare state: The finnish model [M]. Oxford: Oxford University Press, 2003.

[24] Chan R C K, Xian S. Assessing the incentives in regional city-to-city cooperation: A case study of Jiangyin-Jingjiang Industrial Park of Jiangsu province in the Yangtze River Delta region [J]. Asia Pacific Viewpoint, 2012, 53 (1): 56-69.

[25] Christaller W. Die Zentralen Orte in Süddeutschland [M]. Jena: Gustav Fischer, 1933.

[26] Coleman J S. Social capital in the creation of human capital [J]. American Journal of Sociology, 1988 (94): 95-120.

[27] Davis J C, Henderson J V. The agglomeration of headquarters [J]. Regional Science and Urban Economics, 2008, 38 (5): 445-460.

[28] Defever F. Functional fragmentation and the location of multinational firms in the enlarged Europe [J]. Regional Science and Urban Economics, 2006, 36 (5): 658-677.

[29] Derudder B, Taylor P. The cliquishness of world cities [J]. Global Networks, 2005, 5 (1): 71-91.

[30] Dicken P. Global shift: Reshaping the global economic map in the 21st century [M]. London: SAGE Publications, 2003.

[31] Dunning J H, Lundan S M. Multinational enterprises and the global economy [M]. London: Edward Elgar Publishing, 2008.

[32] Duranton G, Puga D. Diversity and specialisation in cities: Why, where and when does it matter? [J]. Urban Studies, 2000, 37 (3): 533-555.

[33] Duranton G, Puga D. From sectoral to functional urban specialisation [J]. Journal of Urban Economics, 2005, 57 (2): 343-370.

[34] Fagerberg J, Mowery D C, Nelson R. The Oxford handbook of innovation [M]. Oxford: Oxford University Press, 2006.

[35] Feldman M P, Audretsch D B. Innovation in cities: Science-based diversity, specialization and localized competition [J]. European Economic Review, 1999, 43 (2): 409-429.

[36] Freeman L C. Centrality in social networks conceptual clarification [J]. Social Networks, 1978, 1 (3): 215-239.

[37] Friedmann J. Regional development policy: A case study of Venezuela [M]. Cambridge: MIT Press, 1966.

[38] Friedmann J. The world city hypothesis [J]. Development and Change, 1986, 17 (1): 69-83.

[39] Girma S. Absorptive capacity and productivity spillovers from FDI: A threshold regression analysis [J]. Oxford Bulletin of Economics and Statistics, 2005, 67 (3): 281-306.

[40] Glaeser E L. Triumph of the city: How our greatest invention makes us richer, smarter, greener, healthier, and happier [M]. London: Penguin Books, 2012.

[41] Glaeser E L, Ponzetto G, Zou Y. Urban networks: Connecting markets,

people, and ideas [J]. Papers in Regional Science, 2016, 95 (1): 17-59.

[42] Gottmann J. Megalopolis revisited: 25 years later [M]. Baltimore: University of Maryland Institute for Urban Studies, 1987.

[43] Granovetter M S. The strength of weak ties [J]. American Journal of Sociology, 1973, 78 (6): 1360-1380.

[44] Griliches Z. Issues in assessing the contribution of R&D to productivity growth [J]. The Bell Journal of Economics, 1979, 10 (1): 92-116.

[45] Harris C D. A functional classification of cities in the United States [J]. Geographical Review, 1943, 33 (1): 86-99.

[46] Head K, Ries J, Swenson D. Agglomeration benefits and location choice: Evidence from Japanese manufacturing investment in the United States [J]. Journal of International Economics, 1995, 38 (3-4): 223-257.

[47] Head K, Mayer T. Market potential and the location of Japanese investment in the European Union [J]. Review of Economics and Statistics, 2004, 86 (4): 959-972.

[48] Helpman E. A simple theory of trade with multinational corporations [J]. Journal of Political Economy, 1984, 92 (3): 451-471.

[49] Henderson J. Medium size cities [J]. Regional Science and Urban Economics, 1997, 27 (6): 583-612.

[50] Henderson J, Dicken P, Hess M, et al. Global production networks and the analysis of economic development [J]. Review of International Political Economy, 2002, 9 (3): 436-464.

[51] Henderson J V, Ono Y. Where do manufacturing firms locate their headquarters? [J]. Journal of Urban Economics, 2008, 63 (2): 431-450.

[52] Himanen P. The hacker ethic as the culture of the information age [M]. New York: Random House, 2001.

[53] Hong W, Chan R C K. Internationalization and government response: The role of government in creating competitive advantage in the globalized economy [A] //Dawson M, Mukoyama S C Choi, R Larke (Eds.) [M]. International Retailing in Asia, Edinburgh: Curzon Press, 2003: 169-188.

[54] Hooghe E, Marks G W. Contrasting visions of multi-level governance [A] //Bache I, Flinders MV (Eds.) [M]. Multi-level Governance, Oxford:

Oxford University, 2004: 15-30.

[55] Huggins R A, Izushi H. Competing for knowledge: Creating, connecting and growing [M]. London: Routledge, 2007.

[56] Huggins R, Thompson P. A network-based view of regional growth [J]. Journal of Economic Geography, 2014, 14 (3): 511-545.

[57] Huggins R, Thompson P. Networks and regional economic growth: A spatial analysis of knowledge ties [J]. Environment and Planning A, 2017, 49 (6): 1247-1265.

[58] Hymer S H, Cohen R B, Dennis N. The multinational corporation: A radical approach [M]. Cambridge: Cambridge University Press, 1979.

[59] Jackson M O. Social and economic networks [M]. Princeton: Princeton University Press, 2008.

[60] Jacobs J. The economy of cities [M]. New York: Random House, 1969.

[61] Jefferson M. The law of the primate city [J]. Geographical Review, 1939, 29 (2): 226-232.

[62] Jones R W, Kierzkowski H. International fragmentation and the new economic geography [J]. The North American Journal of Economics and Finance, 2005, 16 (1): 1-10.

[63] Keeble D, Nachum L. Why do business service firms cluster? Small consultancies, clustering and decentralization in London and southern England [J]. Transactions of the Institute of British Geographers, 2002, 27 (1): 67-90.

[64] Kohonen T. The self-organizing map [J]. Proceedings of the IEEE, 1990, 78 (9): 1464-1480.

[65] Krackhardt D, Stern R N. Informal networks and organizational crises: An experimental simulation [J]. Social Psychology Quarterly, 1988 (51): 123-140.

[66] Krugman P. Increasing returns and economic geography [J]. Journal of Political Economy, 1991, 99 (3): 483-499.

[67] Lai K. Differentiated markets: Shanghai, Beijing and Hong Kong in China's financial centre network [J]. Urban Studies, 2012, 49 (6): 1275-1296.

[68] Liao W C. Inshoring: The geographic fragmentation of production and inequality [J]. Journal of Urban Economics, 2012, 72 (1): 1-16.

[69] Liberman M, Asaba S. Why do firms imitate each other? [J]. Academy

of Management Review, 2006 (31): 366-385.

［70］Lipietz A. The structuration of space, the problem of land, and spatial policy ［M］. London: Croom Helm, 1980.

［71］Liu X, Derudder B, Liu Y. Regional geographies of intercity corporate networks: The use of exponential random graph models to assess regional network formation ［J］. Papers in Regional Science, 2015, 94 (1): 109-126.

［72］Lorrain F, White H C. Structural equivalence of individuals in social networks ［J］. The Journal of Mathematical Sociology, 1971, 1 (1): 49-80.

［73］Lovely M E, Rosenthal S S, Sharma S. Information, agglomeration, and the headquarters of US exporters ［J］. Regional Science and Urban Economics, 2005, 35 (2): 167-191.

［74］Luo X, Shen J. A study on inter-city cooperation in the Yangtze River Delta Region, China ［J］. Habitat International, 2009, 33 (1): 52-62.

［75］Mahutga M C, Ma X, Smith D A, et al. Economic globalisation and the structure of the world city system: The case of airline passenger data ［J］. Urban Studies, 2010, 47 (9): 1925-1947.

［76］Markusen A. Sticky places in slippery space: A typology of industrial districts ［J］. Economic Geography, 1996, 72 (3): 293-313.

［77］Markusen J R. Multinationals, multi-plant economies, and the gains from trade ［J］. Journal of International Economics, 1984, 16 (3-4): 205-226.

［78］Markusen J R. Multinational firms and the theory of international trade ［M］. Cambridge: MIT Press, 2002.

［79］Marshall A. Principles of economics ［M］. London: Palgrave Macmillan, 1890.

［80］Meijers E J, Burger M J, Hoogerbrugge M M. Borrowing size in networks of cities: City size, network connectivity and metropolitan functions in Europe ［J］. Papers in Regional Science, 2016, 95 (1): 181-198.

［81］Oliver C. Sustainable competitive advantage: Combining institutional and resource-based views ［J］. Strategic Management Journal, 1997, 18 (9): 697-713.

［82］Pan F, Bi W, Lenzer J, et al. Mapping urban networks through inter-firm service relationships: The case of China ［J］. Urban Studies, 2017, 54 (16): 3639-3654.

［83］ Pike A, Rodríguez-Pose A, Tomaney J. Local and regional development ［M］. London: Routledge, 2016.

［84］ Porter M E. The competitive advantage of nations ［M］. New York: Free Press, 1990.

［85］ Pred A. City-systems in advanced economies ［M］. London: Hut-chin-son, 1977.

［86］ Price D S. A general theory of bibliometric and other cumulative advan-tage processes ［J］. Journal of the American Society for Information Science, 1976, 27 (5): 292-306.

［87］ Redding S, Venables A. Economic geography and international inequality ［J］. Journal of International Economics, 2004, 62 (1): 53-82.

［88］ Rhodes R A W. The new governance: Governing without government ［J］. Political Studies, 1996, 44 (4): 652-667.

［89］ Rodriguez-Pose A, Fitjar R D. Buzz, archipelago economies and the fu-ture of intermediate and peripheral areas in a spiky world ［J］. European Planning Studies, 2013, 21 (3): 355-372.

［90］ Rozenblat C, Pumain D. Firm linkages, innovation and the evolution of urban systems ［A］//Taylor P J, Derudder B, Saey P, Witlox F, et al. Cities in globalization: Practices, policies and theories ［M］. London: Routledge, 2007: 130-156.

［91］ Rubalcaba L, Gallego J, Gallo M T, et al. Business services location and market factors in major European cities ［J］. Cities, 2013 (31): 258-266.

［92］ Sassen S. The global city: New York, London, Tokyo ［M］. Prince-ton: Princeton University Press, 1991.

［93］ Shearmur R, Doloreux D. Urban hierarchy or local buzz? High-order producer service and (or) knowledge-intensive business service location in Canada, 1991-2001 ［J］. The Professional Geographer, 2008, 60 (3): 333-355.

［94］ Short J R. Black holes and loose connections in a global urban network ［J］. Professional Geographer, 2004, 56 (2): 295-302.

［95］ Singh J. Collaborative networks as determinants of knowledge diffusion patterns ［J］. Management Science, 2005, 51 (5): 756-770.

［96］ Smith D, Florida R. Agglomeration and industry location: An econometric analysis of Japanese-affiliated manufacturing establishments in automotive-related industries [J]. Journal of Urban Economics, 1994, 36 (1): 23-41.

[97] Snijders T A B, Van D B G G, Steglich C E G. Introduction to stochastic actor-based models for network dynamics [J]. Social Networks, 2010, 32 (1): 44-60.

[98] Storper M. The regional world: Territorial development in a global economy [M]. New York: Guilford Press, 1997.

[99] Strauss-Kahn V, Vives X. Why and where do headquarters move? [J]. Regional Science and Urban Economics, 2009, 39 (2): 168-186.

[100] Taylor P J, Hoyler M, Verbruggen R. External urban relational process: Introducing central flow theory to complement central place theory [J]. Urban Studies, 2010, 47 (13): 2803-2818.

[101] Taylor P J. World city network: A global urban analysis [M]. London: Routledge, 2004.

[102] Taylor P. Urban hinterworlds: Geographies of corporate service provision under conditions of contemporary globalisation [J]. Geography, 2001, 86 (1): 51-60.

[103] Van Meeteren M, Neal Z, Derudder B. Disentangling agglomeration and network externalities: A conceptual typology [J]. Papers in Regional Science, 2016, 95 (1): 61-80.

[104] Wall R S, Van der Knaap G A. Sectoral differentiation and network structure within contemporary worldwide corporate networks [J]. Economic Geography, 2011, 87 (3): 267-308.

[105] Watts D J, Strogatz S H. Collective dynamics of "small-world" networks [J]. Nature, 1998, 393 (6684): 440-442.

[106] Watts H D, Wood A M, Wardle P. Owner-managers, clusters and local embeddedness: Small firms in the Sheffield (UK) metal-working cluster [J]. Entrepreneurship and Regional Development, 2006, 18 (3): 185-205.

[107] White D R, Reitz K P. Graph and semigroup homomorphisms on networks of relations [J]. Social Networks, 1983, 5 (2): 193-234.

[108] Wu F, Zhang J. Planning the competitive city-region: The emergence of strategic development plan in China [J]. Urban Affairs Review, 2007, 42 (5):

714-740.

［109］Zhao M，Derudder B，Huang J. Examining the transition processes in the Pearl River Delta polycentric mega-city region through the lens of corporate networks［J］. Cities，2017（60）：147-155.

［110］程玉鸿，陈利静. 城市网络视角的城市竞争力解构［J］. 经济学家，2012（8）：72-79.

［111］樊杰. 我国"十四五"时期高质量发展的国土空间治理与区域经济布局［J］. 中国科学院院刊，2020，35（7）：796-805.

［112］董会忠，李旋，张仁杰. 粤港澳大湾区绿色创新效率时空特征及驱动因素分析［J］. 经济地理，2021，41（5）：134-144.

［113］方创琳，毛其智. 中国城市群选择与培育的新探索［M］. 北京：科学出版社，2015.

［114］高越. 国际生产分割模式下企业价值链升级研究［M］. 北京：人民出版社，2019.

［115］郝寿义，安虎森. 区域经济学（第三版）［M］. 北京：经济科学出版社，2015.

［116］贺灿飞，肖晓俊，邹沛思. 中国城市正在向功能专业化转型吗？——基于跨国公司区位战略的透视［J］. 城市发展研究，2012，19（3）：20-29.

［117］金凤君，陈琳琳，杨宇，等. 中国工业基地的甄别与演化模式［J］. 地理学报，2018，73（6）：1049-1064.

［118］李涛，周锐. 长三角地区网络腹地划分的关联测度方法比较［J］. 地理学报，2016，71（2）：236-250.

［119］李仙德. 基于上市公司网络的长三角城市网络空间结构研究［J］. 地理科学进展，2014，33（12）：1587-1600.

［120］刘志彪，孔令池. 从分割走向整合：推进国内统一大市场建设的阻力与对策［J］. 中国工业经济，2021（8）：20-36.

［121］陆大道. 区域发展及其空间结构［M］. 北京：科学出版社，1995.

［122］陆玉麒. 区域双核结构模式的形成机理［J］. 地理学报，2002，57（1）：85-95.

［123］宁越敏，武前波. 企业的空间组织和城市—区域发展［M］. 北京：科学出版社，2011.

［124］盛科荣，樊杰．主体功能区作为国土开发的基础制度作用［J］．中国科学院院刊，2016，31（1）：44-50.

［125］盛科荣，张红霞，侣丹丹．基于企业网络视角的城市网络研究进展与展望［J］．人文地理，2018，33（2）：11-17.

［126］盛科荣，杨雨，张红霞．中国城市网络的凝聚子群及影响因素研究［J］．地理研究，2019，38（11）：2639-2652.

［127］盛科荣，王丽萍，孙威．中国城市价值链功能分工及其影响因素［J］．地理研究，2020，39（12）：2763-2778.

［128］盛科荣，张杰，张红霞．上市公司500强企业网络嵌入对中国城市经济增长的影响［J］．地理学报，2021，76（4）：818-834.

［129］汪明峰，宁越敏．城市的网络优势——中国互联网骨干网络结构与节点可达性分析［J］．地理研究，2006（2）：193-203.

［130］吴康．城市网络的空间结构及其演化研究［D］．中国科学院大学博士学位论文，2013.

［131］武前波，宁越敏．中国制造业企业500强总部区位特征分析［J］．地理学报，2010，65（2）：139-152.

［132］姚士谋，陈振光，朱英明．中国的城市群［M］．合肥：中国科学技术大学出版社，2006.

［133］尹稚，王晓东，谢宇，等．美国和欧盟高等级中心城市发展规律及其启示［J］．城市规划，2017，41（9）：9-23.

［134］余建辉，李佳洺，张文忠．中国资源型城市识别与综合类型划分［J］．地理学报，2018，73（4）：677-687.

［135］赵渺希，唐子来．基于网络关联的长三角区域腹地划分［J］．经济地理，2010，30（3）：371-376.

［136］赵晓斌．全球金融中心的百年竞争：决定金融中心成败的因素及中国金融中心的崛起［J］．世界地理研究，2010，19（2）：1-11.

［137］张红霞．对外贸易差异影响我国区域经济协调发展研究［M］．北京：人民出版社，2018.

［138］张军，吴桂英，张吉鹏．中国省际物质资本存量估算：1952—2000［J］．经济研究，2004（10）：35-44.

后 记

我对城市科学的兴趣始于 20 年前，我在山东师范大学地理系读书时，李玉江老师讲授的"城市地理学"使我对城市地理有了初步的认识。我的硕士研究生导师是中国科学院东北地理与农业生态研究所的张平宇老师，他带领我进入了城市地理学的研究领域。后来我到中国科学院地理科学与资源研究所攻读博士，在樊杰老师身边学习，加深了我对中国区域发展问题的理解。进入山东理工大学经济学院工作以来，阅读了大量关于城市经济学、空间经济学、国际经济学等方面的著作，使我能够从另外的一些学科视角来看待城市的发展问题。一路走来，这些经历不断激励着我对城市科学研究的专业兴趣。

城市网络是近期城市科学研究领域的重要方向。尽管城市网络作为一种地理现象出现具有悠久的历史，但是基于企业网络视角的理论和实证研究却是近 30 年的事情。20 世纪 80 年代以来，基于企业网络视角的城市网络识别界定方法、格局机理分析方法不断完善，有力地推动了城市网络研究的发展。基于企业网络视角的城市网络研究日益增多，在链接关系及时空过程、价值生产空间格局、外部经济及其空间差异、规划实践及治理模式四个方面取得了重大进展。但是总体来看，城市网络的研究还处于快速发展阶段，距离构建完整的城市网络理论体系还有很长的一段路要走。

本书是国家自然科学基金面上项目"生产分割环境下城市网络空间结构的演化模式研究"（项目编号：41771173）的成果总结。本书基于 2019 年中国上市公司 500 强企业网络视角，尝试着系统地解析中国城市网络的结构、机理与效应。在理论上，基于链接关系格局和经济功能分工的多维视角，解析城市网络空间结构的时空过程及其发育机理，建立城市网络空间结构演化模式理论模型，揭示城市网络生长发育地理过程的一般规律，将推动城市体系基础理论的建设。在方法上，立足地理学空间分析技术，充分吸收社会学、经济学等相邻学科的最新研究成果，建立适用于城市网络多维度集成研究的技术方法，将推动城市网络研究方法体系建设。在应用上，从推动城市功能分工与合作、提高城市竞争力的视角，提出网络发展环境下城市化的治理模式和政策设计初步框架，将为完善我国新时期城市治理模式和城市化政策提供借鉴。

从本书的研究视角来看，未来城市网络的发展需要在两个方面进一步拓展：一是城市网络空间结构演化模式的理论模型研制。城市网络演化模型的概念表达比较容易，但是进一步数量化和延伸模型的工作难度较大。主要是对城市链接关系一般均衡模型分析存在许多技术难题，包括如何界定城市在网络链接中的收益和成本，如何表达星形网络、小世界网络和完全网络的均衡条件，如何分析城市网络的均衡和效率冲突等。未来需要尝试利用城市经济学和网络博弈论的研究成果，完成城市网络空间结构演化模式理论模型的构建，实现对城市网络地理过程的动态模拟。二是多重城市网络耦合协调时空格局的研究。多重城市网络是当前城市网络研究的一个非常重要的方向。不同类型的城市网络之间可能是共生的或者夹带的，这种相互依赖性对城市网络的发育具有重要作用。基于不同"流动"载体构建的城市网络结构也可能存在差异，这种多样化特征的研究也具有重要价值。未来需要加强企业网络视角下的城市网络与交通流、信息流、知识流视角下的城市网络耦合格局与机理的研究，以全面解释城市网络联系的多样化和嵌入型特征。

由于笔者的理论水平和时间、精力有限，书中难免存在不足与疏漏之处，恳请广大读者给予批评指正。

盛科荣

山东理工大学经济学院

2021 年 9 月